Die Originalausgabe dieses Buches ist unter dem Titel
»Van Santander naar Santander. Brieven uit het peloton« erschienen bei:
Uitgeverij Thomas Rap, Amsterdam
Copyright: Peter Winnen, 2002

Peter Winnen:
Post aus Alpe d'Huez
Eine Radsportkarriere in Briefen

Aus dem Niederländischen von Christoph Bönig

2005   2006   2007   2008
5   4   3   2   1
Covadonga Verlag, Bielefeld
ISBN 3-936973-14-6

Für die freundliche Unterstützung im Rahmen dieses Buches danken wir dem Nederlands Literair Productie- en Vertalingenfonds, Amsterdam.

Alle Rechte vorbehalten. Wiedergabe, auch auszugsweise,
nur mit ausdrücklicher Genehmigung des Verlags.

Fotos: Hennes Roth, Pulheim

Covadonga ist der Verlag für Radsportliebhaber. In unserem Programm finden Sie Romane, Biografien, Sachbücher und Geschichtensammlungen rund ums Velo. Stets im Mittelpunkt: die großen Rennen und ihre Akteure.

Besuchen Sie uns im Internet: www.covadonga.de

Peter Winnen
POST AUS ALPE D'HUEZ

Eine Radsportkarriere in Briefen

Aus dem Niederländischen
von Christoph Bönig

Santander, 7. August 1978

Lieber Hans,

heute Morgen gegen 10:00 Uhr sind wir in Santander angekommen. Wir sind nun auf dem Weg nach Hause. Es war schön. Doch wir müssen zurück, unser Geld ist aufgebraucht. In ein paar Stunden nehmen wir den Zug zur spanisch-französischen Grenze. Dort hoffen wir auf Anschluss nach Bordeaux.

Nena liegt erschöpft gegen ihren Rucksack gelehnt im Sand. Ich bin gerade in den Atlantik gelaufen – auf der Suche nach Linderung für meinen Kater. Willenlos habe ich mich in den Wellen treiben lassen, doch dann schwappte mir plötzlich ein Schluck Meerwasser in die Kehle und machte jedwede heilende Wirkung zunichte. In ein paar Tagen hast du sie wieder zurück, deine Nena. Ich habe gut auf sie aufgepasst. So wie du es mir aufgetragen hast. Du weißt ja, ich bin ein Ehrenmann.

Wo waren wir stehen geblieben? Im Landesinneren von Portugal. In São Pedro d'Alva. Im Garten des Dorfarztes oder zumindest im Garten jenes Mannes, den alle für den Dorfarzt hielten. Der Garten ging nahtlos in Wildnis über, in die wir uns auf Anraten unseres Gastgebers nicht hineintrauten. Wegen giftiger Schlangen und allerlei anderen Ungeziefers. Ein guter Mann, der Doktor. Er hat uns einfach so erlaubt, auf seinem Grundstück zu zelten.

Ein ausführlicher Bericht von diesem Ort ist auf dem Weg zu dir.

Lucia, die Frau des Arztes, hat uns gestern noch einen ziemlichen Schrecken eingejagt. Wir zuckten sofort zusammen, als wir morgens plötzlich hysterisches Kreischen hörten: »Le père est mort, le père est mort!« Panisch öffnete ich das Zelt, rannte in Unterhose auf das Haus zu. Lucia stand auf dem Balkon, vornübergebeugt, die Hände überkreuz vor der Brust. »Le père est mort«, jammerte sie abermals: »Le pâpe!« Doch ihr korpulenter Ehemann hatte das Gelage des Vorabends Gott sei Dank unversehrt überstanden.

Wir waren eingeladen, mit der Familie zu Abend zu essen. Den ganzen Nachmittag hatten wir bereits aufgeregte Stimmen aus der Küche gehört. An nichts, wirklich nichts, sollte es uns fehlen. Ein nahrhaftes Gericht nach dem anderen wurde aufgetischt. Der großherzige Gastgeber schenkte unentwegt von seinem allerbesten Portwein nach. Nur mit den sonderbaren, glibberigen Innereien in der Suppe hatte ich meine Mühe.

Beim Frühstück – wir durften erneut mit der Familie am Tisch sitzen – lud der Doktor uns zu einem Abschiedsschnaps ins Café ein. Seine regen Augen leuchteten. Bis zur Abfahrt sollte aber noch einige Zeit vergehen, der Bus nach Coimbra hatte beträchtliche Verspätung. Denn der Doktor lud sowohl den Busfahrer als auch die Passagiere in sein Haus. Keiner ließ sich die dargebotenen Leckereien entgehen. Erst gegen zwei Uhr ruckelten wir Schulter an Schulter auf unwirtlichen Wegen in Richtung Stadt – traurig darüber, dass wir uns vom beschaulichen Leben in São Pedro d'Alva verabschieden mussten.

Hier am Strand von Santander lasse ich nun die vergangenen Monate Revue passieren: Die Verleihung des Staatsexamens im Lehramt. Die anschließenden Feierlichkeiten. Das Leben als Streuner, als Partyhopper – von Scheune zu Garage, von Gewächshaus zu Zelt. Die Wanderungen im Süden. Natur, Kultur, Erholung. Und wie ich all dem überdrüssig wurde. Du hast meiner Spur folgen können.

Ein Stück weit vor der Küste schaukelt ein kleiner Kutter. Noch weiter entfernt ein Tanker. Wohin führt der Weg? Wohin?

Am Bahnhof von Coimbra sahen wir der anstehenden Zugreise nicht gerade mit großer Zuversicht entgegen. Der Bahnsteig war voller Touristen, ein riesiger Berg von Koffern, Taschen und Klamotten türmte sich auf. Der Zug war noch ein kleiner Punkt in der Ferne, als das Gedrängel auch schon begann. Wir beschlossen, uns vorläufig einfach nicht zu rühren – es war ja noch eine gute Viertelstunde Zeit bis zur

Abfahrt. Unsere Strategie wurde belohnt: Sie koppelten noch ein paar zusätzliche Waggons an. Langsam wurden sie von einer ächzenden Lokomotive herangeschoben. Wir stiegen in den erstbesten Waggon und trafen dort einen Iren, der lang ausgestreckt in einem leeren Abteil mit Schiebetüren lag. Es dauerte kaum eine Minute, da kannten wir bereits seine Lebensumstände: Er arbeitete als Maurer und wohnte – wenn er nicht gerade auf Reisen war – bei Freunden in Eindhoven. Dorthin war er übrigens jetzt auf dem Weg. Auch sein Geld war aufgebraucht.

Wir ließen uns nieder, und der Zug setzte sich in Bewegung. Ich blickte schweigend auf den Sommer, der schwer über diesem herzlichen Land lag. Der Ire sprach derweil – immer noch lang ausgestreckt auf seiner Bank – über den Sinn des Lebens.

In Pôrto erhielten wir Gesellschaft durch Luis. Luis reiste nicht allein. Ich staunte über seine Unmengen von Gepäck, die wir mit vereinten Kräften durch das Fenster ins Abteil hievten. Luis erwies sich als ebenso offenherzig wie großzügig. Er bestand darauf, sein Abendessen mit uns zu teilen. Ehrlich gesagt, kam uns das nicht ungelegen. Bevor wir uns recht versahen, prosteten wir einander brüderlich zu, brachen Brot, schnitten Schinken und Käse, schälten eine Zwiebel – alles stammte aus den überquellenden Supermarkt-Tüten, die Luis dabei hatte.

In Vigo verließ Luis hektisch den Zug. Keuchend kehrte er zurück. Wiederum mit einer überquellenden Tragetasche. Die lustigen Bäuche von Bierflaschen zeichneten sich durch das dünne Plastik ab.

Die Nacht brach herein, aber wir waren nicht müde. Ein lauwarmer Wind wehte durch das heruntergeklappte Fenster in unser Abteil. Luis erzählte in einem fort, und der Ire dolmetschte. Luis war auf dem Weg zu seiner Arbeit in Spanien, einer, wie wir hörten, erstaunlich großen Fischauktion. Das Wochenende verbrachte er bei seiner Familie. Den Spanischen Bürgerkrieg hatten von elf Kindern nur eine Schwester und drei seiner Brüder überlebt. Der Ire hatte es inzwischen übernommen, die Flaschen zu öffnen. Luis zeigte Fotos von seinen Kindern, von seiner Frau, seinem Haus. Luis im Garten, Luis mit einem

Hund, Luis auf einem Moped, Luis mit Bart, Luis als Liebhaber, Luis tanzt.

Der Ort des nächsten Halts war wie ausgestorben. Es gab keine Chance, hier neuen Proviant aufzutreiben. Nena war inzwischen eingenickt. Auch ich entschuldigte mich und kletterte mühsam in eine Gepäckablage, um etwas Schlaf zu finden. Luis folgte meinem Beispiel, während der Ire stoisch wie eine Sphinx auf seinem Platz sitzen blieb.

Es war wieder hell, als ich aufwachte. Der Zug stand, und Luis war verschwunden. Der Ire saß unverändert mit rotgeäderten Augen da. »Luis at work«, war alles, was er über die Lippen brachte. Mit einem furchtbaren Durst auf Mineralwasser stieg ich aus und erschrak heftig, als ich in das Abteil zurückkehrte. Ein beißender Gestank schlug mir ins Gesicht. Er war schlimmer als ein Misthaufen: Schweißfüße, Darmgase, Knoblauch, schales Bier, Schimmel, Wein. Zweifellos hatte auch ich meinen Teil dazu beigetragen.

Außer einem Kater war da noch etwas, das mich störte. Schon seit gut einer Woche plagte mich eine gewisse Unruhe. Irgendwie war ich unzufrieden. Es hatte in Lissabon angefangen und nun weiß ich, was es ist: Ich vermisse die Plackerei. Ich vermisse mein Rennrad, ich vermisse Gegenwind, ich vermisse die Spannung der Muskeln, den Schweiß, der die Nasenflügel entlang rinnt, das magische Grummeln in der Magengegend.

Nena war kurz in die Stadt gegangen, während ich eine Siesta in einem schattigen Park einlegte. Aus dem Halbschlaf weckte mich eine schrille, plärrende, elektronisch verstärkte Männerstimme – etwas, das vertraut in meinen Ohren klang. Ich folgte dem Geräusch, lief durch den Park und befand mich plötzlich inmitten des Starts zu einem Radrennen. Radsportler fuhren ruhig auf und ab oder lehnten nonchalant gegen Absperrgitter. Teamchefs lehnten, ebenfalls in betont gleichgültiger Pose, an den Motorhauben ihrer Begleitfahrzeuge und plauderten mit Umherstehenden. Ein Mechaniker justierte eine Gangschaltung.

Ich bestaunte das Material der Fahrer. Komponenten von Campagnolo, ockergelbe Schlauchreifen und von Hosenfett tiefschwarz glänzende Velours-Sättel. Es war eine jähe Erinnerung an meine eigene Radsportkarriere. Ich malte mir die Strecke aus, die sie fahren würden: ein träger Beginn durch eine von der Sonne versengte Landschaft, ein paar knackige Anstiege und schließlich eine Bergankunft auf einem kahlen Felsen der ersten Kategorie.

Ich konnte gar nicht mehr aufhören zu fantasieren. Jede Steigung, die ich sah, hielt ich geeignet für Ausreißversuche, auf breiten Boulevards wurden Massensprints ausgetragen, bei jeder Kurve suchte und fand ich die Ideallinie. Ich wurde ein Kilometerfresser ohnegleichen – wenn auch ein amputierter. Seit wann bin ich eigentlich nicht mehr selbst gefahren? Es muss Ende September gewesen sein. Im vorigen Jahr. Danach bin ich nicht mehr aufs Rad gestiegen. Ein schlecht eingeteiltes Studium, immer neue Brandherde, die es zu löschen galt. Nun, du weißt ja, wie das war. Ich dachte auch nicht wirklich mehr an die Rennen.

Der Ozean krümmt seinen Rücken und donnert gegen den Strand. Es ist kein Horizont zu sehen. Nur, wenn die Sonne kurz durch die Wolkendecke lugt, erscheint dort eine dünne silberne Linie. Möwen funkeln abwechselnd weiß und schwarz. Wenn ich zu lange in die Tiefe starre, fühle ich, wie mein Kopf anschwillt und mein Bauch sich weitet – Santander, Santander! Mein Herz gluckert vor lauter Glück. Doch hinter meinem Rücken, tief im Landesinnern vollzog sich heute Morgen ein anderes Schauspiel. Aus dem Zug heraus hatte ich die Silhouette eines Gebirges gesehen. Es war blau und braun und schien mich anzustarren. Ich sah, wie die Spitzengruppe eines Radrennens von Spitzkehre zu Spitzkehre kletterte. Hubschrauber hingen dicht über ihren Köpfen. Durch den aufgewirbelten Staub sah es aus, als würden sie mitten durch eine Wolke fahren. Das Publikum war außer sich, ließ nur eine schmale Gasse frei. Jemand fiel zurück. Nicht ich. Ich fuhr unvorstellbar kraftvoll, elegant und willensstark in meiner lautlosen Vision.

Wir müssen los. Nena gestikuliert, dass es an der Zeit ist. Das Erste, was ich mache, wenn ich nach Hause komme, ist, den Staub von meinem Rennrad zu wischen. Danach schlüpfe ich in meine Radhose – wie fühlt sich das nochmal an, wenn man sich kühles, eingefettetes Sitzleder gegen die Eier zieht?

Bis bald.

Peter

IJsselsteyn, 20. August 1978

Lieber Hans,

der Berater beim Arbeitsamt schaute mich nur niedergeschlagen an, als ich ihm meine Lehrbefugnis vorlegte. »Davon habe ich hier gut und gerne hundert im Karteikasten liegen«, seufzte er und sank noch tiefer in seinem Schreibtischstuhl zusammen. Nun forderte ich ja nicht gleich einen Job, aber ich hatte doch gerne die Meldebestätigung, die für den Antrag auf staatliche Unterstützung erforderlich ist, denn ich bin inzwischen knapp bei Kasse. Zehn Minuten später war ich wieder draußen.

Der Berater hatte meine Daten in eine Liste potenzieller Krankheits- und Urlaubsvertretungen aufgenommen. Mehr konnte er für mich nicht tun.

Meine körperliche Verfassung macht enorme Fortschritte. Ich trainiere täglich wie ein Besessener, habe sogar schon einen Wettkampf hinter mir. Allerdings ein unbedeutendes Rennen auf einem Rundkurs mit sehr glattem Asphalt – eigentlich war es eine Autorennbahn. Ich sprintete wie ein Verrückter um die Prämien und gewann sogar einige. Es war nicht besonders viel Geld, nur ein paar Gulden, aber immerhin. Du erkennst mich nicht mehr wieder. Wenn ich im Sattel sitze, brenne ich vor Ehrgeiz. Es ist, als stünde ein Vulkan kurz vor der Eruption. Ein lang unterdrückter Instinkt scheint zu neuem Leben erweckt. Ich lasse es einfach geschehen. Schade, dass die Radsportsaison schon zu Ende geht.

Die Idee, Zivildienst zu leisten, gebe ich endgültig auf. Mir fällt einfach kein sinnvolles Argument ein, das sich bei einer Befragung aufrechterhalten ließe. Vom Pazifismus halte ich nicht viel, er ist mir zu engstirnig. Eine verlogene Hoffnung, mehr kann ich darin nicht erkennen. Religiöse Gründe gegen den Wehrdienst habe ich auch nicht. Ich weigere mich nur, Menschen zu töten. Das könnte schnell in einem handfesten Dilemma enden. Doch besteht das militärische Gleichgewicht gegenwärtig nicht aus Bomben? Ach, es hilft nichts. Es würde mich alles in allem nur noch mehr Zeit und Ärger kosten. Also werde ich mich am 10. Januar in der Jan-van-Schaffelaars-Kaserne in Ermelo melden. Dann weiß ich zumindest, was Sache ist – auch wenn mein Widerwille bereits von Minute zu Minute wächst.

Zu etwas ganz anderem: Weißt du, wie lange ein Goldfisch ohne Nahrung auskommt? Als ich von unserer Reise nach Hause kam, sah ich das Einmachglas auf dem Schreibtisch in meinem Zimmer. Über dem Boden des Glases stand das Wasser kaum vier Zentimeter hoch. Ganz seicht, schwarz und trüb war es. Doch darin bewegte sich etwas: der Goldfisch, der letzte, für den ich noch keinen neuen Besitzer gefunden hatte. Es war wie ein Stich ins Herz. Ich hatte vergessen, jemanden zu bitten, ihn dann und wann zu füttern und das Wasser auszutauschen. Die ganze Zeit ist niemand in meinem Zimmer gewesen. Doch jetzt schwimmt er wieder froh im Kreis herum und schnappt dankbar nach den Fischfutterflocken, die ich einmal am Tag ins Wasser streue. Dieses Exemplar gebe ich nicht mehr weg. Ich behalte ihn als mein Maskottchen, als meinen Kameraden, als ein Symbol. Sein Überleben betrachte ich als gutes Omen: Auf Trübsal folgt Glück.

Die Unterstützung vom Arbeitsamt war vor allem eine Formsache. Ich bekam lediglich ein paar Formulare mit auf den Weg und einen Laufzettel (wöchentlich auszufüllen und persönlich abzugeben), um eventuelle Einkünfte anzugeben. Es wird langsam Zeit für die erste Überweisung. Ich habe bald keine Reifen mehr.

Am Freitag schaue ich bei euch vobei. Ich komme mit dem Fahrrad. Wenn ihr Lust habt, können wir ja ein paar der Dinge besprechen, die mir auf dem Herzen liegen. Aber ich sage dir schon jetzt, dass ich nicht allzu viel trinken werde. Hast du schon einen Job in Aussicht oder gefällt es dir so, wie es ist?

Das Wiedersehen mit der »Komtess« verlief zäh. »Was ist in Gottes Namen in dich gefahren«, rief sie: »Ich erkenne dich nicht mehr wieder mit diesem Sportgetue!«

»Es muss sein«, sagte ich: »Es muss. Es bringt uns alle beide weiter. Bleib bei mir.«

Sie reichte mir den Joint, den sie soeben mit großer Routine gedreht hatte. Ich nahm ihn, roch kurz an der Glut und gab ihn wieder zurück.

»Einmal muss ich mit diesem Blödsinn aufhören«, sagte ich: »Am besten jetzt sofort. Ich vertrage diesen Gestank nicht mehr, ich vertrage den Wodka nicht mehr und auch nicht das Koks. Ich werde erwachsen, das sollst du ruhig wissen: Ich werde erwachsen!«

Sie zog mein Gesicht fest zu sich heran. Meine Lippen standen nach vorne wie ein Schnäbelchen. Sie küsste das Schnäbelchen.

»Dummkopf«, sagte sie. Ihre Iris waren ockergelb.

»Ich versuche, dich vorerst so wenig wie möglich zu sehen«, sagte ich: »Ich will mit dir Schluss machen, ich hab' mich geändert.«

Sie glaubte mir kein Wort. »Dann brauchst du mich auch nicht mehr ›Komtess‹ zu nennen«, sagte sie. Anschließend vögelten wir. Sie war schön, so schön wie immer.

Es stand fest, dass ich sie noch oft sehen würde. Sie arbeitet in der Bücherei, und ich muss zu ihr, um meine Bücher abstempeln zu lassen.

Peter

Ermelo, 12. Januar 1979

Lieber Hans,

jetzt ist es zu spät, noch umzukehren: Ich bin in der Armee. Schon seit drei Tagen. Ich konnte dir nicht früher schreiben, denn sie sorgen hier dafür, dass man ständig beschäftigt ist. Relativ gesehen, natürlich. Denn die meiste Zeit verschwenden wir damit, zu warten und rumzuhängen. Bis auf weiteren Befehl. Genauso wie Karel es vorausgesagt hat. Damals hatten wir noch über seine Erlebnisse gelacht. Aber jetzt, da es für mich bitterer Ernst geworden ist, bin ich verblüfft, wie detailgetreu seine Erzählungen waren. Also brauche ich mich über das Leben in der Kaserne gar nicht weiter auszulassen. Alles ist genauso, wie er es geschildert hat. Es scheint so, als würde ich in einer Schablone leben.

Der Empfang war noch gemütlich. Aber davor hatte Karel ja bereits gewarnt. Trotzdem – wir waren kaum angekommen – traf mich die Ankündigung, dass AB SOFORT die Militärordnung galt, wie ein Schlag vor den Kopf. Es war, als hätte man mich von einer Sekunde auf die andere von der Realität abgeschnitten.

Heute Morgen habe ich mich planmäßig beim »GD« gemeldet. Das ist der Sanitätsdienst – sie kürzen hier alles ab. Ich halte mich an die Erfolgsgeschichte von K.: »Du musst Heimweh vortäuschen, darfst nichts essen und vor allem nicht auffallen. Auf die ersten zwei Wochen kommt es an.«

Zu meiner Verwunderung hielt ich auf einmal eine Überweisung zum »DP« in der Hand, zum Bezirkspsychiater. Rechnen sie hier von vorneherein mit einer gewissen Zahl von Rekruten, die gleich wieder ausscheiden? Trennen sie gezielt die Spreu vom Weizen, um der Ansteckungsgefahr vorzubeugen? Oder erwartet mich eine Bestrafung? Ich habe keinen blassen Schimmer.

Aber ich halte dich auf dem Laufenden.

Peter

Ermelo, 19. Januar 1979

Lieber Hans,

auf dem Appellhof ist es Pflicht, eine Kampfmütze zu tragen. Stell dir darunter nicht zuviel vor. Es ist nicht mehr als eine blöde Baskenmütze. Und wer sie aufsetzt, sieht auf Anhieb aus wie ein Analphabet. Klang mein voriger Brief vielleicht noch vergnügt, so wird dieser Brief voller Abscheu und Schwermut sein. Das Leben hier lähmt mich vollends. Es kann einfach nicht wahr sein, was hier passiert. Es ist unmöglich, es ist einfach nicht wahr. Weißt du etwa, was »Blankieren« ist? Weißt du, warum man sich in einem Schützengraben eine ellenbogentiefe Höhle buddeln muss? Weißt du, warum all die Abzeichen ständig blinken müssen? Warum sich in der Gasmaske kein einziges Sandkorn befinden darf? Warum man in Kriegszeiten niemals einen Zweig aufheben oder einen Klodeckel hochklappen darf? Ich weiß es. Es steht alles im Handbuch des Soldaten.

Heute habe ich noch eine unangenehme Nachricht erhalten. Wie es scheint, werde ich hier zum Unteroffizier ausgebildet, um dann in den Libanon geschickt zu werden. Doch wie ehrenhaft diese Mission auch sein mag, ich habe nicht die Absicht, mir eine Kugel durch die Rübe jagen zu lassen. Das überlasse ich lieber den Berufssoldaten. Und erwartet man von mir etwa, dass ich genauso werde wie dieser Kinderschreck von einem Sergeanten, der mir hier täglich auf die Pelle rückt? Wie dieser missratene Irre mit seinem kurzen dicken Hals und dem roten Kopf: kaum fähig, etwas zu erleben, und zu dumm, etwas wahrzunehmen. Nein, danke, liebes Vaterland. Ich plädiere für eine Berufsarmee.

Der Besuch beim Bezirkspsychiater ist enttäuschend verlaufen. Ich rang nach Worten. Ich benahm mich daneben. Schließlich war ich mir selbst nicht mehr sicher, ob ich ein Simulant war oder nicht.

»Ich kann Sie doch nicht einfach für dienstunfähig erklären«, sagte der Psychiater. Er fragte mich zuerst über meine Kindheit aus. Viel gab es da nicht zu erzählen. Ich sagte, dass ich bis zu meinem fünften Geburtstag Angst vor Kühen und Hunden hatte. Und vor Gewitter. Und dass ich danach nichts anderes mehr sah als einen Garten voller Dahlien, auf denen lauter Bienen saßen, und einen Sandkasten. Und Sonnenlicht, das beinahe fließend war.

Ich muss hier weg, soviel steht fest. Während der Appelle auf dem zentralen Platz habe ich nur Augen für das Kasernentor. Was würde wohl geschehen, wenn ich einfach meine Tasche packen und in aller Seelenruhe durch den Torbogen marschieren würde? Schmuddelig und grau ist der Appellhof. Tag für Tag liegt er unter einem schmutziggrauen Himmel und in seinen Ecken liegen dreckige Schneehaufen. Nachts wird es knackig kalt.

»Es ist hier gar nicht so übel.« Da ist der geborene Anführer. Da ist der Clown der Kompanie. Da sind die, die immer mitlachen. Und da sind die Außenseiter. Ich suche keinen Kontakt, außer zu einem Kerl aus Arnheim, verheiratet und Vater von zwei Kindern, der ebenfalls noch nicht fassen kann, was hier alles vor sich geht.

Wenn du einen Rat weißt, schreibe mir.

P.

Ermelo, 2. Februar 1979

Lieber Hans,

vielen Dank für den langen Brief. Ich rechne es dir hoch an, dass du Karel noch einmal um Rat gefragt hast. Dass er von »einer günstigen Fügung« sprach und von »Ruhe bewahren und dem Herzen folgen!«, ist bezeichnend für seinen Optimismus. Es hat mir viel Kraft gegeben in den letzten Tagen meiner Gefangenschaft. Tatsächlich: Es waren die letzten Tage! Denn: »Der Wehrpflichte Winnen, Regiment Nr. 570905576 hat seinen Wehrdienst in Kürze abgeleistet!«

15

Auf einmal ging alles ganz schnell. Ich kann es selbst kaum glauben und bin auch noch nicht so richtig euphorisch. Ich bin gerade erst zurück aus Den Haag, wo ich mich dem »CP« vorstellen musste, dem Psychiater der zentralen Heeresverwaltung. Ich hatte mich auf ein eindringliches Verhör vorbereitet, wurde aber sofort für dienstunfähig erklärt. Einfach so. Der »CP« sah kaum von seinen Unterlagen auf und sagte nur nüchtern, dass er keinen Grund sehe, von der Empfehlung des Bezirkspsychiaters abzuweichen. Dann erkundigte er sich, ob ich mir über die Bedeutung und die Konsequenzen von »s5« im Klaren sei – der Ausmusterung aufgrund psychischer Unzurechnungsfähigkeit. Das war ich. Während er sprach, musterte mich der Psychiater mit bohrenden Blicken.

Mein Freund aus Arnheim hat mir soeben aufrichtig gratuliert. Er meint, dass wohl der Zwischenfall mit der Waffe den Ausschlag gegeben hat. Bei einer Unterweisung an der Waffe vor ungefähr anderthalb Wochen habe ich – des ständigen Auseinandernehmens, Reinigens und Zusammensetzens des bleischweren, sperrigen Sturmgewehrs überdrüssig geworden – den Gewehrlauf auf den Sergeanten gerichtet und dabei etwas gerufen wie: »Hände hoch, Hoss!« Ich sehe jetzt ein, dass ich von Glück reden kann, dass dies in der straffreien Zeit passiert ist.

Der Arnheimer hat sich entschieden, hier zu bleiben. Er ist vorerst lieber Soldat als arbeitslos. Ich verstehe das, habe aber Mitleid mit ihm. Das letzte Gespräch mit dem Bezirkspsychiater Ende voriger Woche verlief sehr offen. Ich spielte ein ehrliches Spiel. Morgens gegen zehn war ich wieder lustlos nach Harderwijk gestrampelt. Ich fuhr auf einem graugrünen Dienstfahrrad mit rot-weiß-blauen Zierstreifen und einer Regimentsnummer auf dem hinteren Schutzblech. Während der Fahrt überholte ich etliche stramm marschierende Züge von Soldaten oder kam ihnen entgegen. Dadurch konnte ich die knapp bemessene Zeit relativer Freiheit nicht richtig genießen. Die Worte des Bezirkspsychiaters klangen jedoch hoffnungsvoll. Er hatte vor, eine negative Empfehlung abzugeben – und zwar energisch formuliert, wie ich jetzt annehmen darf. Ich habe mir allerdings noch immer nichts anmerken lassen von der Sportbegeisterung, die in mir schwelt – aus Angst, doch noch für einen Simulanten gehalten zu werden.

Auf der Hinreise saß ich in einer Art Sonderzug mit altmodischen Wagen voller Ausflügler. Die Stimmung war bestens, fast ausgelassen. Wir rasten durch eine winterliche Landschaft. Ich betrachtete vor allem die fließenden, scharfen Kanten entlang der aufgehäuften Schneewehen und die tiefen, durchaus wohlgeformten Rillen in den Gräben. Es war strahlendes Wetter. Das intensive Licht schmerzte in meinen Augen. Irgendwo zwischen Utrecht und Gouda fühlte ich mich plötzlich wie ein Polarforscher in seiner irrwitzig weißen Welt.

Gut, jetzt habe ich das alles hinter mir. Es hat mir einiges abverlangt. Nächste Woche fahre ich ins Trainingslager, das mein neues Radsportteam an der Costa Brava anberaumt hat. Zwischendurch werde ich noch auf einen Plausch bei dir vorbeikommen. Wir können auch in das Café schräg gegenüber gehen.

Peter

PS. Ich laufe hier mittlerweile in Zivilkluft herum, aber das fällt kaum auf. Meine Jacke – die lange Cordjacke mit der Kapuze, du weißt schon welche – ist ebenfalls graugrün, wenn auch etwas moosartiger, nicht so bleich.

Lloret de Mar, 24. Februar 1979

Lieber Hans,

von der letzten Hügelkuppe aus sahen wir endlich das Mittelmeer im Sonnenlicht glitzern. In der Tiefe lag Lloret de Mar, ein potthässlicher Ort, aber das wusste ich in diesem Moment noch nicht. Die Aussicht, zwei Wochen hier zu bleiben, tat mir außerordentlich gut.

Vor vier Tagen sind wir vom Firmensitz des Sponsors aus aufgebrochen. Es ging schon auf neun Uhr abends zu und es war eiskalt. Beim Einladen der Fahrradrahmen froren meine Hände beinahe an den Rohren fest. Der Fahrer ließ den Motor des Busses laufen, was uns im Laternenlicht der Natriumdampflampen in geheimnisvolle, von Rußwolken umhüllte Schatten verwandelte.

Es tat mir gut, endlich wieder rauszukommen. Die letzten Tage zu Hause waren, was das Training anging, nur ein Behelf gewesen. Es schneite ständig, die Wege waren praktisch unpassierbar geworden. Notgedrungen musste ich die Rollenbank hervorholen. Es ist nervtötend, dieses Training auf der Rolle. Weil es keinen Luftwiderstand gibt, läuft dir der Schweiß in Sturzbächen aus allen Poren. Aber voran kommst du nicht. Eine Musikkassette lang hielt ich durch, länger nur selten. Da gefiel mir das Crossfahren auf dem Mountainbike doch deutlich besser, obwohl es fast minus zehn Grad waren. Jedes Mal, wenn ich einatmete, sackte die frische, kalte Luft bis in meinen Unterleib, so dass ich mich bald ganz leicht und rein fühlte. Und einmal aufs freie Feld gelangt, hoppelte man wahrhaft ins Blaue. Da gab es kein oben, kein unten, kein vor und kein zurück. Einfach großartig!

Während der Busfahrt habe ich kaum geschlafen. Im Sitzen gelingt es mir nicht. Im schwarzen Glas der Scheiben spiegelten sich das Interieur des Busses und seufzende, stöhnende Körper, die sich unruhig von einer Seite auf die andere wälzten. Ansonsten war nichts zu sehen. Hinter Lyon wurde es Tag. Hier passierten wir offenbar auch die Schnee- und Frostgrenze. Auf den Feldern sah man schon große, grüne Flecken durch die Schneedecke schimmern. Das mühevolle Ächzen der Nacht machte Platz für erste brüchige Gespräche.

Zweimal am Tag ist Training angesagt. Ich aber trainiere vorläufig nur einmal pro Tag, ich muss erst wieder zu Kräften kommen: Gut essen, viel schlafen und täglich eine Injektion mit einem starken Vitamin-B-Präparat. Der Schock der Armee steckt mir noch in den Knochen. Trotzdem muss ich der Ehrlichkeit halber zugeben, dass ich die klare Struktur und Hierarchie der militärischen Organisation inzwischen auch bewundere. Das muss denen erst mal einer nachmachen!

Nachmittags, wenn die anderen mit der zweiten Trainingseinheit beschäftigt sind, ruhe ich mich aus. Ich tippe etwas auf der Reiseschreibmaschine, lungere herum oder strecke mich auf den von der Sonne aufgewärmten Fliesen des Balkons aus und lausche den Geräuschen des Hotels.

Heute Mittag habe ich zwei Mädchen aus England kennen gelernt. Die eine, Karen, ist blond und ungelenk und hat polnische Vorfahren. Die andere ist kräftig gebaut und dunkelhaarig. Sie hat schöne, tief liegende melancholische Augen und hört auf den wohlklingenden und ganz und gar nicht englischen Namen Jacqueline. Ich merke, dass die viele Sonne und das herrliche Licht ihre Wirkung auf meine Drüsen nicht verfehlen: Ich habe ein Auge auf diese Jacqueline geworfen. Die beiden bleiben noch eine gute Woche. Es ist also noch genug Zeit, um etwas zu unternehmen, bevor auch ich wieder zweimal am Tag aufs Rad steigen muss.

Thijs ist gestern übel gestürzt. Seine ganze Hüfte war offen. Nacktes Fleisch. Er sah schon lächerlich aus, dieser Sturz. Auf einer kurzen Abfahrt war plötzlich noch etwas Nässe auf der Straße. Ausgerechnet in einer Kurve. Thijs fuhr voraus. Man sah, wie er erst einige Male böse aufschlug, dann allmählich langsamer werdend über den Asphalt schlitterte, bis er schließlich zum Stillstand kam.

Offensichtlich hat Pollenstaub von den Olivenbäumen die schmerzhafte Rutschpartie verursacht. Denn schon mit ein wenig Feuchtigkeit vermengt, verwandelt sich der Staub in grüne Schmierseife. Thijs hat jetzt zwar einige Probleme beim Laufen, aber auf dem Rad hat er keine Beschwerden. Mehr Neuigkeiten weiß ich nicht zu berichten, außer dass ich in diesem Klima und diesem Licht wachse und gedeihe. Ich hoffe, bald wieder halbwegs in Form zu kommen, so dass ich mich wieder mit Haut und Haaren in die Rennen stürzen kann.

Muntere Grüße aus dem katalanischen Frühling, »far from the twisted reach of crazy sorrow«.

P.

Lloret de Mar, 2. März 1979

Lieber Hans,

es ist tatsächlich noch etwas geworden mit der Engländerin, von der ich dir in meinem letzten Brief geschrieben habe. Aber was noch schlimmer ist: Ich bin verliebt. Und jetzt ist es zu spät, um noch etwas daran zu ändern.

Jacqueline! Vor zwei Nächten hatte ich sie endlich soweit. Wirklich romantisch kann man die Kulisse eines verwohnten Hotelzimmers an der Costa Brava nicht nennen. Tagsüber, wenn das Interieur in Licht getaucht ist, ist es noch ganz ansehnlich. Aber abends, bei zugezogenen Vorhängen und im Schein einer ärmlichen Schirmlampe, bekommt man das Gefühl, als sitze man in einem Karton. Doch ein Griesgram ist, wer im Augenblick der Leidenschaft auf so etwas noch achtet.

Oscar lag mit Karen, der Blondine mit dem polnischen Familiennamen, im anderen Bett. Er ist viel geschickter und entschlossener als ich, wenn es darauf ankommt, die Mädels rumzukriegen. Er hat nicht mehr als eine Flasche Sangria und ein charmantes Schwätzchen investiert. Seine Leidenschaft ist für gewöhnlich ebenso kurz wie heftig. Danach sieht er zu, dass er schleunigst Land gewinnt. Meine Leidenschaft indes ist träge und prüfend. Nun muss ich dazu sagen, dass diese Karen es auch ganz gern hatte, im Sturm erobert zu werden. Binnen kürzester Zeit lagen sie mit verschlungenen Gliedmaßen in den Laken, dass es so aussah, als unternähmen sie verzweifelte Versuche, sich frei zu ringen.

Jacqueline war reservierter, still und abwartend – wie eine unbekannte Insel, die man betrat. Warme Erde. Beruhigend. Ich wurde zahm wie ein Lamm. Wir taten es fast regungslos. In dem Moment, als Oscar im Weggehen die Tür hinter sich zuzog und Karen in der Dusche den Kran aufdrehte, kam es mir.

Heute Morgen sind sie zurück nach West Yorkshire geflogen, wo es zweifellos noch richtig Winter ist.

Ein Esel stößt sich für gewöhnlich nicht zweimal am selben Stein. Vor zwei Jahren habe ich nach einem Rennwochenende in der Nähe von Birmingham eine ähnliche Affäre gehabt. Ich hatte heftig Feuer gefangen. Auch damals ging es um ein englisches Mädchen. In die Niederlande zurückgekehrt, begann ich, Angela mit Briefen zu bombardieren. Mit leidenschaftlichen Briefen, zärtlichen Briefen, albernen Briefen, die sie Stück für Stück beantwortete.

Einige Monate später, als der Herbst in den Winter überging, besuchte ich sie. Es wurde ein einziger Reinfall. Schnell zeigte sich, dass ich an eine Fremde geschrieben hatte, für die ich nur noch eine vage Sympathie aufbringen konnte. Ihr erging es genauso. Zeit und Entfernung hatten ganze Arbeit geleistet. Auf einmal war ich wieder mit beiden Beinen auf dem verdammten Boden der Tatsachen angekommen. Das Feuer war erloschen. Eines Nachmittags, nach einem langen Spaziergang durch die Cottswolds, sagte sie: »Please leave.« Welch eine Erleichterung. Die beiden Worte entbanden mich endlich von der Verpflichtung, gute Miene zum bösen Spiel zu machen. In der Ferne rauchten die mächtigen Fabrikschornsteine von Birmingham.

Und dennoch: Im fiebrigen Rausch der vorausgegangenen Monate, in denen ich krank vor Sehnsucht war, in denen es mir an Appetit gefehlt hatte und ich nicht zum Trainieren gekommen war, erreichte ich die absolute Höchstform. In Soumagne, östlich von Lüttich, fuhr ich auf einer Strecke, auf der in den sechziger Jahren noch eine Weltmeisterschaft stattgefunden hatte, mein bis dahin bestes Rennen.

Die Zielgerade stieg gehörig an. Im Finale des Rennens lag ich zusammen mit einem talentierten Fahrer aus der Region vorne. Seine Fans, die schon auf einen sicheren Sieg getrunken hatten, jubelten ihm lauthals zu. Doch am vorletzten Anstieg ließ ich ihn mit größter Leichtigkeit hinter mir.

Grimmig und im Gefühl der Unnahbarkeit fuhr ich dem Sieg entgegen und begriff nichts von dem Feuer, das mich gleichermaßen verzehrte und beflügelte. Hatte ich etwa gehofft, dass meine geliebte Engländerin hinter der Ziellinie auf mich wartete? Gewann ich das

Rennen vielleicht in ihrem Namen? Stand etwa die Ziellinie symbolisch für sie, die ich anbetete, sodass ich dort unbedingt als Erster ankommen musste, um sie endgültig für mich zu gewinnen? Wer weiß. Oder ist das alles nur sentimentaler Quatsch und ich war nur ein verliebter Affe, der sich selbst wild auf die Brust hämmert?

Zu gern besäße ich die Formel des Stoffes, der verliebt macht und nun wieder durch meinen Körper jagt. Wenn ich sie hätte, würde ich Pillen aus dem Zeug drehen lassen.

Eine Pille pro Tag, die nicht weniger bewirken würde als Unbesiegbarkeit.

Tagsüber sind es hier zwanzig Grad bei strahlend blauem Himmel. Das Wetter ist also noch immer hervorragend, das Licht von einer kaum auszuhaltenden Intensität. Im Dorf wird gezimmert, gestrichen, gemauert und Beton gegossen. Man bereitet sich schon auf den kommenden Besucherstrom vor – auf eine traurige Truppe von Glückssuchern, als deren Kundschafter wir uns aufgespielt haben. Abgesehen von dem alten Ortskern ist dieses Dorf bei näherer Betrachtung nichts als eine wüste Ansammlung von Marktbuden, die jeden Moment willkürlich dicht machen können. So etwas Hässliches wie Lloret de Mar kann sich niemand ausdenken, es entsteht einfach (und vergeht hoffentlich auch wieder).

Ich komme schnell vorbei, wenn ich wieder zurück bin.

Peter

Ulestraten, 10. März 1979

Lieber Hans,

finanziell geht es mir wieder blendend. Während meiner Abwesenheit hat mein Kontostand wieder ein komfortables Niveau erreicht.

Mein erster (und letzter) Sold ist überwiesen. Und in Spanien habe ich unterdesssen kaum etwas ausgegeben. Auch von Materialpannen bin ich verschont geblieben. Die Unterstützung vom Arbeitsamt ist ebenfalls in trockenen Tüchern.

Aber die beste Nachricht ist, dass ich Ende nächster Woche mein erstes gesponsertes Rad abholen kann. Es ist ein Rossin – italienisches Fabrikat, ein richtig eleganter, schön steifer Rahmen mit einer verchromten Vordergabel.

Ich hatte meine Augen nie von den italienischen Rahmen losreißen können, wenn ich ausgiebig durch Fahrradgeschäfte schweifte. Streng nach Rahmenhöhe sortiert hingen sie funkelnd im Neonlicht. Ich schlich um sie herum, belaucrte sie, bewunderte sie und befühlte heimlich den noch makellosen Lack, bis mich die Realität wieder einholte, wenn ich das braune Pappschildchen am Gummiband umdrehte, auf dem mit einem dicken schwarzen Marker der Preis geschrieben stand. Am Ladentisch bezahlte ich dann nur schnell ein paar Bremsbacken oder Rennhandschuhe.

Die niederländischen Rahmen konnte ich mir gerade noch leisten. Genauso gute Qualität, gewiss, aber weniger elegant gebaut, nicht so leuchtende Farben und plumper beschriftet.

Wenn ein Rahmen brach oder gestaucht wurde, kam das immer ungelegen. Außer einem verlorenen Rennen bedeutete es auch ein enormes Loch in meinem Geldbeutel, sodass ich meinen Haushaltsplan gründlich überarbeiten musste. Doch wenn mir sowas künftig passiert, wird sofort ein neuer Rahmen geliefert. Das zumindest ist ein großer Fortschritt.

Inzwischen überlege ich, Fahrstunden zu nehmen. Das müsste machbar sein, wenn ich es so grob durchrechne. Und dann noch ein Auto...

Im Moment wohne ich bei Jef, meinem Teamchef, wo ich mit der Zeit schon fast mit zur Familie gehöre. Es sind liebenswürdige, nette Menschen, die mich in Watte packen, ohne dafür irgendeine Gegenleistung zu erwarten. Heute Nachmittag haben wir bei bitterkaltem, schlechtem Wetter ein Gruppentraining in den Hügeln von Limburg absolviert. Es war dunkel, windig und nass. Man hatte eher den Eindruck, dass noch tiefster Winter sei, als dass der Frühling vor der Tür stehe. Es ist jedoch gut gelaufen, und ich merke, dass ich bedeutend an Ausdauer und Kraft gewonnen habe. Je länger wir im Sattel saßen und je dreckiger und durchweichter wir wurden, desto besser fühlte ich mich in meiner Haut. Und jetzt, da ich geduscht habe und wieder saubere Klamotten anhabe, fühle ich mich wie neu geboren. Entspannt und mit mir und der Welt zufrieden. Es ist ungefähr so, als säße man in der Kneipe und hätte die ersten beiden Bier intus – nur noch intensiver. Wenn es nach mir geht, kann es jetzt losgehen.

Ich fahre für ein sehr bescheidenes und anspruchsloses Team – bescheiden hinsichtlich des Budgets und anspruchslos, was die Zusammensetzung des Kaders betrifft. Zu meiner Freude nehmen wir nur an einer begrenzten Zahl der niederländischen Amateurklassiker teil. Mir fehlen leider die Statur und der Schneid, um mich in solchen Rennen zu behaupten.

Die Entscheidung fällt für gewöhnlich direkt nach dem Startschuss – also dann, wenn jeder noch frisch ist. Denn der Seitenwind zwingt alle Fahrer, sich unmittelbar in diagonalen Staffeln einzuordnen. Das Fatale: Wo der Randstreifen beginnt, ist jeder Fächer unweigerlich zu Ende. So hat die Schaltung eher eine praktische als eine athletische Bedeutung. Wer nicht sofort einen Platz in der ersten Windstaffel ergattert, ist gleich aus dem Rennen. Wer einmal den Anschluss verpasst hat, bleibt zurück.

Mein letzter Auftritt im Wind sah wie folgt aus: Im Umkleideraum der örtlichen Sporthalle herrschte eine knisternde Spannung. In Wirklichkeit begann das Rennen bereits hier. Alle versuchten, ihre Nervosität mit Gebrüll, Prahlereien, Witzen und Imponiergehabe zu vertreiben. Jemand gab eine detaillierte Beschreibung seines letzten amourösen Abenteuers. Die Schamlippen des Mädchens hätten ausgesehen wie Fledermausflügel. Er hätte suchen müssen. Die Windstaffelspezialisten, alles Hünen von einem Meter und achtzig oder mehr, jammerten ohne große Überzeugungskraft: Die Woche über nicht trainiert – krank gewesen – immer noch krank – dürfte eigentlich gar nicht starten. Die Plätze im ersten Fächer wurden schon jetzt beansprucht. Ich schwieg. Das leere Geplapper machte mir Angst. Sorgfältig sortierte ich die Verpflegung in die Rückentaschen meines Trikots.

Doch wer traute sich als Erster nach draußen? Wer zu früh hinausgeht, um einen Platz in der ersten Reihe zu ergattern, kühlt stark ab und wird dies bei dem höllischen Tempo auf den ersten Kilometern teuer bezahlen müssen. Wer zu spät hinausgeht, steht hinten und hat schon von vornherein verloren. Ich folgte der Herde.

Der Start war neutralisiert. Das heißt: Niemand durfte an dem Auto des Rennleiters vorbei, bis außerhalb der geschlossenen Ortschaft das Signal zum realen, fliegenden Start gegeben wurde. Der Rennleiter, er trug eine Skijacke und hatte sich eine Wollmütze über die Ohren gezogen, ragte von der Taille aufwärts aus dem offenen Schiebedach des Fahrzeugs. Seine Arme hatte er waagerecht ausgestreckt, als wären es Schlagbäume. In seiner rechten Hand flatterte eine rote Fahne im Wind.

Hundertfünfzig Radrennfahrer setzten sich in Bewegung und kämpften um einen Platz an der Stoßstange. Das Feld nutzte die volle Breite der Straße. Einschließlich des Bürgersteigs, der Gosse und mitunter gar eines nicht eingezäunten Vorgartens. Gelegentlich gelang es mir, listig eine Lücke zu nutzen und mich Stück für Stück nach vorne zu arbeiten. Doch plötzlich musste ich voll in die Bremsen gehen und fand mich in der Nachhut wieder. Alles war für die Katz gewesen und ging wieder von vorne los. Wie ein Kraulschwimmer glitt ich durch die Meute und rückte mühsam vor.

Ein wenig außerhalb des Dorfes bog das Auto des Rennleiters auf einen Deich ab. Der Mann winkte mit seiner roten Fahne und sein Fahrer gab Vollgas. Das Rennen war eröffnet und natürlich herrschte Seitenwind. Das Tempo stieg gleich auf mehr als fünfzig Stundenkilometer. Vor mir pendelten Fahrer rücksichtslos von links nach rechts und von rechts nach links über die Fahrbahn. Ich ließ mich von den Wellen des Pelotons mittreiben. Jeder war auf der Suche nach einer einzigen Sache: nach Windschatten.

Hinter mir hörte ich das Knacken brechender Speichen und Metall, das über Asphalt schabte. Nun auch vor mir. Nur soeben konnte ich zwischen zwei sich vor Schmerz windenden Körpern hindurchgleiten. Mit knapper Not wich ich einem umherwirbelnden Fahrrad aus. Das Tempo war mörderisch. Meine Beine brannten.

Ich hatte es nicht in die erste Windstaffel geschafft, sondern fuhr in einem Anhängsel davon. Ich war Teil eines hilflosen Bandes von Einzelgängern, die voll im Wind standen, am äußersten Straßenrand fuhren und sich der Utopie hingaben, dass es plötzlich aufhören könnte, von vorne zu wehen. Ich war damit beschäftigt, mich so klein wie möglich zu machen. Genau wie der Fahrer vor mir und wiederum der davor. War überhaupt noch jemand hinter mir?

Plötzlich sah ich das vor Schreck gelähmte Gesicht einer Frau, die neben einem auf dem Randstreifen geparkten Auto stand und die Hände vor den Mund schlug. Dann erst sah ich die Beine, die aus der zersplitterten Windschutzscheibe ragten. Ich erkannte die Marke der Radschuhe an den Füßen. Jemand rief: »Ha, wieder einer weniger.« In der Gruppe taten sich immer mehr Lücken auf.

Der stabile erste Fächer verschwand allmählich in der Ferne. Ein frustrierender Anblick. Erst jetzt gingen auch wir Abgehängten dazu über, eine zweite, eine dritte und eine vierte Windstaffel aufzumachen. Wieder einmal geschah das Wunder: Aus dem Chaos wuchs Ordnung. Vier, fünf Fächer hetzten nun hintereinander her über einen völlig leeren und ebenen Polder. Nach zwei Stunden aussichtsloser Verfolgung nahm unsere Gruppe das Tempo schließlich raus. In der dritten Gruppe hatte man offenbar schon früher aufgegeben. Hinter uns war nichts zu sehen. Der vierte Fächer war wahrscheinlich schon längst aus dem Rennen. Wer diesen Amateurklassiker gewinnen würde, war für mich uninteressant geworden.

Ab jetzt werde ich glücklicherweise wieder öfter bei Rennen durch das hügelige Terrain der Ardennen starten. Zusammen mit zwei Teamkameraden, die ebenfalls aus meiner Gegend kommen. Von ihnen und ihren Autos bin ich vorläufig noch abhängig. An den Wochenenden baue ich auf meinen Vater. Ich hoffe, dass es meinem Teamchef gelingt, noch einige Starts im Ausland klarzumachen.

Peter

Épinal, 15. Juni 1979

Lieber Hans,

was machst du, wenn du im vollen Tempo bergab auf eine Weggabelung zurast, und nicht weißt, ob du nach links oder nach rechts musst? Das kleine Grüppchen, in dem ich mich befand, zögerte für den Bruchteil einer Sekunde. Links ging es steil nach unten, rechts stieg die Straße leicht an. Das Regenwasser, das schon seit Stunden wie aus Eimern vom Himmel gefallen war, entschied sich für links. Ich hatte es leicht. Ich musste keine Entscheidung fällen, denn Claes, der Kapitän meiner Mannschaft, fuhr als Solist voraus und war wahrscheinlich auf dem Weg, die Tour Européen endgültig für sich zu entscheiden. Claes hat seinen Profi-Vertrag bereits sicher. Ich bin neidisch. Er hat schon erreicht, wovon ich noch träume. Claes ist Belgier.

Ich bin jetzt auch ein Belgier. Jef hat das geregelt. Er fand, das würde zu mir passen. Diese Woche starte ich als Gastfahrer für den belgischen Radsport-Club »Sport en Steun« aus Leopoldsburg. Mir ist alles recht, solange ich nur Rennen fahren kann und weiter vorankomme.

Der Name dieses Wettkampfes ist etwas unglücklich. Wir fahren lediglich durch drei Länder. Am 11. Juni ging es mit einem Prolog in Lüttich los. Einen Tag später fuhren wir nach Luxemburg und kamen in Esch-sur-Alzette an. Danach zogen wir weiter nach Frankreich. Die Rundfahrt entscheidet sich dann in den Vogesen. Und das ist für mich der Zweck der ganzen Übung: die Berge.

Sicher, ich bin dieses Frühjahr eine ganze Reihe von Rennen gefahren, vorwiegend in Deutschland und Belgien. Zwei habe ich sogar gewonnen. Doch mein erster richtiger Anstieg heute war eine ernüchternde Erfahrung: Ungefähr eine Dreiviertelstunde bin ich einfach nur »en bloc« mitgefahren, ohne das Gefühl zu haben, auch nur etwas an Boden zu gewinnen.

Bergauf wird meistens nebeneinander gefahren. Denn an den Anstiegen ist der Luftwiderstand ein zu vernachlässigender Faktor. Es hat keinen Sinn, sich hinter dem Rücken eines anderen zu verstecken. Schon nach drei Kilometern am Berg erreichte ich den Punkt, an dem mein Körper in tausend Stücke zu reißen drohte. Irgendetwas stimmte nicht. Ich konnte nicht schneller fahren, aber auch nicht langsamer. Meine Höchstgeschwindigkeit war gleich meiner Mindestgeschwindigkeit. Offenbar musste ich alle Energie allein dafür einsetzen, um die Schwerkraft zu überwinden. Die Unverhältnismäßigkeit zwischen meiner Anstrengung und meinem Renntempo war schlichtweg frustrierend. Sind die noch ganz bei Trost, fragte ich mich verzweifelt. Ich kämpfte mich in einer stark ausgedünnten Gruppe hinauf und fuhr bereits am Rande des Zusammenbruchs.

Ich schaute mich um. Dampf stieg von den Rücken der Fahrer auf, die mich umringten. Claes begann, uns Dezimeter für Dezimeter davonzufahren. In seiner Rennhose sah ich ein kleines Loch, wo sich die Naht zu lösen begann. Der bleiche Punkt entfernte sich langsam. Wie viel schneller mochte er wohl sein? Anderthalb Kilometer pro Stunde?

Ich fuhr über einen platt gefahrenen Vogelkadaver. Der kleine Huckel irritierte mich und brachte mich aus dem Rhythmus. Fast verlor ich meinen Platz in der Gruppe. Meine Beine pumpten weiter. Vielleicht nur deshalb, weil ich nicht wusste, wie lang der Anstieg noch war. (Und wenn ich es gewusst hätte, wäre ich daran zerbrochen?) Ich durfte nicht einbrechen: Dies war mein Terrain, jetzt erst ging es richtig los. Nur wusste ich bisher noch nicht, dass es so weh tun konnte, wie in Zeitlupe eine Steigung hinaufzukriechen.

Claes gewann die Etappe letztendlich mit großem Vorsprung und übernahm die Führung im Gesamtklassement. Nach der Siegerehrung sah ich, wie ihm eines der Lütticher Mädchen um den Hals fiel. Die Mutter und die Schwester des Mädchens schauten lächelnd zu. Sie waren mir schon öfters bei verschiedenen Rennen in Wallonien aufgefallen. Anfangs dachte ich, dass es Groupies waren, die Mutter inklusive. Sie nahmen regelmäßig Radrennfahrer bei sich auf. Claes wohnt ebenfalls oft da, gestand er mir. Er wird dort verhätschelt wie ein Schoßhund. Aus den Details, die er mir gestern erzählt hat, schließe ich aber, dass da ganz eindeutig etwas Ernstes im Gange ist zwischen ihm und dem schlanken Mädchen mit den kurzen blonden Haaren und den langen Wimpern.

Etwas später sah ich, wie sie ihm ihren Arm auf den Rücken legte. Claes wurde lässig auf seinem Rad sitzend in Richtung Waschraum geschoben. Das würde mir auch gefallen. Auf diese Weise wird der Radsport wenigstens etwas leichter.

Wie es mit der Liebe steht? Die »Komtess« verstehe, wer will. Mal ist sie eine Stichflamme, mal ein kleines Teelicht. Sie raucht wie ein Schlot und säuft wie ein Loch. Da könntest selbst du dir noch eine Scheibe von abschneiden. Zum Glück ist sie aus der Ecke weggezogen. Ich fand für sie eine neue Arbeitsstelle in Sittard.

Der Takt, mit dem die Engländerin schreibt, ist mir ebenfalls viel zu hoch. Ich bin bereits mit rund drei Briefen im Rückstand. Zwar hatte ich in Lloret de Mar ihr Äußeres gründlich kennen gelernt, doch jetzt offenbart sie langsam aber sicher das Innere ihrer Seele. Es ist nicht angenehm zu lesen, was sie alles schreibt, denn ich erkenne mich selbst darin wieder.

In anderthalb Wochen steht die Niederländische Meisterschaft an. Mit der Tour Européen in den Beinen dürfte ich dort ganz gut abschneiden. Dienstag bestreite ich als letzte Vorbereitung noch einen Klassiker in Belgien: Romsée–Stavelot–Romsée. Danach sollte ich definitiv in Form sein.

Wir mussten uns also zwischen links und rechts entscheiden, schrieb ich. Die Wahl fiel auf links. Es erwies sich als die richtige Entscheidung. Auf der Ergebnisliste, die ich gerade gesehen habe, steht mein Name an dritter Stelle des Gesamtklassements: »3ième, Winnen, Belgique.«

P.

Bratislava, 1. Juli 1979

Lieber Hans,

das Restaurant war durch ein Gittertor abgesperrt. Davor hatte sich eine Schlange von mindestens dreißig Personen gebildet. Angeführt von Herrn Jandova, dem Organisator des Rennens, marschierten wir an den geduldig wartenden Menschen vorbei und blieben vor dem schwarz lackierten Gitter stehen.

Es war ein heiterer Sommerabend. Wir standen unter schwarzen Rankenornamenten und blickten auf eine Restaurantterrasse im Verandastil. Unter dem warmen Licht von Glühlampen, die in langen Ketten an der Decke hingen, wurde gegessen, getrunken und gelacht. An einigen Tischen führten die Gäste ernsthafte Gespräche. Ich verstand natürlich kein Tschechisch, aber Jandova befahl dem Portier ganz offensichtlich etwas, woraufhin dieser sofort wegstiefelte. Er lief auf einen schwergewichtigen, glatzköpfigen Mann in einer schmutzigen weißen Shorts zu und wies, während er zu ihm sprach, mit seinem Daumen in unsere Richtung. Daraufhin ging der schwergewichtige, glatzköpfige Mann zu einem Tisch, sprach die Gäste an und begann gleichzeitig, die noch halbvollen Teller und Platten abzuräumen. Nachdem die Gäste noch hastig den Rest aus ihren Gläsern in ihre Kehlen gekippt hatten, standen sie auf und verschwanden durch jenes Tor, vor dem wir standen und warteten. Wir nahmen Platz an dem frei gewordenen Tisch, der mit großer Eile neu gedeckt wurde.

Es war schon spät. Der Tag war lang gewesen und hatte vor allem aus Warten bestanden. Durch eine Baustelle auf der A2 hatten wir den Direktflug nach Bratislava verpasst. Wir mussten in Etappen fliegen. In Frankfurt lungerten wir ein paar Stunden auf dem Rasen vor der Abflughalle herum. Ich sank in einen betäubenden Halbschlaf und wurde von hartnäckig wiederkehrenden Gedanken an eine Stewardess der Lufthansa geplagt, die in eine Wolke von Rosenduft gehüllt war.

In Wien erreichte Jef endlich den Veranstalter des Rennens am Telefon. Es wurde beschlossen, dass wir mit dem Rad zur tschechischen Grenze fahren sollten, wo Jandova uns dann auflesen würde. Wir zogen uns auf der Flughafentoilette um. Jef und Fons, unser Pfleger, nahmen unser Gepäck im Taxi mit.

Der tschechische Grenzübergang war mit drei Zöllnern besetzt. Zwei Männer und eine Frau. Wir durften nicht passieren. Zumindest Nelissen nicht. Infolge einer Maschinenwäsche hatte das Foto in seinem Reisepass begonnen abzublättern. Nicht, dass er dadurch unkenntlich geworden wäre – aber über die Grenze kam er damit nicht.
 Der jüngere der beiden Männer führte das Kommando. Jedwede Diskussion war ausgeschlossen. »Nein«, bellte er entschieden und blies uns dabei eine beißende Alkoholfahne ins Gesicht. Er zog sich zu seiner Kollegin in die Grenzbaracke zurück und setzte ungeniert den Flirt fort, bei dem wir ihn gestört hatten. Im Niemandsland zwischen den österreichischen und tschechischen Schlagbäumen waren wir Luft für die beiden roten, erhitzten Gesichter, die sich knapp über dem Fensterbrett eng aneinander entlang bewegten. Es begann bereits zu dämmern. Gleichgültig zogen wir uns mitten auf der Straße um. Nach ein oder zwei Stunden tauchte Jandova auf.
 Inzwischen nahm Fons, in einem Versuch der Bestechung, das klapprige Rennrad des ältesten Grenzwächters in Arbeit. Der Mann, er lächelte immerzu mit seinem ramponierten Gebiss, schlenderte vor der Grenzbaracke herum. Bald waren seine Gangschaltung repariert, die Bremszüge ausgetauscht und der Lenker mit einem neuen Lenker-

band versehen. Nun wünschte er sich noch einen neuen Sattel, aber Jandova setzte der Komödie ein Ende. Mit wenigen, gelassenen Worten befahl er, uns auf der Stelle durchzulassen. Wir luden das Gepäck und das Material in seinen Kleinbus, stiegen ein und fuhren in die Tschechoslowakei. Ich wurde neugierig, welche Position dieser Mann wohl bekleiden mochte.

In der Wärme des Frankfurter Flughafens, auf der Wiese, hatte das Unheil seinen Anfang genommen. Die Müdigkeit, die dort in meine Beine gekrochen ist, bin ich nicht mehr losgeworden. Ich habe das Gefühl, dass ich meinen Formhöhepunkt bereits überschritten habe. Den dritten Platz in der Tour Européen konnte ich bis zum Schluss verteidigen. Romsée-Stavelot-Romsée beendete ich als Zweiter. Das war mein bestes Rennen. Ich spielte nur so mit den Pedalen. Eigentlich war nur meine Unachtsamkeit daran schuld, dass mir der Sieg durch die Lappen ging. Bei der Niederländischen Meisterschaft ging es bereits abwärts. Den ganzen Tag holperte ich nur dem Geschehen hinterher, ohne richtig ins Rennen zu kommen.

Das gestrige Kriterium war nur die Aufwärmübung für das große Rennen, das heute auf dem Programm stand: Bratislava-Bratislava. Wie für mich gemacht, meinte Jef. Im Gefühl, eine Gegenleistung erbringen zu müssen, hatte er dem Organisator von meinen Kletterqualitäten erzählt. Was Jef zu diesem Zeitpunkt allerdings noch nicht wusste, war, dass ich physisch und mental völlig neben der Spur war. Während der gesamten achtzig Kilometer des Kriteriums musste ich alle Kraft aufbringen, nur um dem Peloton folgen zu können. Ich hielt mich in der Mitte der großen Gruppe auf, wo der Sog am stärksten war. Jef dachte natürlich, dass ich mich schonte, dass ich meinen Akku wieder auflud.

Auch das große Rennen endete in einem Fiasko. Durch einen Sturz geriet ich früh ins Hintertreffen. Und als sich die Verfolgung als fruchtlos erwiesen hatte, stimmte ich ausgelaugt dem Vorschlag eines tschechischen Fahrers zu, vorzeitig aus dem Rennen auszusteigen und unseren Durst in einem Café am Straßenrand zu löschen.

»Kein Geld? Aber kein Problem.« Er sprach einigermaßen Deutsch. Wir lehnten die Räder gegen die Fassade und gingen hinein. In unserer bunten Rennkleidung hoben wir uns deutlich vom grauen Einheitslook der vorwiegend männlichen Gäste ab. Der Tscheche wies auf einen leeren Tisch am Fenster und steuerte auf den Tresen zu. Mit ernster Miene wechselte er einige Worte mit dem Wirt und kehrte mit zwei Krügen Bier von je einem halben Liter zurück. Leer saufen, befahl sein Blick und er schüttete selbst den Inhalt seines Glases in einem Zug die Kehle hinunter. Ich tat es ihm nach. Mein Körper saugte die Flüssigkeit dankbar auf wie ein trockener Schwamm. Der Tscheche rülpste laut. Der Wirt stellte unaufgefordert zwei neue Krüge vor unsere Nasen. Auch diese leerten wir auf ex. Die angespannten, verhärteten Muskelstränge in meinen Waden und Oberschenkeln lockerten sich allmählich, und auch die Schmerzen verschwanden größtenteils. Ich lehnte mich zufrieden auf meinem Stuhl zurück und nahm durch das Fenster die Landschaft in mich auf. Hell leuchtende Äcker, keine Bäume, wenig Sträucher. Das Straßenpflaster, auf dem kurz zuvor das Peloton vorbeigerast war, lag verlassen da.

»Hoffentlich nicht pinkeln heute«, sagte der Tscheche plötzlich mit schläfrigen Augen.

Ich verstand kein Wort. Er half mir auf die Sprünge: »Hier Alkohol auf Dopingliste.« Diese Nachricht gefiel mir nicht besonders. Hatten sie denn eine Dopingkontrolle angekündigt? Ich wusste von nichts. Ich wollte immer schon einmal eine Dopingkontrolle mitmachen, aber nun sah die Sache anders aus. Unter den ersten Dreien würde sich keiner von uns beiden mehr platzieren können, das war sicher. Aber die Möglichkeit, per Los bestimmt zu werden, war, wenn auch nicht groß, so doch vorhanden. Der Tscheche nahm es nicht so schwer und begann mit der dritten Runde. Es war sowieso zu spät. Auch ich hob das Glas. Alkohol auf der Liste der verbotenen Substanzen – das war geradezu lächerlich.

Nachdem wir einen vierten Krug geleert hatten, stiegen wir wieder auf unsere Räder, um nach Bratislava zurückzufahren. Wir hatten Rückenwind. Mit ein bisschen Glück würden wir die Zieleinfahrt, die gegen vier Uhr auf einer Hügelkuppe außerhalb der Stadt stattfinden sollte, noch erleben. Wir kamen gut voran, obwohl wir beträchtlich umherirrten und regelmäßig mit den Schultern aneinander hingen.

Je mehr wir uns der Stadt näherten, desto schwerer und widerwilliger wurden meine Beine. Mir ging der Gesprächsstoff aus. Der Rausch, den ich anfangs noch als eine angenehme Betäubung begrüßt hatte, verwandelte sich nach und nach in nackte Panik. Ich steuerte offensichtlich auf ein verhängnisvolles Ende zu. Anders konnte ich es mir nicht erklären. Das Flugzeug verpasst, an der Grenze festgesteckt, im Kriterium nichts gezeigt, die unbegreiflichen Vorgänge in dem Restaurant – waren das nicht alles nur die Vorboten gewesen, dass sich mein Zukunftstraum heute zerschlagen würde? Ich sah die Schlagzeile schon vor mir: Niederländischer Amateur-Radrenner in Tschechoslowakei gedopt. Profikarriere futsch, Erfolg futsch. Bereits eliminiert, bevor es richtig losgeht.

Mein Kopf fühlt sich an, als wäre er mit Watte gefüllt. Ich bin noch immer betrunken. Und müde. Zwischen zwei Schlagbäumen gefangen irre ich durch eine Art von Niemandsland. Doch die Hiobsbotschaft ist ausgeblieben. Gab es nun eine Dopingkontrolle oder gab es sie nicht? Nach dem Rennen fand in der großen Cafeteria des Bungalowparks am See die Preisverleihung statt. In einem dieser Bungalows sind wir untergebracht.

Ich höre noch, wie ich Helena anlalle, die gnadenlos schöne Tochter des geliebten Organisators. Ich bin ihr gestern schon kurz vorgestellt worden. Sie trägt Schmuck und teure Kleidung, was sogar ich erkennen kann. Helena studiert und spricht perfekt Englisch. Was studiert sie denn? »Economics.« Wie alt ist sie? »21.« Und wo wohnt dieses aufgeweckte Juwel? »In Bratislava, of course.« Bratislava, eine schöne Stadt, sicherlich, aber schöner noch ist ihr Mund.

Ich stehe mit dem Rücken zur Siegerehrung gekehrt. Aus den Lautsprechern beginnt Musik zu dröhnen. Ein Volkslied zu Ehren des Gewinners? Ich habe das alles gar nicht mehr richtig wahrgenommen.

»Ich werde Radprofi«, prahle ich und weil ich dabei mit meinem Arm aushole, schwappt Wein über meine Hand. Aber nun zu ihrem

Vater: Wie verdient dieser Mann seinen Lebensunterhalt, wie kommt er zu seiner Macht? Ich finde, dass es höchste Zeit ist, den Schleier dieses Mysteriums an Ort und Stelle zu lüften. Helena guckt mich verständnislos an. Ich führe meinen Mund dicht an ihr Ohr. Laut schreiend wiederhole ich die Frage. Wieder zuckt sie mit den Schultern. Tut sie nur so, oder hat sie mich wirklich nicht verstanden?

Mein Oberkörper beginnt bedenklich zu schwanken. Über Helenas Schulter sehe ich meinen Kumpanen von heute Nachmittag näher kommen. Er grinst und drückt mir einen Krug Bier in die Hand. Einen halben Liter. »Auf Bratislava«, rufe ich mit lauter, sich überschlagender Stimme. Sehe ich es recht, sehe ich da Spott in Helenas Augen? Die Musik verstummt. Es ertönt Applaus. Nicht für mich, das ist mir klar. Ich setze das Glas an meine Lippen.

Peter

Morzine, 15. September 1979

Lieber Hans,

»Keine Sekunde zögern«, sagtest du, während du auf deiner Gitarre einige Akkorde spieltest und sie danach in ein Schreibheft notiertest. Ich zweifelte noch. Die Tour de l'Avenir ist kein Pappenstiel. Ich glaubte, nicht die Kraft zu haben, um zwei Wochen durch das Jura und die Haute-Savoie zu fahren. Ein paar Tage hohen Fiebers hatten mich ziemlich ausgezehrt. Anschließend fand ich nicht wieder richtig in meinen Rennrhythmus. Die letzten Wochen hatte ich lediglich einige Kirmesrennen bestritten.

Es ist unmöglich, dir all meine Erlebnisse mitzuteilen – ich habe die Dinge noch lange nicht der Reihe nach geordnet. Ich werde mich darauf beschränken, dir meine heftigsten Konfrontationen mit dem Hochgebirge zu schildern.

Die härtesten Anstiege haben ironischerweise die liebenswertesten Namen. Fangen wir mit dem Col du Grand Columbier an.

»Gib mir mal ein 24er, ich kenne den Berg«, sagte Boom morgens zu unserem Mechaniker.

»Ein 24er? Da kannst du ja genauso gut zu Fuß gehen.«

»Gib's mir trotzdem.«

Ich selbst wählte ein Ritzel mit 23 Zähnen als Rettungsring. Hätte ich vorher gewusst, was mich erwarten würde, dann hätte ich ein 25er genommen.

Die ersten drei Kilometer des Anstiegs sind völlig gerade und haben so um die zehn Prozent. Das Peloton, das noch in entspannter Fahrt und dicht gedrängt an den Fuß des Col du Grand Columbier gekommen ist, verwandelt sich schon auf den ersten Metern im Berg schlagartig in einen in Todesnöten zappelnden Organismus. Es ist geradezu so, als würde das Feld gegen eine Wand fahren.

Innerhalb weniger Sekunden wummert mein Kopf wie ein Presslufthammer und ich tue, was ich noch nie habe tun müssen und was nun jeder Fahrer gezwungen ist zu tun: Zickzack fahrend entwerfe ich auf dem Asphalt mein eigenes Muster von Haarnadelkurven. Das frustriert. Jeder kommt jedem in die Quere. Dies ist kein Radrennen mehr, dies ist eine Erniedrigung.

Wonach sieht diese Szene aus, was kommt ihr am nächsten? Eine Massenpanik nach einem Bombenattentat? Nein, wir ähneln einer Masse wahnsinniger, einander vor die Füße laufender und sich gegenseitig über den Rücken kriechender Heuschrecken, die großzügig mit Insektiziden überschüttet wurden.

Abends sehe ich die Bilder der Etappe in den Sportnachrichten. Ein einziger Mann fährt kein Zickzack. Mit energischem Tritt setzt er sich von der Meute ab. Es ist Soukhoroutchenkov im Gelben Trikot. Soukhoroutchenkov braucht kein 24er, das sehe ich sofort.

Als Nächstes der Cormet de Roseland. Nicht so steil, aber elendig lang, knapp zwanzig Kilometer. Ich befinde mich in der ersten Gruppe, aber damit ist auch schon alles Gute gesagt. Morosov, der Russe mit der Hasenscharte, macht bereits seit einigen Kilometern Tempo.

Und dieses Tempo ist eigentlich zu schnell für mich. Mir droht der Kraftstoff auszugehen und ich sehe vor meinem Auge schon einen Strudel im beinahe leeren Tank eines amerikanischen Zwölfzylinders.

Die Straße steigt weiter an. Es geht an einem Stausee vorbei, der wie ein vollkommen glattgestrichener Fußboden zwischen den Felsmassen liegt. Fiep, fiep macht mein Atem. Aber ich denke nicht daran, mich zurückfallen zu lassen. Hier oben wächst beinahe nichts mehr. Zwischen dem Geröll am Straßenrand zittern noch vereinzelt violette Blümchen auf dürren Stängeln in einem Wind, der im Verlauf des Anstiegs kontinuierlich auffrischt. Ich habe das kindliche Bedürfnis, sie zu pflücken. Wie gerne würde ich einfach absteigen und hier bleiben. In dem Stausee, der nun tief unter uns liegt, spiegelt sich meine Leere wider.

Die Gruppe zieht sich immer weiter auseinander. Jetzt nehme ich nichts anderes mehr wahr als das Hinterrad meines Vordermanns. Fiep, fiep, fiep. Auch das noch. Meine Atmung tanzt jetzt als Formation von Buchstaben durch meinen Kopf. Ich habe das Gefühl, dass ich etwas verliere, dass ich etwas zurücklasse, weiß aber auf die Schnelle nicht was. Noch einen Augenblick weiter in diesem Tempo und ich bin reif für die Anstalt.

Auf dem Gipfel bin ich noch dabei.

Und dann der Col du Mont Revard. Ein paar Meter hinter der Ziellinie oben auf dem Mont Revard hänge ich teilnahmslos an einem Absperrgitter. Die erste Flasche kalten Perriers, die man mir reicht, gieße ich sofort über meinen Kopf – sprudelndes Wasser in meinen Haaren. Der Inhalt der zweiten Flasche verschwindet auf direktem Wege in meinem Schlund. Mein Magen verträgt das nicht. Während ich meine Stirn auf den Lenker lege, kotze ich auf das Straßenpflaster. Ich starre auf die schäumende Lache, die sofort beginnt, in kleinen Strömen auseinander zu rinnen. Nie, niemals werde ich ein Radprofi, murmle ich.

Ich hatte mich auf dieser Etappe viel zu lange bei einem viel zu hohen Tempo an die Spitzengruppe geklammert. Von dem Moment an, in dem ich sie ziehen lassen musste, bestand ich dann nur aus einem einzigen kolossalen schwarzen Loch. Eine bis zum Rand mit Perrier gefüllte Badewanne ist der nächste Gedanke, der mir kommt, und es ist zugleich der einzige Wunsch, den ich noch habe. Wieder muss ich kotzen. Ach, eigentlich will ich nichts anderes mehr, als für immer an diesem Gitter zu lehnen.

»Klasse Rennen, Junge.« Betreuer Vermeulen klopft mir auf den Rücken. Ich hebe meinen Kopf. Vermeulen lächelt väterlich.

»Klasse Rennen.« Ich sehe ihn mit hohlem Blick an. Es ist, als ob ich Echos höre.

Heute werde ich allerdings zum ersten Mal seit zwei Wochen zufrieden einschlafen. Es wurde auch Zeit, denn morgen ist der letzte Tag. Plötzlich ist es so, als ob ich Flügel bekommen habe.

Die Fahrt nach Morzine ist kurz, aber das Streckenprofil ist nicht ohne: Col de Joux Plane und Col de Joux Verte. Am Joux Plane stelle ich zu meiner Überraschung fest, dass ich mich ohne Probleme in der Spitzengruppe behaupten kann. Eigentlich ist es ein giftig steiler Anstieg, der sich hier in die Höhe windet, aber ich habe mit ihm keine Schwierigkeiten. Mehr noch: Ich gehöre zu denen, die das Tempo bestimmen. An der Seite von Soukhoroutchenkov kraxelnd frage ich mich: Fühlt dieser Mann wohl immer genau das, was ich in diesem Moment fühle? Es läuft einfach perfekt. Kaum dass einer der Spanier einen Ausreißversuch gestartet hat, habe ich ihm auch schon einen Strich durch die Rechnung gemacht. Ich weiß nicht, wie mir geschieht.

Auf dem Joux Verte ist es das gleiche. Der Gipfel ist in Wolken gehüllt. Ich rackere mich ab, aber das Glücksgefühl betäubt allen Schmerz. Es ist göttlich. Unten in Morzine angekommen vergesse ich in meiner Verwirrung ganz, mitzusprinten. Ich werde Achter, aber es fühlt sich an wie ein Sieg.

Das bringt mich weiter. Jetzt kann ich beruhigt in die Winterpause gehen. Denn die Straßensaison ist beinahe wieder vorbei. Nach der Tour de l'Avenir fahre ich noch einige kleine Rennen in den Niederlanden, aber dann belasse ich es dabei. Wir sollten mal wieder auf ein

Konzert gehen. Durch die ständigen Reisen kommt das viel zu kurz. Wie steht es mit deinem eigenen Repertoire? Ich beginne allmählich, den Überblick zu verlieren.

»Keine Sekunde zögern«, sagtest du. Ich zweifelte noch. Aber jetzt weiß ich endlich, was Radrennen heißt. Dort oben auf dem Mont Revard, wie soll ich es sagen, dort, im tiefsten Zustand der körperlichen und geistigen Auflösung, bin ich wohl entjungfert worden.

Peter

PS. Ich habe ein Angebot von einem der renommierten Amateurteams vorliegen. Driessen-Stoffe ist der Name. Immerhin schon ein Fortschritt gegenüber Poolen-Tierfutter, meinem ersten Team. Die Mannschaft wird durch den Limburger Henk Steevens geleitet. Ich denke, ich werde wohl unterschreiben. Dieses Team fährt nämlich oft im Ausland. Was mir weniger gefällt, ist die Farbe der Trikots: orange-weiß mit einem Schachbrettmuster-Streifen, der über das Orange läuft. Doch dieses Opfer will ich gerne auf mich nehmen.

IJsselsteyn, 11. April 1980

Lieber Hans,

heute Morgen musste ich mich zur Kontrolle auf dem Sozialamt melden. Kaum aus Italien zurückgekehrt, wurde ich noch einmal mit der Nase auf die Tatsachen gestoßen.

Während der Settimana Ciclista Bergamasca habe ich bereits den gewaltigen Fortschritt bemerkt. Ich wurde Fünfter in der Gesamtwertung, was mir das violette Trikot des besten Nachwuchsfahrers einbrachte. Das Bergzeitfahren beendete ich als Sechster. An einem der Tage fuhr ich über mehrere steile Anstiege hinweg allein an der Spitze und wurde erst kurz vor der Ziellinie von einer kleinen Gruppe eingeholt.

Die lange Rückreise gestern in unserem orange-farbenen Kombi störte mich nicht im Geringsten. Ich saß hinten und sah die Landschaft Süddeutschlands vorbeifliegen. So war es gut, fand ich. Ab und zu drehte ich mich um und betrachtete die Pokale, die zwischen den Sporttaschen im Kofferraum lagen.

Schwere Dinger, viel Marmor. Das größte Teil hatte beinahe das Format eines Grabsteins. Nun ist es wohl kaum möglich, ohne einen Pokal aus Italien zurückzukehren – sie sind dort ganz verrückt nach diesen Dingern. Wir hatten es allerdings gleich auf eine beachtliche Zahl gebracht.

Ich dachte auch oft an Lisa, obwohl ich sie mit keinem Finger berührt habe.

Der Beamte im Sozialamt belehrte mich schnell eines Besseren. Man war nicht zufrieden mit meinen Laufzetteln, die erstens viel zu unregelmäßig abgegeben wurden und zweitens keinerlei Bewerbungsabsicht erkennen ließen. Drittens hatte man den Eindruck, dass ich Einkünfte verschweige. Alle drei Vorwürfe stimmten.

Ob ich inzwischen keine Zeit gehabt hätte, mich nach einer passenden Arbeit oder einer Umschulung umzusehen? Umschulung, ich werde bereits umgeschult, du Windbeutel, dachte ich. Aber nie im Leben würde ich ihnen von meinen sportlichen Ambitionen erzählen. Sie würden mich ja doch nicht für voll nehmen. Welcher Idiot spekuliert schon auf eine Karriere als Radprofi?

Und? Ob mir vielleicht schon etwas Bestimmtes vorschweben würde?

»Ja, etwas mit Grünanlagen, etwas in der Stadtgärtnerei.« Wieder antwortete ich nur in meinen Gedanken. Seit der Oberschule schwadroniere ich davon als eine Art letzter Option. Meine Mutter hält es für einen zynischen Witz. Vielleicht siehst du das genauso. Doch für mich steht fest: Wenn mein Traum wie eine Seifenblase zerplatzt, will ich nichts als ein einfaches, anspruchsloses Leben zwischen Sträuchern und Unkraut in einer ruhigen Nische der Gesellschaft.

»Ich weiß es nicht«, sagte ich dem Beamten. Dieser zog skeptisch seine Augenbrauen hoch, aber mit einer derartigen Routine, dass es mich nicht sonderlich beeindruckte. Er hielt es für angemessen, meine Sozialhilfe zu kürzen, solange ich mich im Ausland aufhielt. Und er war überzeugt, dass ich nicht viel dagegen einwenden könnte.

»Da ist was dran«, sagte ich. Es schien mir vernünftig zu sein, mich mit meiner eigenen Meinung zurückzuhalten. Dann durfte ich gehen.

Die Situation erinnerte mich stark an einen Vorfall vor sechs bis acht Jahren. Nach dem mittleren allgemeinbildenden Sekundarunterricht besuchte ich den höheren allgemeinbildenden Sekundarunterricht. Das ist ein logischer und richtiger Schritt für jemanden, der seinen Platz in der Gesellschaft noch nicht gefunden hat.

Es war an einem schönen Juniabend. Ich hatte bereits Ferien.

»Was willst du hier eigentlich mit dieser Fächerkombination?«

Wir waren wie versteinert, meine Eltern und ich. Voller Optimismus waren wir nach dem Abendessen aufgebrochen, um das neue Kolleg kennen zu lernen und ein Orientierungsgespräch mit den Schullaufbahnberatern Oonk und Spronk zu führen. Ich war mit dem Fahrrad vorausgefahren. Damals nutzte ich jede sich bietende Gelegenheit, um zu trainieren. Tagsüber arbeitete ich als Ferienaushilfe in einer Butterfabrik. Mein Abschlusszeugnis war sehr gut ausgefallen. Wir würden mit offenen Armen empfangen werden, davon gingen wir aus.

Mit Ausnahme von Mathematik, einem Fach, das ich nur gezwungenermaßen in meine Fächerkombination aufgenommen hatte, war ich von meiner Wahl sehr angetan: Niederländisch und Englisch natürlich, Französisch, Biologie und Erdkunde.

Schullaufbahnberater Oonk schaute mich mit bohrendem Blick an. Seine Worte hallten in meinem Kopf nach. Spronk hatte bis dahin geschwiegen, aber das war nicht weniger bedrohlich.

»Und was willst du in Gottes Namen mit Französisch? Damit kann man heute nichts mehr anfangen«, fuhr Oonk fort. Ich zuckte zusammen. Der Mann hatte natürlich nicht den blassesten Schimmer, dass Französisch die Verkehrssprache des Profi-Pelotons ist. Ich verspürte ein unbehagliches Gefühl in meinem Kreuz.

»Was möchtest du später werden?«, fragte Schullaufbahnberater Spronk in einem milderen Ton. Er warf einen einvernehmlichen Blick hinüber zu Schullaufbahnberater Oonk, der mit seinen stahlblauen Augen durch uns hindurch zu starren schien.

Jetzt bin ich geliefert, dachte ich, jetzt muss ich die Hosen runter lassen. Jetzt muss ich sagen, dass ich Radrennfahrer werden will, dass ich die Tour de France fahren möchte, dass ich berühmt werden will, dass ich mit geschmeidigem, beharrlichem Tritt die fürchterlichsten Alpenriesen bezwingen will, dass ich nach nichts Geringerem strebe als nach ewigem Ruhm und Heldentum. Doch ich schwieg.

Ich starrte durch das große Fenster nach draußen und dachte an nichts anderes als an die zurückliegende, abendliche Traingsausfahrt. Der Wind war lauwarm und führte Gerüche von Jauche und Erde mit sich, was in meinem Innern eine große Unruhe weckte, die so vertraute Mischung von Kummer und Glück. Ich dachte an die Fotos meiner großen Vorbilder, die an den Wänden meines Materialschuppens hingen, an ihre verschwitzten, staubigen Köpfe, die gleichzeitig Ingrimm, Siegesgewissheit und eine gewisse Ekstase ausstrahlten.

Diese Gedanken machten mich übermütig und ich antwortete in gleichgültigem Tonfall, ohne meine Augen von dem Fenster abzuwenden: »Irgendwas, wenn's nur draußen ist.«

Meine Antwort stimmte mich zufrieden und erst jetzt wagte ich es, erst Schullaufbahnberater Spronk und dann Schullaufbahnberater Oonk anzusehen. Sie schienen einigermaßen besorgt zu sein und wandten sich an meine Eltern. Ich starrte wieder aus dem Fenster und fing nur noch einzelne Gesprächsfetzen auf. Wörter wie »Zukunft«, »weiterführender Unterricht« und »Berufsberater« fielen regelmäßig.

Wieso »jämmerliche Fächerkombination«, dachte ich. Sie meinen wohl »maßgeschneidert für einen Radprofi«. Mit zusätzlich Chemie wäre die Fächerwahl ganz und gar perfekt. Doch darin bin ich nie besonders gut gewesen.

Ich habe mir jetzt tatsächlich ein Auto gekauft, einen Chrysler für 5.400 Gulden. Ein Radrennfahrer muss schließlich mobil sein.

Außerdem finde ich, dass eine Fahrstunde pro Woche ein bisschen wenig ist.

»Ist das Auto von 'nem Bankdirektor«, hatte der Verkäufer gesagt. Das gab den Ausschlag. Bankdirektoren fahren keine Schrottkisten.

»Ich nehme ihn«, sagte ich, obwohl mich das rote Plüsch der Sitze an ein Bordell erinnert. Während ich nun durch die Gegend rase, spiele ich lautstark meinen Lieblingstitel aus England: »Nothing to loo-loo-loo-loose«.

Doch das Scheißding säuft mehr Benzin, als der Verkäufer mir weisgemacht hat. Das Verschweigen von Einkünften hingegen finde ich nur gerechtfertigt. Zum Radsport gehört verdammt noch mal Geld.

P.

Warschau, 8. Mai 1980

Lieber Hans,

es muss an der Farbe des Teppichs liegen. Irgendwo zwischen ocker und orange liegt der Farbton, bedeckt mit einem Grauschleier, so als ob Zementstaub auf ihn niedergerieselt sei. Seit unserer Ankunft kurz nach Mittag versuche ich herauszufinden, warum dieses Hotelzimmer unverkennbar das Flair des Ostblocks atmet, während die Einrichtung ansonsten von westlicher Effizienz ist. Alles stimmt: eine Tischplatte aus schwarzem Resopal, strenge Stuckverzierungen an den Wänden und ein cremefarben gefliestes Badezimmer mit verchromten Wasserhähnen über dem Waschbecken und einer Badewanne. Doch der Fußbodenbelag hält mich davon ab, barfuß zu gehen.

Wir sind soeben von einem leichten Training zurückgekehrt. Die Muskeln mussten nach der Flugreise ein bisschen gelockert werden. Morgen beginnt hier der Prolog, ein kurzes Zeitfahren von sieben oder neun Kilometern. Über eine lange gerade Straße strampelten wir jeweils zu zweit nebeneinander aus der Stadt hinaus. Die Bebauung endete abrupt. Kurz darauf befanden wir uns in einer Weite von schwarzen Äckern unter einem schweren, trostlosen Himmel. Nur hier und da standen Bäume auf dem Feld. Entweder waren sie abgestorben, oder es herrscht hier noch Winter. Die Bäume trugen kein einziges Blatt. Es war auch keine Menschseele zu sehen, nur einzelne dunkle Schatten hinter Windschutzscheiben von Autos, die bereits mit Licht fuhren. Und ein Trunkenbold im Straßengraben. Ich musste an Kosinskis »Bemalter Vogel« denken. Eine Stunde hin, eine Stunde zurück durch eine ausgebrannte Landschaft. Es schien die anderen nur wenig zu kümmern, denn sie schwatzten in einem fort.

Wenn man hier aus dem Fenster blickt, sieht man in der Ferne eine Schlange von Menschen auf dem Bürgersteig stehen. Sie warten vor einer Metzgerei. Als wir vorhin dort vorbeifuhren, warf ich durch das Schaufenster einen Blick in das Geschäft und sah einige leere Regale und ein paar Haken ohne Würste und Schinken. In der Schlange standen Männer und Frauen, die Hände um ihre Einkaufstaschen gekrallt. Grau war der Teint ihrer Gesichter, grau war ihre Kleidung, grau waren auch die Fassaden der Häuser. Die Frauen trugen Kopftücher, ausgefranste Jacken und schlabberige, löchrige Strümpfe, in denen unförmige Beine steckten. Ein paar Männer sahen zu uns herüber, als wir vorbeifuhren. Ihr Lachen legte den Blick auf ihre schlechten Zähne frei.

Eigentlich hat mich nur der Zufall hierher gebracht. Ich bin eingesprungen für Damen, der keine zwei Wochen von seinem Mädchen weg konnte. Oder anders gesagt: Er wollte trotz bester Form nicht mit nach Warschau–Berlin–Prag, zur Friedensfahrt, zum Nonplusultra für jeden Amateur-Radrennfahrer. Ich habe das fassungslose Gesicht meines Teamchefs noch vor Augen. Diese Art von Liebesquerelen kenne ich glücklicherweise nicht. Mit mir und der »Komtess« wird es ja doch nichts. Bestenfalls bin ich für sie ein Sparrings-Partner. Es ist alles sehr lehrreich, doch eine dauerhafte Seelenverwandtschaft sieht anders aus.

»Ich begreife nicht, warum du dich so auf diesem Fahrrad abquälst«, sagte sie letztens. Ja, diese Nachtschwärmerin hat gut reden. Sie hat keine Ahnung, worum es für mich geht. Wahrscheinlich wird sie Recht behalten. Seit kurzem muss ich mich doch ziemlich schinden. So energisch die Radsportsaison auch begonnen hat, auf einmal geht es nicht mehr richtig voran. Ohne erkennbaren Grund schwankt meine Leistung. Insgesamt ist sie sogar abgefallen.

Nach meinem frühzeitigen Ausstieg aus der Overijssel-Rundfahrt am vorigen Wochenende habe ich begonnen, gehörig mit mir selbst zu hadern. Ausgerechnet du willst Radprofi werden? Halte dich doch nicht selbst zum Narren mit dieser Schnapsidee, du naiver Fantast. Nachdem ich mir auf diese Weise selbst den Mut genommen hatte, lungerte ich gegen meine Sporttasche gelehnt auf der Rasenfläche vor dem Duschraum herum, während das Rennen noch weiter ging. Es war strahlendes Frühlingswetter. Das alles stimmte mich ungemein traurig.

Hier in Warschau werde ich darüber auch nicht fröhlicher. Dass ich ausgerechnet jetzt, so kurz vor der Friedensfahrt, ein solches Formtief haben muss. Andererseits passe ich hervorragend hierher: Mein Gemüt ist genauso fahl wie der Fußbodenbelag im Hotelzimmer. Und genau wie die Menschen unten auf der Straße habe ich das Gefühl, dass ich Schlange stehe vor einem Laden mit leeren Regalen. Wir können also festhalten, dass ich mich hier nicht mehr zu akklimatisieren brauche.

Die Visa, die mir in den Reisepass gestempelt wurden, sehen beeindruckend aus. Es hat wahrhaftig den Anschein, als habe ich das Reich des Verbotenen betreten. Über das ostdeutsche Visum ist nochmals ein Siegel geklebt, auf das wiederum ein Stempel gedrückt wurde.

»Gebührenfrei«, steht darauf.

P.

Karl-Marx-Stadt, 19. Mai 1980

Lieber Hans,

ich habe happige dreieinhalb Minuten bei einem Zeitfahren von läppischen fünfundzwanzig Kilometern kassiert. Die Top-Ten-Platzierung ist futsch, meine Beine sind total hinüber und meine Laune ist entsprechend mies.

Doch vollends umgehauen hat es mich, als ich hörte, mit welcher Übersetzung der Etappensieger das Rennen absolviert hat: Olaf Ludwig aus der DDR hatte 56x12 gekettet! Das ist eine Übersetzung, bei der meine Beine sofort an den Knöcheln abbrechen würden. Ich kann so etwas nicht. Übrigens: Seit dem Zeitfahren gestern in Halle steht die gesamte DDR-Auswahl an der Spitze der Gesamtwertung.

Nette Kerle, gewiss. Sie wohnten im selben Hotel. Ihr Masseur hatte seinen Massagetisch im Flur aufgestellt und knetete die Waden des Siegers. Auf dem Weg zum Speisesaal fasste ich im Vorbeigehen als ehrfürchtigen Glückwunsch an Ludwigs Oberschenkel. Ich schreckte unmittelbar zurück. Ich hatte in eine weiche Masse gegriffen, bei der einem Metzger das Wasser im Munde zusammengelaufen wäre.

Ja, so kann ich das auch, dachte ich. Mit solchen Muskeln bekomme ich eine derartige Übersetzung auch rundgetreten. Verlegen ging ich weiter. Meine Muskeln waren nicht weich, sie erinnerten eher an ein Bündel Stacheldraht.

Ludwig wurde schon die ganze Woche lang von unserem Verbandstrainer verrückt gemacht: »Ein Talent wie du würde sich als Profi im Westen eine goldene Nase verdienen.« Ludwig fallen bei diesen Worten beinahe die Augen aus dem Kopf vor Begierde. Oder vor Kummer, das wäre ebenfalls möglich.

Heute Nachmittag herrschte ein riesiger Zuschaueranrang bei der Ankunft in Karl-Marx-Stadt. Alles war voll mit Menschen. Die Masse lag wie eine entzwei geschnittene Decke an beiden Seiten der Zielgeraden über eine Böschung ausgebreitet. Das Summen, das aus dieser Decke aufstieg, schwoll zu einem beängstigenden Gebrüll an, als wir über die Ziellinie fuhren. Dieses Rennen »darf sich eines begeisterten öffentlichen Interesses erfreuen«.

So steht es hier in der Zeitung. Es ist wirklich sehr viel los, an jedem Zielort und auch entlang der Strecke. Aus Schulen, Kliniken, Irrenhäusern, Kasernen und Fabriken – von überall strömen sie herbei, um die Karawane vorüberziehen zu sehen. Die Papierfähnchen, mit denen sie allesamt wedeln, wurden zweifellos generalstabsmäßig verteilt. Überall sind sie identisch in Farbe, Aufschrift und Format.

Es gibt sie doch, die Liebe. Auch wenn man dafür ins Landesinnere von Polen reisen muss. Der Dolmetscher, der die ersten fünf Tage unserem Team zugewiesen war und bis an die ostdeutsche Grenze mitgereist ist, war ein Niederländer. Im Krieg aber war er in den Armen einer Polin gelandet. Er ist ein schüchterner, aber freundlicher Mann, den das Heimweh plagt. Nach der Hochzeit hatte sich seine Braut entschieden geweigert, ihre Heimat zu verlassen. Da ist er einfach da geblieben.

»Polen, das ist Armut«, wiederholte er immer wieder: »Graue Armut und keine Perspektiven. Euch Sportlern fehlt es an nichts. Ihr habt Status. Diese ganze Veranstaltung hier ist nichts anderes als Propaganda.«

Doch Propaganda hat auch ihre Grenzen. Die Armut ist einfach nicht zu vertuschen. Schon in Warschau hatte ich ihre Fratze zu sehen bekommen. Aber auch unterwegs auf dem Lande nahm ich aus den Augenwinkeln gelegentlich die beinahe klischeehafte Armut Osteuropas wahr. In Form bucklicher alter Frauen und abgemagerter Pferde, die vor Bauernkarren gespannt waren. In einigen Gegenden sank das Grau buchstäblich auf die Erde nieder. Als Niederschlag aus einem schmierigen Qualm, den mächtige Fabrikschornsteine in den Himmel pusteten.

Propaganda kann aber auch rührend sein. In jeder Stadt, in der wir ankamen, wurden Geschenke verteilt: eine Personenwaage, ein Bettvorleger, ein Bildband mit Stadtansichten, ein Porzellanglöckchen, ein Badetuch, eine Lupe. Am rührendsten von allem finde ich jedoch das Peloton von Schulkindern, das jeden Tag hinter der Ziellinie steht.

Jedes Kind trägt eine Nummer auf der Brust, die mit der Startnummer eines Coureurs korrespondiert. Jedes Kind trägt auch eine Tasche, in der sich ein paar persönliche Sachen »seines« Fahrers befinden: ein trockenes Hemd, ein Trainingsanzug und Sportschuhe. Es ist dieselbe Tasche, die wir morgens beim Verlassen des Hotels achtlos auf einen Haufen schmeißen und die, wie durch ein Wunder, hinter der Ziellinie wieder auftaucht.

Auch die Wäsche wird automatisch gewaschen. Sie wandert auf einen anderen Haufen und abends sehen wir sie blitzsauber und liebevoll gebügelt wieder.

Ich bin mir mit unserem niederländischen Polen einig. Als Radrennfahrer hat man es hier gar nicht so schlecht. Mehr noch: Es passt mir ganz gut, ein Rädchen in dieser Propagandamaschine zu sein. Verhätschelt und beschützt von den Händen des Staates brauche ich mich nur noch auf den Kampf gegen mich selbst zu konzentrieren, den Kampf gegen Zweifel und Unvermögen, gegen Missmut und Protest.

Es waren wirklich Höllenfahrten, die ersten Etappen durch Polen. Ich konnte mich kaum behaupten inmitten der Ostblockmacht. Auf dem Weg nach Polanica Zdrój, am zweiten Tag, musste ich die Meute beinahe im harten Tempo des Finales ziehen lassen. Es war heiß und staubig. Die Strecke bestand aus einer endlosen Kette von Hügeln. Die letzten beiden hätten mir fast den Garaus gemacht. Ich landete in einem Anhängsel des Pelotons, gemeinsam mit anderen Rotze spuckenden Schicksalsgenossen, die sich verzweifelt abrackerten und nur mit allerletzter Mühe den Anschluss an den Rest der Meute halten konnten.

In Karpacz, einem Wintersportort, erhielt ich neue Motivation. Hier war alles grün und sauber. Das konnte ich gut gebrauchen. Ich wurde Vierter und stand plötzlich mit an der Spitze der Gesamtwertung. Sehr zu Unrecht, wie gestern in Halle deutlich geworden ist.

Morgen ist Ruhetag und übermorgen müssen wir über die tschechische Grenze. Bis jetzt hat sich der ostdeutsche Dolmetscher noch nicht über »Das System« ausgelassen. Ich habe das Gefühl, er findet alles bestens. Sein Lebenstraum gehe in Erfüllung, wenn er seinen Volkswagen – »Ein Volkswagen ist ein Statussymbol« – gegen einen Mercedes eintauschen könne, sagte er.

Gerade eben kam es auf unserem Zimmer zu einem Zwischenfall. Wir schlafen zu viert in zwei Etagenbetten eines Sportinternats. Das klingt vielleicht trostlos, doch es ist alles neu und sauber. Peeters hatte das Fenster einen Spalt breit geöffnet, um etwas frische Luft ins Zimmer zu lassen.

Er hatte die Rechnung ohne Koersen gemacht: »Ich habe keine Lust, nachts in der Zugluft zu liegen.« Koersen kletterte aus seinem Bett und schloss das Fenster.

»Das Fenster bleibt offen!« Peeters ließ sich nicht lumpen und öffnete es wieder.

Da kroch Koersen wieder unter der Decke hervor: »Das Fenster bleibt zu!« Der Gartenschlauch zwischen seinen Beinen flatterte bedrohlich hin und her, als wollte er ihn jemandem um die Ohren schlagen.

Nun begann auch Van Vlimmeren, sich einzumischen: »Das Fenster muss auf bleiben.« Das waren zwei Stimmen gegen eine. Van Vlimmeren sah mich an.

Ich war der Ansicht, dass ein Vierbettzimmer gelüftet werden muss. Und das umso mehr, als aus dem Bett unter mir fortwährend Darmgase aufstiegen. Doch wer auf so gnadenlose Weise aus der Gesamtwertung geflogen ist wie ich, der stellt keine großen Ansprüche mehr.

Ich dachte an die stickige Luft in seinem Dorf hinter dem Sumpf, über die der niederländische Pole eines Abends gesprochen hatte. Beinahe hätte ich aus Solidarität gesagt, das Fenster muss geschlossen bleiben. Aber dafür war ich schließlich nicht hier.

»Das Fenster muss auf«, sagte ich. Koersen zog sich verärgert ein Wollunterhemd über und rollte sich in seine Decke.

Das war das.

P.

Prag, 24. Mai 1980

Lieber Hans,

ich habe den Durchbruch geschafft. Zumindest nach Ansicht von Wagtmans, dem Verbandstrainer; und darauf verlasse ich mich, denn Wagtmans sieht die Dinge für gewöhnlich sehr klar.
»Halt' mal ein Reserverad bereit, er wird stürzen.« Der Mechaniker erzählte die Geschichte abends am Tisch. Der Verbandstrainer, er saß am Steuer des Begleitfahrzeugs, hatte es kommen sehen. Ein paar Kurven weiter unten auf der Gefällstrecke krachte ich in einen Stapel Baumstämme am Straßenrand. Ich bekam fast keine Luft mehr. Der Schlag auf meinen Brustkorb hat mich heftig getroffen. Wagtmans stieg tobend aus dem Auto. Ich sah ihn kommen.
»Los, rauf aufs Rad! Und dass du ja die Russen wieder einholst, verdammt noch mal!« Er zerrte mich auf die Beine, gab mir einen Tritt in den Hintern und setzte mich wieder in den Sattel. Ich holte tatsächlich die beiden Ausreißer ein, mit denen ich mich vor ein paar Stunden aus dem Staub gemacht hatte. Dann aber war der Ofen endgültig aus. Nun ging es nur noch darum, an ihnen dranzubleiben und nichts mehr zu riskieren. Es konnte nicht mehr weit sein bis zum Ziel.
Seit dem Start in Karl-Marx-Stadt hatte das russische Team zu einer Offensive angesetzt. Die Etappe führte nach Ústí nad Labem in der Tschechoslowakei, auf der anderen Seite des Erzgebirges. Sie kurbelten wie Besessene über die breite Asphaltstraße, die weiter oben in den Wolken zu verschwinden schien. Es gab eine Attacke nach der anderen. Das Peloton drohte ständig auseinander zu fliegen. Ganz offensichtlich hatten die Russen nur ein Ziel: Sie wollten die Ostdeutschen, die das Gelbe Trikot in den Händen hielten, ausschalten.
Die Beziehungen im Peloton waren mir bereits in der ersten Woche klar geworden. Es wurde intern eine Art von Kaltem Krieg ausgefochten: die Sowjets gegen die Satellitenstaaten, die Besatzungsmacht gegen die Unterdrückten. Der Hass sitzt offenbar tief.

Du brauchst mir nicht gleich großartige taktische Finesse andichten, doch als ich nach vierzig Kilometern Kraxelei am Grenzübergang ankam, war ich in der Spitzengruppe – in der Gesellschaft der Russen Morosow und Barinow. Wo die beiden herfuhren, wuchs kein Gras mehr. Sie gaben ständig Vollgas. Eigentlich waren sie eine Nummer zu groß für mich, doch wie ein echter Kollaborateur nahm ich meinen Anteil an der Schinderei auf mich. Mein Kopf war rot wie eine Tomate.

Bei der zweiten Kletterpartie verausgabte ich mich total. Aber ich ließ mich nicht abhängen. Das war einfach nicht drin. Der Verbandstrainer würde mich kielholen. Also ließ ich mich von den beiden Lokomotiven an der Spitze schlauchen, bis mir schwarz vor Augen wurde.

Es war heiß in Ústí nad Labem. Das Ziel war auf der Leichtathletikbahn. So ein verrücktes Schauspiel habe ich noch nie erlebt. Ich sprintete nicht mit um den Sieg – nicht weil ich Angst hatte, auf der Aschenbahn zu stürzen, sondern nur weil ich völlig kaputt war.

»Winnen is a gentleman«, sagte der russische Coach an diesem Nachmittag zu Wagtmans. Weil ich nicht mitgesprintet bin. Der Mann muss betrunken gewesen sein, er sah nicht mehr ganz klar. Genau wie ich.

Inzwischen war ich jedoch auf den zweiten Platz der Gesamtwertung vorgerückt. Erst fünfeinhalb Minuten nach uns waren die nächsten Grüppchen von Fahrern, dem Tode näher als dem Leben, auf der Leichtathletikbahn aufgetaucht.

Gestern sagte mir der Verbandstrainer: »Heute hast du viel Geld verdient. Sie werden bei dir anklopfen.«

»Wer?«, fragte ich.

»Die Profimannschaften natürlich, du Trottel.«

Allmählich kam ich nach dem Bergzeitfahren wieder zu Bewusstsein. Vierter war ich geworden, doch der zweite Platz in der Gesamtwertung war mir nun sicher.

Bis zum Erbrechen hatte ich mich eingesetzt. Mir war so, als hätte jemand Krähenfüße in meine Lunge gestreut. Mein Brustkorb hatte sich ebenfalls alles andere als erholt. Ich kam nicht voran. Zumindest dachte ich das. Von einem Durchbruch merkte ich nichts.

Erst heute Nachmittag, als sich am Horizont die Umrisse von Prag abzeichneten, konnte ich endlich wieder lächeln. Was sage ich da, ich grinste bis über beide Ohren. Wir näherten uns der Stadt auf einer breiten Betonpiste. Der zweite Platz, der ist für mich, dachte ich.

Wagtmans scheint Recht zu behalten. Als ich gerade zu Hause angerufen habe, waren meine Eltern ziemlich aufgeregt. In der Zeitung stand: Profiteams werben um Winnen. Sie wissen mehr als ich. Ich bin hier hübsch weggeschlossen hinter dem Eisernen Vorhang.

Mein zweiter Platz hat mir immerhin ein Motorrad eingebracht, eine Jawa, 350 Kubikzentimeter mit einem bildschönen gelb-orange lackierten Tank. Keine sportliche Maschine, man kann sich nicht flach darauf legen. Es ist eher ein etwas kräftiger ausgefallenes Moped, aber solide gebaut, das sieht man sofort.

Barinow, der Gesamtsieger, bekam einen Škoda. Es heißt, dass er damit morgen selbst zurück nach Russland fährt. Die gesamten 2.000 Kilometer. Ich sehe ihn schon im Auto sitzen: das Fenster einen Spalt breit offen, die Sonne im Gesicht, das Radio aufgedreht. Doch wird er nicht zugleich auch ein bisschen Frust schieben? Als Staatsamateur wird er sich niemals auf allerhöchstem Niveau mit den Profis im Westen messen können.

Barinow, der Berufssoldat. Das nehme ich ihm nicht ab. Als Radrennfahrer ist er ein Tier, aber er ist viel zu freundlich für einen Soldaten. Würde er den Škoda behalten dürfen?

Morgen gehe ich mit unserem Dolmetscher in die Stadt. Das Preisgeld haben sie uns in einer total wertlosen Währung ausgezahlt. Wir können es nicht mitnehmen. »Kristall«, lautete sein Rat: »Setz es in Kristallglas um, ich kenne da eine gute Adresse.« Ja, Kristallglas, das wäre wohl was. Geschenke für die Heimatfront. Ich sehe mich für dich nach einem schönen Kristallglas-Aschenbecher um.

Unser armer tschechischer Dolmetscher. Er ist kein Anhänger des Systems. Schon seit Tagen versucht er, uns dazu zu bewegen, harte

Währung zu tauschen. Er kennt die besten Adressen, sagt er. Und überall sieht er Geheimagenten: »Da ist schon wieder einer, und da, und da«, woraufhin er sich hastig umdreht und eine Sonnenbrille aufsetzt.

Eines Tages fragte ich ihn, wie man die Geheimagenten erkennt, denn mir war nie etwas Besonderes aufgefallen. Er beugte sich zu mir herüber und flüsterte: »Man kann es nicht sehen, man muss es riechen.« Dabei sah er mich so durchdringend an, dass ich das Gefühl hatte, in ein schreckliches Geheimnis eingeweiht zu werden. Da erst sah ich, dass er nur einen Scherz gemacht hatte.

Ich muss mich verkleiden. Der Sportminister legt Wert darauf, das gesamte Podium im Schloss zu empfangen. Das hatte ich vorher nicht bedacht. Was muss ich anziehen? Ich habe nichts anderes dabei als eine schwarze Kordhose, eine ebensolche Jacke und ein kariertes Baumwollhemd. So schlimm wird es schon nicht werden. Barinow erschien vorhin bei der Preisverleihung in einer Strickjacke mit Fettflecken auf dem Bauch. Wenn ich nun die Markenschildchen von der Hose abschneide, dann stehe ich doch dezent proletarisch da, oder?

Nach der Feierlichkeit wird hier im Hotel ein Bankett gegeben. Dem Dolmetscher zufolge ist für jeden Fahrer eine Gesellschaftsdame eingeplant. Das lasse ich mir nicht zwei Mal sagen. Noch ein letztes Mal liefere ich mich bedingungslos der Gnade des Staates aus.

P.

IJsselsteyn, 27. Mai 1980

Lieber Hans,

das behagt mir ganz und gar nicht. In Ústí nad Labem musste ich zum ersten Mal meinen Urin abliefern. Die erste Doping-Kontrolle meines

Lebens ist Realität geworden. Endlich habe ich die offizielle Radrennfahrerweihe erhalten. In Prag musste ich noch einmal. Aber was passiert nun mit meiner Pisse?

Ehrlich gesagt war das Ritual eine herbe Enttäuschung. Ich dachte, es würde eine heitere Angelegenheit werden. Doch außer dem Dopingarzt war niemand anwesend in dem Nebenraum des Gymnastikraumes oder der Turnhalle oder was immer es auch gewesen sein mag. Es stank jedenfalls erbärmlich nach Schweißfüßen. Immerhin war es kühl.

Ich musste in einer Ecke des Raumes in eine Glaskanne pinkeln. Der Arzt sah mir sehr diskret und beinahe nachlässig im entscheidenden Moment über die Schulter, um sich zu vergewissern, dass es auch ganz bestimmt aus meinem, durch die vorherigen Strapazen beinahe leblosen Anhängsel kam. Ich nahm es ihm nicht übel.

Ich sagte: »Ja, es kommt, aber es kommt nur mühsam. Dies ist mein erstes Mal, müssen Sie wissen.«

»Lassen Sie's ruhig kommen.« Der Arzt war ein jovialer Mann mit einer heiseren Stimme. Doch er hatte seine Anweisungen. Nach einiger Zeit übergab ich ihm die vom Urin gewärmte Kanne.

»Sehr gut«, sagte er, während er damit begann, den Inhalt auf zwei kleine Fläschchen zu verteilen. Er schlabberte ziemlich viel auf die Tischplatte, auf der in erkaltetem Wachs eine brennende Kerze stand. Was das zu bedeuten hatte, war mir vorerst noch ein Rätsel.

Nun wurde meine Urinprobe eingepackt. Auf den kleinen Fläschchen befestigte der Arzt mit einer Zange eine Art Kronkorken. Dann wanderten sie in Pappbehälter, die mit einem Stück Stahldraht und einer Plombe verschlossen wurden. Die Fläschchen und die Behälter hatten übereinstimmende Nummern, und ich würde gut daran tun, mir diese zu merken.

»Schauen Sie hin, ob ich es richtig mache.« Ich musste daraufhin zusehen, ob alles gemäß den Regeln ablief. Ich nickte zustimmend, aber was wusste ich denn schon! Fasziniert beobachtete ich die einzelnen Handgriffe, während ich in meinem Kopf immer wieder die Nummern aufsagte.

Als sei das alles nicht genug, brachte er noch ein Lacksiegel an. Dafür war also die Kerze da. Der Arzt hielt das rote Siegellackstäbchen in die Flamme. Es knisterte und rauchte, dass es eine wahre Freude war und mich auf einmal ziemlich wehmütig stimmte. Sorgfältig drückte er den stählernen Stempel in den geschmolzenen roten Lack, den er über Stahldraht und Behälter gestrichen hatte. Dies war der einzige feierliche Moment der ganzen Zeremonie. Er zeigte mir das Ergebnis.

»Sehr schön«, fand ich. Aber darum ging es ihm nicht.

Dann kam ein Formular auf den Tisch, in das alles Mögliche einzutragen war. Der Arzt schrieb einige Angaben aus meiner Lizenz ab, die ich ihm beim Hereinkommen übergeben hatte. Ich sah, wie sich auf dem Formular nasse Flecken abzeichneten. Er hatte ja auch genug Urin verschüttet.

»Nehmen Sie Medikamente ein?« Er sah kurz von der Tischplatte auf. Natürlich nahm ich Medikamente ein.

»Vitaminergänzungen«, sagte ich.

»Kein Sport ohne Ergänzungsstoffe!« Der Arzt kicherte kurz in sich hinein. Er trug ein: Vitamine.

Ich musste unterschreiben, dann reichte er mir die Hand. Nun war ich also eingeweiht. Draußen begegnete ich Barinow, der ebenfalls auf dem Weg war, eine Kanne voll zu pinkeln. Mit ihm kam der »Totengräber«. Einige meinen, dass dieser gelbliche, stets schweigsame, immer in einen dunkelgrauen Anzug gekleidete Mann der Mannschaftsarzt der Russen sei. Andere behaupten, dass es sich um einen Agenten des Sicherheitsdienstes handele. Schlau ist noch keiner aus ihm geworden.

»Dobre, Winnen?«, fragte Barinow. Ich verstand nicht, ob er die Pinkelsession meinte oder meinen ramponierten Brustkorb. Ich tippte auf Letzteres.

»Njet«, sagte ich. Draußen war es warm – und totenstill. Die Nummern von den Urinproben hatte ich schon vergessen.

Keine Nachrichten sind gute Nachrichten, würde ich sagen. Die Frage jedoch bleibt: Wo ist meine Pisse geblieben? Und: Wer wird darüber urteilen? Es ist doch zu verrückt, dass sie sich einfach so mit deiner Pisse aus dem Staub machen. Wer weiß, vielleicht landen die verplombten Behälter in einem ranzigen Labor, wo sie, um Kosten zu sparen, die Apparaturen nicht sauber machen. Wer weiß, vielleicht schlabbern sie dort genauso lustig drauflos wie der Dopingarzt in Ústí nad Labem. Und wer weiß, vielleicht lande ich dort in einer Reihe von Gewichthebern. Es ist noch vieles mehr möglich.

Ich habe das Gefühl, als ob sie einfach mit einem meiner Gliedmaßen durchgebrannt wären. Mehr als tausend Kilometer ist meine Pisse nun von mir entfernt, ohne dass ich noch das Sagen über sie habe. Doch vielleicht haben sie die ganze Sendung bereits in einen Abwasserkanal geschmissen. Das passiert schon mal, habe ich gelesen. Vielleicht kann sich eine propagandistische Veranstaltung ja auch einfach keine trübe Pisse erlauben. Du weißt nicht, was hinter deinem Rücken ausgeheckt wird. Aber meine Pisse war sauber.

Das mit dem Werben der Profiteams war ein bisschen übertrieben. Es gab nur einen ernsthaften Interessenten. Ein belgisches Team, jedoch nicht das schlechteste. Mein Teamchef wird der Sache nun nachgehen. Ich finde es ziemlich aufregend, das kann ich dir versichern. Sobald ich etwas mehr weiß, bist du der Erste, der es erfährt.

Ende der Woche komme ich mal vorbei, denn ich habe verdammt große Lust auf Trappistenbier.

Peter

IJsselsteyn, 24. Juni 1980

Lieber Hans,

nur ein kurzer Brief heute, ich habe wenig Zeit im Moment. Heute Abend muss ich noch ein Rennen in Grevenbricht fahren. Ich bekomme Geld dafür. Seit ich aus Prag zurück bin, kriege ich schon Geld, sobald ich nur irgendwo am Start erscheine. Hundertfünfzig oder zweihundert Gulden werden schnell gezahlt. Aber das sind nur Peanuts, wenn man es mit dem vergleicht, was ich ab 1. August verdienen werde – als Profi wohlgemerkt: 1.350 Gulden netto pro Monat, ohne Preisgelder, Startgelder und Prämien des Sponsors. Ich scheine ein goldenes Händchen zu haben, denn bei Licht besehen habe ich keine zwei Jahre gebraucht, um es soweit zu bringen. Endlich komme ich ordentlich auf meine Kosten.

Es gab nicht viel zu verhandeln. Die einzige Forderung, die ich stellte, lautete: so schnell wie möglich. Um bei der Wahrheit zu bleiben, war es weniger eine Forderung als lediglich ein vorsichtiger Wunsch. Steevens, mein Teamchef, der die Verhandlungen geführt hatte, hat das Maximum herausgeholt. Bei IJsboerke in Belgien, denn um dieses Team geht es, hatte man mich erst ab dem 1. Januar 1981 eingeplant. Doch der Materiallieferant von IJsboerke, Koga Miyata, ein niederländischer Importeur von japanischen Rahmen und Komponenten, traute sich, mich bereits ab dem 1. August auf die Gehaltsliste zu setzen. Mit dem Salär eines Fahrradmechanikers. Sehr kulant, die Leute von Koga. Ich bleibe sogar in der Krankenkasse.

Heute Morgen wurde im Postiljon-Motel bei Arnheim der Vertrag unterschrieben. Steevens begleitete mich. Van Vliet hatte im Auftrag von Koga die Papiere dabei. Und auch De Rooy, mein künftiger niederländischer Teamkollege, war vor Ort. Er fährt bereits einen Firmenwagen.

Ich hatte zur Feier des Tages einen Dreiteiler angezogen. Meine Mutter fand, das wäre übertrieben. Aber ich habe nur einen Anzug – zwar nicht mehr ganz zeitgemäß das gute Stück, doch ein Anzug bleibt ein Anzug.

Feierlich setzte ich meine Unterschrift unter den Vertrag. Danach tranken wir gemeinsam Kaffee.

Hans, ich glaube, dass wir gut daran tun, dieses freudige Ereignis nicht allzu ausgiebig zu feiern. Ich habe vom Verbandstrainer die Nachricht erhalten, dass ich mich für die Olympischen Spiele in Moskau bereitmachen soll. Anfang nächster Woche reise ich schon zur Vorbereitung zu einer sechstägigen Rundfahrt nach Luxemburg. Kurz darauf folgt ein Trainingslager in Bosschenhoofd, und danach geht es auf direktem Wege nach Russland.

Aber ein paar kleine Pils können wir uns wohl gönnen, meine ich: Das ist gut für den Kreislauf und verbessert die Aufnahme des dringend benötigten Vitamin B. Ich werde dich noch anrufen. Pass inzwischen gut auf dich auf.

Peter

PS. Auch den Führerschein habe ich jetzt, obwohl ich mir während der Prüfung ziemlich grobe Schnitzer erlaubt habe.

Moskau, 19. Juli 1980

Lieber Hans,

Moskau. Warum Moskau? Warum nicht Mexiko oder Delhi? Der Ostblock hängt mir zum Halse raus. Außerdem bin ich um die Eröffnungsfeier gebracht worden. Denn die Politik hatte beschlossen: Die Niederlande boykottieren die Eröffnung. Nun sind mir Massenverbrüderungsfeste von Natur aus nicht ganz geheuer, doch man muss alles einmal erlebt haben, um darüber urteilen zu können. Oder um später damit prahlen zu können. Man nimmt schließlich nicht jeden Tag an den Olympischen Spielen teil. Wir haben die Eröffnungsfeier also nur im Fernsehen gesehen, hier im Appartement.

Die Amerikaner sind, wie du weißt, erst gar nicht angetreten. Eine verpasste Chance, wie mir scheint. Denn Moskau wäre der beste Kampfschauplatz, den man sich denken kann, um den Kalten Krieg etwas publikumswirksamer zu gestalten. Was gäbe es Großartigeres, als dem Feind ausgerechnet in der Höhle des Löwen die Medaillen vor der Nase wegzuschnappen. Den Sport darf man für solch unschuldige

Sticheleien ruhig benutzen. Den Gegner mit seinen eigenen Waffen zu attackieren, führt doch eher zum Ziel als Protest, oder? Aber ich bin natürlich mal wieder viel zu naiv mit meiner Sicht der weltpolitischen Problematik. Und ich bin richtig sauer darüber, dass ich bei einer abgewerteten Veranstaltung gelandet bin.

Es ist heiß in Moskau. Um genau zu sein: Es liegt eine elende Hitze über der Stadt. Eine Hitze, die durch die Nase, den Mund und selbst durch die Ohren und den Anus in dich eindringt. Hier im Appartement ist es nicht zum Aushalten. Ich schreibe nackt, wenn man die olympische Krawatte nicht mitrechnet.

Das olympische Dorf ist eine hermetisch abgeriegelte Enklave. Wenn du nicht die richtige Akkrediticrung besitzt, kommst du noch nicht mal mit einem Panzer dort hinein. Ich schätze, dass drei Viertel der Anwesenden entweder Militärs, Polizisten oder Geheimagenten sind. Wer hinein oder hinaus will, muss durch eine Sicherheitsschleuse. Man tut gut daran, sich so neutral wie möglich zu verhalten und so bereitwillig wie möglich seine Akkreditierung vorzuzeigen. Doch Augenkontakt wiederum wird nicht sehr geschätzt, obwohl die Leute jetzt, nach einigen Tagen, schon etwas lockerer geworden sind.

Und Kameras, es wimmelt hier nur so von Kameras. Anfangs fiel es noch nicht so auf. Doch als ich darauf zu achten begann, sah ich, dass diese Dinger an jedem Pfahl befestigt, in jeder Ecke installiert und oben auf jedem Gebäude in Stellung gebracht sind. Irgendwann begann ich sogar, im Appartement danach zu suchen. Doch ich fand nichts. Unser Dolmetscher beantwortete meine Nachfrage mit entwaffnender Ironie: »Es ist alles fürs Fernsehen.« Wie dem auch sei, masturbieren sollte man besser im Dunkeln.

Ich bin beim Friseur gewesen, das immerhin war möglich. Das Zentrum des olympischen Dorfes besteht aus einer immensen Sitzmulde, um die sich Selbstbedienungsrestaurants, Ausgehzentren, Souvenirläden und ein Friseursalon gruppieren. Die Russen haben es ganz ordentlich hinbekommen. Das Haareschneiden, meine ich. Fast hätte ich mich in die Friseuse verliebt, doch ich habe davon abgesehen. Ich habe genügend andere Dinge im Kopf. Sich in Moskau zu verlieben, scheint mir das Größte zu sein, was es gibt. Und zugleich das Unsinnigste.

Die Appartements sind ordentlich eingerichtet und geräumig. Das Mobiliar ist aus massiver Buche, auch ein Fernsehapparat steht da. Wenn wir nicht trainieren, verbringen wir hier unsere Zeit. Der Verbandstrainer führt ein strenges Regiment: trainieren, essen und ausruhen. Und Tee, literweise Tee. Etwas anderes kriegen wir nicht. Wagtmans schwört auf Tee. Er muss es wissen, denn er war ein guter Profi.

Schokolade ist eine Todsünde – »Gift für die Leber«. Vor ein paar Wochen, während der Vorbereitung in Luxemburg, entdeckte er eine Tafel Schokolade, die ich in meinem Nachttisch versteckt hatte. Das brachte mir eine heftige Standpauke ein: »Wenn du Radprofi werden willst, Winnen«, höhnte er, »dann musst du vor allem Schokolade fressen. Warte, ich hol noch ein paar Tafeln.« Doch er meint es gut.

Seit Prag weiß ich, dass sein Regime Früchte trägt. Jedes Regime trägt Früchte. Es ist nur eine Frage des Glaubens, denke ich.

Außerdem hat Wagtmans seine ganz eigene Methode, um seine Aufsässigkeit gegenüber dem Regime, dem Großen Regime, zum Ausdruck zu bringen. Gestern nahm er uns mit auf den Roten Platz. Nach Moskau zu reisen, ohne einen Fuß auf den Roten Platz gesetzt zu haben, das fand er schändlich – selbst für ein Team von Radrennfahrern, das sich ernsthaft auf das olympische Rennen vorbereitet.

Also liefen wir morgens um zehn in unseren nationalen Olympia-Uniformen über den Roten Platz. Die neuen Schuhe drückten gehörig, doch mich beeindruckte die Atmosphäre, und ich fühlte mich sehr vornehm.

»Los, wir gehen jetzt zu Lenin«, rief der Verbandstrainer auf einmal.

»Ja, lasst uns Lenin besuchen«, sagte ich. Ich hatte immer schon einmal zu Lenin gewollt, oder zu einem einbalsamierten Papst oder zu Tut-ench-Amun. Wenn es nur jemand war, der hoch über die Menschheit hinausragt.

Eine unermesslich lange Schlange von Menschen wartete darauf, Lenin sehen zu dürfen. Um uns hinten anstellen zu können, hätten wir wahrscheinlich um drei Blocks herum gemusst. Doch der Verbandstrainer wusste Rat. Über den Dolmetscher sprachen wir einen Soldaten an. Und so kam es, dass wir einfach an der endlosen Schlange von Wallfahrern entlangmarschierten. Und zwar paarweise nebeneinander im Gleichschritt, denn das war die Bedingung, die der Soldat gestellt hatte. Ich studierte gewissenhaft die Gesichter der Sowjetbürger. Entweder standen sie ernst oder völlig neutral da. Genauso verhielt es sich mit ihrer Kleidung. Als wir uns dem Mausoleum bis auf fünfzig Meter genähert hatten, rief Wagtmans: »Ganzer Zug links um!« Wir schwenkten nach links und lösten die Formation auf. Er hatte die Nase voll von dem absurden Theater. Der Soldat schritt keck von dannen, ohne sich nach uns umzusehen. Lenin einmal schon so nahe gekommen, ärgerte ich mich fürchterlich darüber, die seltene Chance verpasst zu haben.

Anschließend lud Wagtmans uns zum Eis ein. Die Schlange vor der Eiskarre war bedeutend kürzer.

Im olympischen Dorf habe ich einen russischen Fotoapparat gekauft, eine Zenith. Sechzig Gulden sind nicht viel Geld für eine Spiegelreflexkamera. Ich versuchte erst in »harter Währung« zu bezahlen, aber die nahmen sie nicht an. Sonst hätte mich das Teil noch weniger gekostet. Aber sie haben das Personal sehr sorgfältig ausgewählt und instruiert, glaube ich. Und sie haben sich alle gegenseitig im Blick.

Vor ein paar Tagen gelang es Van Vliet, der kühlen Kellnerin im Restaurant ein Lächeln zu entlocken. Sie bekam daraufhin einen Rüffel von einem unwirschen Mannsweib. Einen Tag später war sie weg.

Ich habe die Vermutung, dass man den Moskauern den Kontakt mit Westlern ersparen will. Die ganze Stadt ist kinderfrei. Ein einziges Mal nur habe ich welche gesehen. Dann aber gleich einen ganzen Bus voll auf der Ringstraße. Sie trugen etwas, das aussah wie eine schwarze Pfadfinderuniform.

Man könnte es auch genau andersherum formulieren: Man möchte den Westlern soweit wie möglich den Kontakt mit den Einheimischen ersparen. Lediglich einmal sah ich einen Trunkenbold, der am Straßenrand über einer Betonbalustrade hing.

Als Radrennfahrer genießen wir noch vergleichsweise viel Bewegungsfreiheit. Wir sind nicht auf die offiziellen Olympia-Busse angewiesen, die einen zu den verschiedenen Sportstätten bringen und von dort wieder abholen. Wir erledigen alles mit dem Fahrrad, obwohl wir zum Training einer vorgeschriebenen Strecke folgen müssen.

Einmal nur sind wir davon abgewichen. Das führte uns ein weites Stück aus der Stadt hinaus, zu einer Kolonie aus halbverfallenen Baracken, die etwas versteckt zwischen Bäumen und Gestrüpp standen. Ich starrte fasziniert auf die Wesen, die sich zwischen den Baracken aufhielten und fragte mich: Ist dies eine Kolchose oder eine Sowchose?

Der Patrouillenwagen, der plötzlich auftauchte, setzte unserer freien Irrfahrt ein abruptes Ende. Wir waren schnell wieder da, wo wir hingehörten: auf der olympischen Rennstrecke von Krylatskoje. »For your safety«, sprach ein Quatschkopf mit Mütze aus dem Fenster des Kleinbusses.

Ich will es dabei belassen. Das osteuropäische Misstrauen ist sehr ansteckend. Leider kann ich die Bedienungsanleitung meiner neuen Zenith nicht lesen. Doch es erklärt sich fast alles von selbst. Wenn ich nach Hause komme, habe ich hoffentlich einiges Beweismaterial dabei.

Derweil fühle ich mich noch immer nicht als Mitglied der großen olympischen Familie. Aber ich versuche mein Bestes. Jeden Morgen grüße ich auf dem Weg zum Frühstück die prächtigen afrikanischen Sportler, die vor dem benachbarten Hotelblock mit Dehnübungen beschäftigt sind.

»Good morning«, sage ich.

»Good morning«, antworten sie. Doch sie würdigen mich keines Blickes und setzten ganz in sich gekehrt die Übungen fort.

Sport verbrüdert und bringt die Völker einander näher. Nur zu gern würde ich daran glauben.

P.

Moskau, 27. Juli 1980

Lieber Hans,

direkt außerhalb des olympischen Dorfes, auf der anderen Seite des Zaunes und der Straße, liegt eine Polizeikaserne. Vom Fenster des Appartements aus habe ich zwei Wochen lang das Treiben auf dem Appellhof beobachtet. Wir wohnen hoch oben, also hatte ich eine gute Sicht auf die Dinge. Die Rekruten werden ganz schön in die Mangel genommen. Im Moment ist einer von ihnen damit beschäftigt, den asphaltierten Platz mit einer Zahnbürste zu säubern. Er ist schon eine geraume Zeit zugange. Schon bevor ich zum Frühstück ging, kniete er auf dem Boden.

Ab und zu kommt ein Vorgesetzter nach draußen, beugt sich über ihn und brüllt ihm die Ohren voll. Etwas verweht dringt der Schall bis in unser Appartement.

Außer im Fernsehen habe ich das olympische Feuer noch immer nicht gesehen. Morgen sind wir an der Reihe. Hoffen wir, dass es nicht regnet. Der russische Asphalt hat eine merkwürdige Konsistenz. Schon beim geringsten Niederschlag verwandelt er sich in eine einzige Rutschbahn. Vor ein paar Tagen stürzte Hanegraaf sogar auf einem völlig geraden Stück Straße. Einfach so, als hätte ihn ein Giftpfeil getroffen. Dabei waren lediglich ein paar Tropfen gefallen.

Der Rundkurs von Krylatskoje flößt mir Angst ein. Wir haben jeden Tag auf ihm trainiert. Ich kenne jetzt jeden einzelnen Meter, doch das ist kein Vorteil. Die Streckenführung muss ein Irrer ausgeheckt haben: so viel laufende Meter Asphalt auf so wenig Fläche wie möglich. Es erinnert an eine Achterbahn auf der Kirmes.

Ich würde den Verbandstrainer gerne mit einer Medaille beglücken. Doch ich bin nicht mehr sonderlich in Form. Es fehlt der Biss. Zwei Wochen Quarantäne zehren ganz schön an den Nerven. War ich noch gut in Form, als ich zu Hause abgereist bin? Meine Eltern brachten mich nach Schiphol zum Flughafen. Ich trug den olympischen Ausgehanzug der niederländischen Delegation und lud mein Gepäck in den

Kofferraum des roten DAF meines Vaters. Ein Fotograf von der regionalen Presse war da und hielt die Szene im Bild fest. Ja, ich wurde prominent, und meine Eltern strahlten. Ich machte mich auf den Weg zum Größten, was es für einen Amateurradrennfahrer gibt: zu den Olympischen Spielen. Doch zugleich auch zum Allerletzten, was die Umstände dieser Spiele betrifft.

Heute Nachmittag durfte ich etwas im niederländischen Fernsehen sagen. Sie kündigten mich als Osteuropa-Experten an. Nun, da mag etwas dran sein: Noch immer erscheint Helena aus Bratislava regelmäßig vor meinem geistigen Auge. Doch ich gab mich bescheiden. Ich sagte, dass ich auf Barinow tippe und dass die Ostdeutschen gefährlich seien. Und auch, dass die Niederländer alles geben würden, um eine gute Rolle zu spielen. Ich nannte auch einige Namen. Meinen aber nicht.

Ach, ich weiß es nicht mehr genau. Während die Kamera lief und ich die Fragen beantwortete, gingen mir allerlei Gedanken durch den Kopf. Ich erinnerte mich an die Notiz, die für den 3. August 1980 in meinem Kalender steht: »Dortmund, Profidebüt.«

Ich dachte an den Sprung ins kalte Wasser, der mir bevorstand. Ein Traum, der wahr wird, ist dubios. Ich stürze mich in eine Welt, die ich nur aus der Zeitung und aus dem Fernsehen kenne. Und von Wagtmans natürlich. Böse Zungen behaupten, dass dies eine Welt ist, die nur von Tücke und Betrug zusammengehalten wird: ein unzivilisierter Dschungel.

Ich dachte an den Belgier L., den ersten gedopten Radprofi, den ich ganz aus der Nähe gesehen habe. Ich war sechzehn oder fünfzehn, das ist nicht so wichtig. Irgendwo in Brabant hatte ich ein Nachwuchsrennen im Vorprogramm bestritten. Danach kam die Hauptattraktion: das Rennen der Profis.

L. gewann in einem Massensprint, ließ sich ausrollen und stoppte genau an der Stelle, an der ich über dem Absperrgitter hing. Er sah kreidebleich aus. Er hatte Schaum vor dem Mund. Dicke Adern traten an seinen Schläfen hervor und nahezu leblos hingen seine Augen in den Augenhöhlen. In nichts glich er den Helden auf den Fotos, die ich anbetete. L. sah aus wie ein Geist oder wie eine suspekte Eidechse aus dem Amazonasgebiet. Plötzlich kreuzten sich unsere Blicke. Ich spürte, wie mir ein kalter Schauer über den Rücken lief.

Ich dachte an die verlorene Poesie. Kurz nachdem ich aus Prag zurückgekehrt war, habe ich meine letzten Verse geschrieben. Danach war alles weg. Vier Jahre lang habe ich Heft für Heft mit Versen gefüllt. Ich brauchte mich nur hinzusetzen und schon begann ich zu schreiben. Nun geht nichts mehr. Vielleicht muss es so sein. Vielleicht ist es besser so. Ich hatte mich selbst in eine statische Ruhe hineinmanövriert und darin ist Leben nicht möglich, wie du weißt. Meine letzten Verse klangen wirklich beängstigend – auch wenn sie stümperhaft komponiert waren.

Vielleicht, dachte ich schließlich, vielleicht bin ich der Einzige in diesem ganzen gottverlassenen Moskau, der den olympischen Gedanken in die Praxis umsetzt. Der Profivertrag ist bereits unterschrieben. Also möge auf der Achterbahn von Krylatskoje passieren, was will. Dabei sein ist alles.

Vielen Dank für das Gespräch, sagte der Reporter.

Der Rekrut auf dem Kasernengelände ist inzwischen ein paar Dezimeter vorgerückt. Soeben hat er wieder eine Ohrenwäsche erhalten. Weder spreche noch verstehe ich Russisch, doch ich weiß verdammt genau, was dort in seine Ohren gespuckt wurde. Genauso gut, wie ich weiß, dass ich in ein paar Tagen, am 3. August, genau wie dieser Junge wieder ganz von vorne anfangen muss. Bei Null.

Allmählich beginnt das Freizeitzentrum im olympischen Dorf, sich mit Sportlern zu füllen, die ihren Auftrag bereits erfüllt haben oder in den Viertel- und Halbfinals ausgeschieden sind. Immer lauter dröhnt die Musik durch die geöffneten Fenster, wenn wir bei der Rückkehr vom Training dort vorbeikommen.

Bis bald. Oder vielleicht auch nicht. Ich habe die nächsten Wochen ein volles Programm. Als Profi.

P.

Dortmund, 3. August 1980

Lieber Hans,

ich habe keine Lust, noch ein Wort über das Olympische Straßenrennen zu verlieren. Ich wurde Sechsundzwanzigster. Ich bin jetzt ein ehemaliger Amateurradsportler. Das Profidebüt ist gelaufen. Die hohe Belastung hat meine Luftröhre ordentlich gereizt. Ich muss unaufhörlich husten. Der Betreuer gab mir eine Tablette, aber die half nicht. Dann gab er mir ein Zäpfchen, aber auch das hat nicht angeschlagen.

Gestern Nachmittag haben sie mich an der Autobahn aufgelesen. Es wäre Unsinn gewesen, erst zur Eisfabrik nach Tielen zu fahren, um danach wieder fast vor der eigenen Haustür vorbeizufahren.

»Ausfahrt Sevenum«, rief ich durchs Telefon.

»Wie? Rede-dumm?« Die Stimme am anderen Ende klang weit entfernt.

»Nein, Sevenum. S-E-V-E-N-U-M.«

»Okay, ist notiert: Severom.«

Zusammen mit meinen Eltern wartete ich eine geraume Zeit unten an der Abfahrt. Wir waren früh dran. Das Material und den Koffer hatte ich schon ausgeladen. Ich hatte mich gerade an den Straßenrand gesetzt, als wir den IJsboerke-Bus auf der Brücke vorbeirasen sahen.

»Hee!«, rief ich panisch und ruderte mit meinen Armen.

Sie hatten mich offenbar gesehen, denn der Bus machte eine Vollbremsung. Er kam am Ende der Auffahrt zum Stillstand. Ich griff hastig nach meinen Sachen und rannte in Richtung Bus. Es war noch ein ganzes Stück zu Fuß. Der Fahrer (zugleich der Mechaniker, wie ich inzwischen weiß) kam mir entgegen und nahm mir den Koffer ab. Das Gepäck wanderte hinten in ein abgetrenntes Abteil. Dort standen noch andere Koffer. An einem Gestell hingen eine Reihe blauer Rahmen und eine enorme Zahl von Laufrädern.

Ich stieg ein. Mit einem Zischen schloss sich die Tür. Als der Bus losfuhr, sah ich durch das Fenster, wie meine Mutter noch schnell ein paar Fotos machte. Nun gab es keinen Weg mehr zurück. Auf nach Dortmund, dachte ich.

Um einen kleinen Tisch herum hingen einige meiner neuen Kollegen in den Sitzen. Ich kannte sie von den Rennen, die im belgischen Fernsehen übertragen wurden. Einige von ihnen sind noch in Diensten von Eddy Merckx gefahren. Ein Kommentator hat sie einmal »Super-Domestiken« genannt. Sie spielten Karten. Ich stellte mich vor.

»Isset denn wahr? Genau wie Pevenage«, sagte De Geest. Ich wusste, was er meinte. Pevenage fährt ebenfalls in diesem Team. Er hat auch rote Haare und Sommersprossen. Er ist auch genauso groß wie ich, nur etwas kräftiger gebaut. Der Rahmen, auf dem ich vorerst fahre, ist eigentlich einer seiner Ersatzrahmen.

»Ah, den schäbbigen 'Olländer!«, klang es in starkem flämischen Dialekt von hinten aus dem Bus. Die Worte stammten von einem kurzen, breitschultrigen Mann, der im Mittelgang stand und die Ellenbogen links und rechts auf die Rückenlehnen aufstütze. In seinem Mundwinkel steckte ein kurzer, erkalteter Zigarettenstummel.

Das war Jomme, der Pfleger, der mich vorläufig in seine Obhut nahm. Er vertraute mir sofort eine seiner Lebensweisheiten an: »Erlenholz und rotes Haar sind auf gutem Grunde rar.« Er lachte laut und schmutzig.

Van Sweevelt drehte sich um und grinste. De Geest rief: »Hör auf mit dem Blödsinn, Jomme!«

Jomme trug Slipper, eine blaue Trainingshose und ein hellblaues Unterhemd von genau jener Farbe, die man sich in Belgien hat patentieren lassen und in der auch die Fassaden mancher Häuser gestrichen sind. Da war etwas mit seinen Haaren, die genauso rot waren wie meine. Ich wusste nicht, was mich irritierte. Es sah aus, als trage er ein Toupet.

Ich mochte ihn auf Anhieb. Obwohl seine Augen grimmig dreinschauten und er nach jedem dritten Wort fluchte (»verdammt, gottverdammt«), schien er mir doch ein sehr gutmütiger Kerl zu sein. Vielleicht lag das auch daran, dass seine Haut sehr rosa war. Mir gefiel auch, wie er da zwischen den Sitzbänken hing und alles überblickte, was vor ihm im Bus und draußen auf der Straße passierte. Es erweckte geradezu den Anschein, als hätte er hier Wurzeln geschlagen. Ich lehnte mich entspannt zurück und lauschte dem Brummen des Motors.

In Dortmund traf ich Claes, meinen alten Kampfgefährten von der Tour Européen, nun also mein Kollege und Teamkamerad. Claes war ziemlich ramponiert von der Tour de France abtransportiert worden und plagte sich noch immer mit den Folgen herum: Irgendetwas an seinem Rücken stimmte nicht. Das verlieh ihm etwas Verzweifeltes. So kannte ich ihn nicht. Ich teile das Zimmer mit ihm.

Jomme, noch immer im hellblauen Unterhemd, rief mich zur Massage. Es standen zwei Massagetische im Betreuungszimmer. Auf einem davon lag Willems, der große Star und ganze Stolz der Mannschaft.

»Da haben wir ihn, den Pevenage.« Das war Guillaume, der andere Betreuer. Er hatte ein weißes Handtuch vor seinen Leib gebunden. Er schien mir ein optimistischer Typ zu sein. Guillaume hat einen großen Kopf und außerordentlich breite Schultern. Bis jetzt habe ich ihn immer nur lachend gesehen. Ich zog mich aus, die Unterhose zuletzt.

»Gütiger Gott, Junge. Du darfst ganz gewiss gerne bei mir auf den Tisch kommen.« Jomme lachte wieder laut und dreckig. Er hatte mein Gemächt taxiert. Willems auf dem anderen Tisch kicherte trocken, und Guillaume sagte: »Dat is' vielleicht 'n Ding, du lieber Himmel.«

Ich blickte kurz nach unten. Als die Pimmel verteilt worden sind, hatte ich nicht gerade hinten in der Schlange gestanden, aber man sollte auch nicht übertreiben. Ich legte mich auf den Bauch.

Jomme verteilte das Öl und begann, mich zu massieren. Sein Griff war weder fest noch rau, sondern tastend. Binnen einer halben Minute hatte er auch den Zustand meiner Muskeln erfasst. »'N bisschen abgefahren«, sagte er: »Da müssen wir was dran machen.«

Tatsächlich fehlte es meinen Muskeln an Spannung und Volumen. Ich war ziemlich ermattet aus Moskau zurückgekehrt. »Ne halbe Becozym und wir werden die Leber reinigen.« Becozym ist ein Vitamin-B-Komplex, das wusste ich, doch ich war neugierig, wie man eine Leber reinigte.

Jomme nahm sich Zeit für die Massage. Ich erholte mich unter seinen Händen. Er versteht was vom Massieren. Ich gab mich ihm ganz hin.

»Verdammt, Winnen«, sagte Jomme plötzlich: »Du hast ja Haare auf deinem Arsch.«

»Habe ich irgendwann schon einmal gehört«, murmelte ich. Und ich weiß tatsächlich noch genau, wo und wann ich es zum ersten Mal zu hören bekam.

»Das hat Klasse, verdammt!« Ich wusste nicht, warum es einen Zusammenhang zwischen Klasse und Haaren auf dem Arsch geben sollte, doch es klang hoffnungsvoll. Van Sweevelt, der inzwischen den Raum betreten hatte, blickte nachdenklich auf mein Hinterteil.

Um halb acht gingen wir zu Tisch. Willems und De Geest saßen bereits. Ich hatte bei Fahrern eines Spitzenteams immer eine gewisse Etikette vermutet, doch ich gab diesen Glauben schnell auf. De Geest saß da und schmatzte bedächtig, während Willems so tief über seinem Teller hing, dass er eigentlich keinen Löffel mehr brauchte, um die Suppe in den Hals zu kriegen. Mein Erstaunen wuchs, als später erst die Spaghetti und abschließend das Fleisch auf den Tisch kamen. Das Tempo, mit dem diese Speisen verschlungen wurden, erinnerte mich an einen Film über Piranhas, den ich einmal gesehen hatte und in dem ein Forscher in einem Ruderboot saß und zu Demonstrationszwecken eine Hammelkeule ins Wasser tauchte.

Es wurde nicht gewartet, bis alle fertig waren. Einer nach dem anderen stand einfach auf und verschwand auf sein Zimmer. Ich bekam eine Ahnung, dass dies zur Strategie des »Soignierens« gehörte, des Sich-fit-haltens, des Sich-pflegens: Je schneller du isst, desto eher liegst du wieder auf deinem Bett. Ausruhen ist ein elementarer Bestandteil des Soignierens. Der Verbandstrainer hatte mich bereits mit dieser Strategie vertraut gemacht. »Leg dich hin, wann immer du kannst«, hatte er gesagt. Doch so fanatisch wie hier hatte ich es in der

Praxis bis dato noch nicht gesehen. Ich muss offensichtlich noch viel lernen.

Doch ich bin glücklich und fühle eine große Verwandtschaft zu diesen Menschen. Nach dem Dessert spazierte ich mit Claes noch kurz über den Parkplatz, als De Meyer gerade in seinem Volvo angerast kam. De Meyer ist die andere Speerspitze des Teams. Er hielt neben uns an und streckte seinen verschwitzten Kopf aus dem Fenster. »Wo ist Jomme? Ich brauch noch 'ne Massage«, rief De Meyer, der mittags noch ein Kriterium in Belgien gefahren war.

Dann nahm er mich wahr. »Ah, Pevenage, wie geht's?« Er wandte sich wieder Claes zu. »Sicher dieser neue Holländer?« Ich stellte mich vor.

»Ich hab' Hunger, aber zuerst mal ein Bier.« Das verwunderte mich.

»Der hat heute Mittag mit Sicherheit zwanzigtausend Franc kassiert«, flüsterte Claes. Ich rechnete den Betrag schnell um.

»Aber das sind ja mehr als tausend Gulden!«, rief ich voller Erfurcht.

»Tausend Gulden«, bestätigte Claes: »Für ein Rennen von kaum zwei Stunden.«

Im Rennen selbst spürte ich, dass ein Startgeld von tausend Gulden für zwei Stunden Strampelei noch weit außerhalb meiner Reichweite liegt und dass ich mich vor allem gut pflegen muss. Trotzdem bin ich nicht unzufrieden.

Zehn Runden standen auf dem Programm. Das Peloton legte mit gemäßigtem Tempo los. Die ersten drei Runden fuhren wir in breiter Formation über die Strecke. Es wurde dermaßen laut durcheinander geschwätzt und gequatscht, dass ich den Eindruck gewann, wir wären alte Waschweiber. Ich begann, mich vor dem Publikum zu schämen, das angesichts des frühen Starts um neun Uhr morgens zum Glück nicht sehr zahlreich erschienen war. Ich hatte alle Gelegenheit, mich gründlich umzusehen.

Lange Zeit hielt ich mich in der Nähe von De Vlaeminck auf, der bei mir zu Hause als Poster an der Wand hängt. Ich studierte seinen Tritt und untersuchte das Verhältnis zwischen Rahmen und Sattelhöhe. Eigentlich fand ich seine Koteletten nur absurd. Auf dem Poster sehen sie jedenfalls viel besser aus.

Als die Hälfte des Rennens vorüber war, gab es einzelne Ausreißversuche. Das Finale allerdings war so unbarmherzig, dass ich mich nicht daran erinnern kann, einen bestimmten Gedanken gehabt zu haben. Es gab kein Halten mehr. Ein einziges Hauen und Stechen. Zwei Runden vor Schluss zog am Anstieg eine Spitzengruppe davon. Deren Tempo war zu hoch für mich, doch vom Peloton wurde ich glücklicherweise nicht abgehängt. Mithalten, nur noch mithalten, das war die Devise.

»Besser 'nen toten Hund als gar keinen Hund«, sagte Pfleger Jomme nach der Zieleinfahrt. Er lachte wieder dreckig und kniff mir aufmunternd in den Nacken.

Ja, Hans, hier fühle ich mich zu Hause. Diese Mischung aus Stumpfsinn und Hingabe gefällt mir ganz außerordentlich. Jetzt kann das richtige Leben beginnen.

Vorläufig wirst du mich nicht mehr sehen. Morgen beginnt die Deutschland-Rundfahrt (sieben Tage) und gleich darauf starte ich bei der Holland-Rundfahrt (sechs Tage). Was danach kommt, ist noch unklar, doch es sieht ganz danach aus, dass ich schnell malochen muss.

P.

Baden-Baden, 9. August 1980

Lieber Hans,

es sind noch zweieinhalb Stunden bis zum Start zur fünften Etappe der Deutschland-Rundfahrt: Baden-Baden–Stuttgart. Genug Zeit also für einen Brief. Und da ich dabei soignieren kann, also mit ausgestreckten Beinen auf dem Bett liege, fange ich zwei Fliegen mit einer Klappe.

Das Frühstück ist vertilgt: Brot, Spaghetti und ein Beefsteak, mit dem ich heftig kämpfen musste und das ich nur halb gegessen habe. Morgens ein Beefsteak vor sich zu haben, ist ungefähr so, wie mit einem heftigen Kater aufzuwachen und einen jungen Genever vor die Nase gestellt zu bekommen. Ich zweifle nicht daran, dass ich auch das schnell in den Griff kriegen werde.

Baden-Baden ist ein Kurort, das Hotel ein Kurhotel. Als wir hier gestern nach der Etappe ankamen, stand ein Krankenwagen vor dem imposanten Eingang. Auf dem Schreibtisch fand ich ein Buch, dem ich entnahm, dass die Römer die Ersten waren, die sich hier in den warmen radioaktiven Salzquellen (68 Grad Celsius) gewälzt haben. Zwei Mal sind die Kuranlagen und die Stadt zerstört worden (durch die Alemannen im dritten Jahrhundert und durch französische Truppen 1689). Doch jedes Mal erstand die Stadt wieder auf ihren alten Grundfesten (mit Ausrufezeichen), um im neunzehnten Jahrhundert erneut internationales Renommee zu erlangen und sogar von Kaisern, Königen und Diplomaten als »Sommerresidenz« ausgerufen zu werden.

Es ist gut, das alles zu wissen – es gibt dir festen Boden unter den Füßen, wenn du genau weißt, wo du dich befindest und in welcher Gesellschaft du bist. Doch ich bezweifle, dass ich dadurch auch nur eine einzige Sekunde schneller fahren kann.

Die großen Türen meines Zimmers stehen weit offen. Ich habe Aussicht auf einen parkartigen Garten. In weiße Bademäntel gehüllte Hotelgäste schlurfen dort zwischen Blumenbeeten über die Wege. Es ist sehr warm, jetzt schon.

Pfleger Jomme entpuppt sich als mein Beschützer und Mentor. Er wendet viel Zeit dafür auf, mich mit dem Inhalt »des Koffers« vertraut zu machen. Ich hatte schon in Dortmund Bekanntschaft mit ihm gemacht. Dieser immense Koffer ist bis zum Rand gefüllt mit allen nur erdenklichen Medikamenten und Nahrungsergänzungsstoffen, die für die reguläre Versorgung des Körpers eines Radrennfahrers benötigt werden und derer man sich frei bedienen kann. Aber es ist wiederum nicht Sinn der Sache, sich selbst zu Hause einen Vorrat von dem Zeug anzulegen. Ich wusste nicht, ob man mir dies mitteilte, weil ich ein »'Olländer« war oder weil man aus praktischer Erfahrung sprach.

Er ist ein einziges, großartiges Körperpflegesystem, dieser Koffer. Er wurde von Rennen zu Rennen geschleppt, als wäre er eine Schatzkiste voller Goldbarren und Juwelen. Ich habe volles Vertrauen in die erlesenen und kostbaren Produkte. Man kann sich keine besseren Mittel vorstellen, als jene, die in dem Koffer sind. Vom gewöhnlichen Aspirin bis hin zu Durchfallhemmern, von einer Auswahl an Vitaminkomplexen bis hin zu starken Medikamenten, mit denen sich die Leber reinigen lässt. Und auch – zu meiner großen Überraschung – eine ganze Reihe von homöopathischen und natürlichen Mitteln. Mit den Produkten aus dem Koffer übersteht man problemlos jede Dopingkontrolle.

Medizinische Versorgung ist in diesem Metier unentbehrlich. Auch sie fällt unter den Begriff des »Soignierens«.

Mit fünfzehn war ich einem kräftezehrenden Wachstumsschub ausgesetzt, der meine lange Siegesserie jäh beendete. Notgedrungen hielt ich bei den Trainingsausfahrten manchmal unterwegs an, um mich am Wegesrand an einem Baum auszuruhen. Oder ich wachte irgendwann auf und lag mit dem Kopf auf meinem Mathematikheft. Die stümperhafte Behandlung mit Davitamon-Tabletten, die ich mir selbst verordnete, griff definitiv zu kurz. Der Hausarzt verschrieb mir stattdessen Eisentabletten und eine hoch dosierte Multivitamin-Kur, durch die sich mein Urin grell-gelb verfärbte. Es ging bis hin zu hellgrün. Doch es half. Nach sechs Wochen gewann ich ein Rennen, und mein Blutdruck war wieder normal. Soignieren ist das Zauberwort, soignieren ist die Voraussetzung. Der Wachstumsschub war im Nachhinein eine ziemliche Enttäuschung: 60 Kilogramm bei einer Körpergröße von 1,70 Meter.

Jeden Tag setze ich mich nach der Massage zusammen mit Jomme vor den aufgeklappten Koffer. Ich will alles wissen. Denn bislang habe ich solche Dinge irgendwie selbst herausfinden müssen. Jomme ist geduldig. Der Reihe nach zeigt er mir die Produkte, die ich nach seiner Überzeugung unbedingt brauche, denn das könne er an meinen Muskeln fühlen. Und er zeigte mir jene, die ich künftig noch brauchen werde. Er erläutert, woraus sie sich zusammensetzen und welche

Wirkung sie haben. Die Beipackzettel gab er mir zum Selbststudium mit aufs Zimmer. Alles gratis und umsonst.

Außer mit derlei fachlichen Informationen versorgt mich Jomme ebenso kostenlos mit Ratschlägen, die mein Sexleben betreffen. Einige davon sind brauchbar, andere jedoch so komisch und bizarr, dass ich vor Lachen beinahe vom Massagetisch falle, was durchaus eine heilsame Wirkung auf mich hat. Für einen Sechzigjährigen verfügt er über eine unbefangene Experimentierfreude und er ist gerne dazu bereit, die erworbenen Kenntnisse mit anderen zu teilen. Sein Vortrag über den Gebrauch von Schokoladenriegeln – »dat Beste wattet gibt, Junge« – ließen mir die Tränen über die Wangen laufen. Ich konnte einfach nicht mehr. »Hör' auf, hör' auf!«, rief ich, denn mein Zwerchfell verkrampfte sich.

Auch im Rennen läuft es ganz außerordentlich. Ich behaupte mich gut und unternehme unbändige Ausreißversuche. Godefroot, mein neuer Teamchef, ein liebenswürdiger Mann, hat mich schon zu mehr Ruhe und Vernunft ermahnt. Doch ich will nichts davon wissen. Nun als Radprofi werde ich mich doch nicht zurückhalten; und schon gar nicht jetzt, da das Ende jeder Etappe live im deutschen Fernsehen übertragen wird und ich weiß, dass meine Eltern zusehen.

Inzwischen fühle ich, wie sich das Frühstück gärend und rumpelnd einen Weg durch meinen Verdauungstrakt bahnt. Meine Bauchdecke ist hart und gespannt. Träge, über die Maßen träge werde ich von dieser Essensladung in meinem Magen. Doch das ist normal und wie sollte es auch anders sein. Mit Luft allein lässt sich kein Rennen bestreiten. Soeben war Jomme noch kurz auf meinem Zimmer, um das Sitzleder von meiner Rennhose einzufetten und um zu fragen, ob ich noch etwas aus dem Koffer brauche.

»Ja, etwas gegen meine Müdigkeit«, sagte ich: »Ich schlafe gleich ein.«

»Trink schnell 'nen Pott Kaffee, Junge. Du schreibst wohl an deine Freundin?«

»Ich hab' keine.«

»Armer Tropf.«

»Muss das jetzt jeden Morgen sein, diese Beefsteaks?«

»Du solltest nicht rumquasseln, Junge. Du solltest mir nicht die Ohren voll quasseln. Nie aber auch wirklich niemals solltest du mir die Ohren voll quasseln. Frag' mal den Jos, was passiert, wenn du nicht aufhörst, mir die Ohren voll zu quasseln!«

Jomme regte sich merklich auf. Er patschte einen Klecks Fett auf das Sitzleder und fuhr wütend mit den Fingern dadurch.

»Nie, aber auch wirklich niemals«, wiederholte er.

Nein, ich sollte tatsächlich nicht rumquasseln. Ich vertraue Jomme blind und darf mich glücklich schätzen, dass ich an ihn geraten bin. Ist es Wagtmans gewesen, der mir einmal von einem Betreuer erzählt hat, der dir, ohne zu fragen, das ärgste Gift in den Arsch gejagt hätte?

An beiden Armen von zwei kräftigen, hellblonden Krankenschwestern gestützt schlurfte, bedächtig einen Fuß vor den anderen setzend, eine alte, ausgezehrte Menschengestalt vorbei. Direkt an der Türöffnung entlang. Jomme hatte sie natürlich auch gesehen. Die Krankenschwestern.

»Gottverdammt, ich halt' das nich' mehr aus«, sagte er in seinem Dialekt. Prächtig, diese Flamen!

Die Vögel draußen sind sehr miteinander beschäftigt. Sie zwitschern laut, und ich sehe, wie sie einander zwischen den Blumenbeeten nachstellen. Ich muss dennoch einmal bei Jos vorbeigehen, um zu hören, was passiert, wenn man Jomme zu lange die Ohren voll quasselt.

Noch anderthalb Stunden, bis wir in Richtung Stuttgart aufbrechen.

P.

IJsselsteyn, 20. August 1980

Lieber Hans,

heute Morgen habe ich die Eisfabrik in Tielen besucht. Es war Zahltag. Die Bonifikationen gibt es in bar.

Eigentlich liegt die Fabrik ganz in der Nähe. Unmittelbar hinter der Grenze verlässt man bei Gierle die Autobahn. Danach sind es nur noch sechs bis acht Kilometer. Keine Stunde war vergangen, und ich war bereits da.

Staf Janssens, der Big Boss von IJsboerke machte mit mir einen Rundgang durch die Fabrik. Vorne in der Halle hing hoch oben über meinem Kopf an Stahlseilen der alte Eiswagen, eigentlich ein Lieferdreirad, aus dem dieses Eis-Imperium hervorgangen ist und von dem Staf so mitreißend erzählen konnte. Wie eine Bake hing er da. Als das Symbol, das allen vor Augen führt, dem Personal und jedem anderen, der bereit ist, es zu sehen und seine Ärmel hoch zu krempeln: Wer für ein Zehn-Cent-Stück gut ist, kann es auch zu einem Viertelgulden bringen oder zu einem ganzen; vielleicht sogar zu einem Rijksdaalder. Draußen auf dem Parkplatz stand das andere Symbol, dunkelbraun lackiert und mit ledernen Sitzbezügen: der dickste Mercedes, den ich je gesehen habe und der, so erzählte Staf, mit mannigfaltigen technischen Raffinessen ausgerüstet ist, die mir weiter nichts sagten.

Für die Auszahlung der Gelder in den Geschäftsräumen der Fabrik sorgte ein Bruder von Staf. Die Fahrer nennen ihn »Onkel«, auch Staf und Godefroot halten es nicht anders. Jos dürfte wissen, warum.

Einer nach dem andern wurden wir ins Büro gerufen. »Ah, Pevenage, ach nein, es ist Winnen, nicht wahr?« Der Onkel lachte. Ich gab ihm die Hand.

Wie es mir gefiele nun als Berufsrennfahrer, wollte er wissen.

»Danke, ganz hervorragend«, sagte ich. Und das war nicht gelogen.

Ich kann nicht genug bekommen von meinem neuen Status – auch wenn ich nach der Deutschland- und der anschließenden Holland-Rundfahrt doch ziemlich geschafft bin. Godefroot hatte es schon vorhergesagt und mich gewarnt, als ich zu verschwenderisch mit meinen Kräften umging. Dieser Holländer wird schon von selbst dahinter kommen, wird er gedacht haben, als ich seinen Rat in den Wind schlug. Während ich mich in Deutschland noch ganz gut behauptete, war ich in den Niederlanden weg vom Fenster.

»Schöne Trikots habt ihr von IJsboerke gemacht«, sagte ich.

»Huh? Schön, ja. Ja, ja, sehr schön.«

Der Onkel thronte hinter einem riesigen schwarzen Schreibtisch, dessen Platte völlig leer war. Er zog eine Schublade auf, kramte kurz darin herum und überreichte mir dann einen braunen Briefumschlag, auf dem mein Name stand und ein paar addierte Zahlen. Ich sollte kontrollieren, ob der Inhalt mit dem Ergebnis der Addition übereinstimmte. Alles hatte seine Richtigkeit. Es waren ein paar hundert Gulden in Belgischen Franc.

Weil der Onkel nichts weiter sagte, stand ich auf. Doch irgendetwas an seiner Körperhaltung hielt mich davon ab, einfach das Büro zu verlassen. Er saß da, nach hinten gelehnt, lächelte breit, hatte die Arme vor sich ausgestreckt und spreizte seine Finger auf der Tischplatte: Beinahe triumphierend sah er aus mit dem Funkeln in seinen Augen. Ich fragte mich fieberhaft, was das wohl zu bedeuten hatte. Er saß da wie ein Mäzen.

Wie ein Mäzen? Natürlich: Er war der Mäzen von Tielen! Endlich hatte ich verstanden. Ich neigte mich weit über seinen Schreibtisch, schüttelte seine Hand und dankte ihm ausgiebig.

»Keine Ursache«, sagte der Onkel: »Ruf Van de Wiele mal herein.«

Ich hatte die Türklinke schon in der Hand, als er mich noch einmal zurückrief.

»Winnen, warte doch mal eben, wenn es dir recht ist. Von wem wirst du versorgt?«

»Von Jomme«, sagte ich.

Der Onkel schwieg wiederum eine Weile. Ich sah, wie sich sein Gesichtsausdruck mehrfach veränderte. Dann lachte er plötzlich kurz und trocken: »Ha.«

»Und, äh, Winnen. Lass' das Finanzamt nichts davon wissen, klar?« Er wies auf den braunen Briefumschlag in meinen Händen.

Darüber hatte ich noch nicht nachgedacht.

Dann nahm Godefroot mich mit zu einer Halle an der anderen Seite des Fabrikgeländes: zum Service-Zentrum. Hier wurde das Material gelagert, gepflegt, repariert und präpariert.

Die Mechaniker waren schwerstens damit beschäftigt, neue Reifen aufzuziehen. Auch Jomme, mein Pfleger, lief dort herum. Er schleppte allerlei Kartons und begrüßte mich mit einigen lockeren Sprüchen.

»Jomme, ich brauche dringend etwas aus deinem Koffer«, sagte ich.

»Der Koffer ist nur für die Zeit während der Rennen«, belehrte er mich: »Darüber hinaus musst du dir die Sachen einfach selbst besorgen.«

Er kniff mir schnell in den Oberschenkel und verschwand in der Halle. Kurz darauf war er zurück und stopfte rasch ein paar Sachen in meine Jackentasche.

»Parentrovite und ein bisschen Honig«, flüsterte er.

Parentrovite ist Vitamin B plus C, und mit »Honig« meint Jomme zur Injektion aufbereitetes Gelee Royale, ein Schweizer Naturprodukt, von dem ich viel halte.

»So ein Radsportteam ist eigentlich ein Unternehmen für sich«, sagte ich.

»Das kannst du wohl laut sagen.«

In einer anderen Halle waren zwei Mechaniker mit einigen Cross-Motorrädern beschäftigt.

»Die sind von Geboers«, sagte der Onkel, der inzwischen hinzugekommen war: »Geboers, das alte Schlachtross, wird auch von uns gesponsert.«

»Los, Winnen, geh' dich ausruhen«, rief Jomme: »Du weißt ja: nicht zu lange auf den Beinen herumstehen!«

In aller Ruhe juckelte ich nach Hause. Mit all den schönen Franc, von denen das Finanzamt besser nie etwas erfahren sollte. So grün wie die belgischen Kempen dalagen, habe ich selten eine Landschaft gesehen. Gleich fahre ich noch ein Abendrennen in Amby bei Maastricht. Mein allererster Vertrag für ein Kriterium: dotiert mit 225 Gulden. Ich hoffe, dass es etwas besser läuft als gestern beim Kirmesrennen in Zottegem.

P.

Sittard, 26. August 1980

Lieber Hans,

vielleicht lag es an der tief stehenden Sonne, die mit ihrem goldenen Spätsommerlicht lange Schatten auf das Weideland warf. Vielleicht lag es daran, dass ich von der Anstrengung so angenehm müde hinter dem Steuer saß. Vielleicht lag es auch daran, dass der Benzintank fast leer war. Auf jeden Fall verließ ich bei Sittard die Autobahn, um einen Plan in die Tat umzusetzen, über den ich bereits nachgedacht hatte, als ich auf dem Hinweg hier vorbei kam, um ihn schließlich in Overijse hinter Brüssel, wo ich das Rennen in einem geschlagenen Peloton pflichtgemäß absaß, bis ins Detail auszuarbeiten: Ich würde die »Komtess« mal wieder besuchen.

Es war allerdings schon ein gutes halbes Jahr her, dass ich zuletzt bei ihr gewesen war, sodass ich nicht einfach wie selbstverständlich bei ihr ein- und ausgehen konnte. Unter dem Vorwand sich mal wieder gemütlich auszuquatschen, würde ich mich an ihrer Haustür melden. Einmal drinnen, würde ich nach einigen Anspielungen auf meinen Hunger ein einfaches Mahl zubereiten und mit ihr einen Happen essen. Danach würde ich sie mit Unterstützung einiger Gläser des Rotweins, den sie immer zum Essen trank, und mit einigen fröhlichen gemeinsamen Erinnerungen geschickt ins Schlafzimmer bugsieren. In das Bett aus Nussbaumholz mit dem Bettzeug, das immer nach dem Bienenwachs roch, nach dem sie selbst auch immer gerochen hatte. Eigentlich war es ein simpler Plan. Es musste nur noch eine einzige Voraussetzung erfüllt sein: Sie musste zu Hause sein. Ich drehte das Radio auf und begann mit meinen Fingern auf dem Lenkrad herumzutrommeln. Ohne mich einmal zu verfahren, fand ich ihre Wohnung wieder.

»Was für eine Überraschung.« »Lange nicht gesehen.« »Wie nett. Ja, komm herein.« Ich küsste sie auf beide Wangen. Etwas verändert roch sie, etwas stärker, was mein Begehren nach ihr aber nur noch steigerte. Ich folgte ihr ins Wohnzimmer. Es war Besuch da.

»Das ist Johan. Johan wohnt jetzt auch hier. Du kannst hier übernachten, wenn du möchtest, diesmal allerdings auf der Couch.« Hatte sie mich bereits durchschaut?

»Ich kenne dich«, rief Johan, während er mit dem Finger auf mich zeigte. »Du bist der Radrennfahrer. Ich habe dich beim Kriterium von Amby fahren sehen. Leistung? Fehlanzeige. Aber sich einen Packen Geld in die Tasche stecken!«

»Alles halb so wild«, wiegelte ich erschrocken ab. »Nicht mal ein Zehntel von dem, was die Spitzenfahrer kassieren.«

Johan drehte rasch eine schwarze Van Nelle und zündete sie sich an. Er hatte offensichtlich bereits viele gedreht, denn der Aschenbecher war voller Zigarettenstummel und in dem Raum hing ein giftiger, blauer Dunstschleier. Vor ihm auf dem Wohnzimmertisch stand eine halbvolle Flasche Bier und rund um seinen Sitzsack standen und lagen sechs bis acht weitere Flaschen auf dem Boden herum.

»Weißt du, was Power ist? Das ist Power!« Johan richtete sich auf und steuerte auf den Schreibtisch im hinteren Teil des Zimmers zu.

»Nein, nicht schon wieder, Johan!«, rief die »Komtess«. Doch Johan ließ sich von ihr nicht aufhalten. Er packte das Telefonbuch und riss es mit einem Ruck entzwei. Ich musste beipflichten. Ja, das war wohl richtige Power. Die gleiche Kraftprobe hatte ich schon einmal im Fernsehen gesehen, in einer Publikumsshow. Nach der Sendung hatte ich es dann selbst versucht. Ohne Erfolg. Es war mir selbst dann nicht gelungen, nachdem ich mit einer Eisensäge eine Kerbe in das Telefonbuch geschnitzt hatte, da ich vermutete, dass ein Trick dahinter steckte. »Und manchmal reiße ich sogar zehn an einem Tag entzwei«, bölkte Johan durch das Zimmer.

»Nein, natürlich nicht hier, sondern in der Kneipe oder in der Post«, entschuldigte sich die »Komtess«: »Und du solltest nicht übertreiben, Johan, zehn pro Tag sind es noch nie gewesen.«

Sie erzählte, dass Johan nun seit etwa drei Monaten bei ihr wohnte. In einer Nacht hatte sie ihn aus der Kneipe mitgebracht und es hatte beiden so gut gefallen, dass er einfach geblieben war. Nun begriff ich, worum es ihr ging: um die Power. Ich dachte an ihr Bett, das nun sicherlich nicht mehr nach Bienenwachs roch, sondern nach fettigem Krapfenteig oder, noch schlimmer, nach Erbrochenem.

Johan beruhigte sich zum Glück schnell wieder. Er ließ sich vor dem Fernseher nieder, hing mit der Nase fast an der Mattscheibe und schaltete dauernd von Programm zu Programm. Ab und zu stand er auf, um sich ein neues Bier zu holen. Er kam gar nicht auf die Idee, mich oder die »Komtess« zu fragen, ob wir auch eines wollten.

»Ach, er ist ja so lieb«, sagte die »Komtess«: »Er darf nur nicht zuviel getrunken haben.« Aber mir steht er richtig in der Quere, dachte ich.

Ich fragte sie, ob sie auch bei dem Kriterium in Amby gewesen sei. War sie nicht, Radrennen fand sie langweilig.

Und hatte sie noch die Stelle in der Bibliothek?

»Ich muss doch für ihn sorgen.« Sie nickte mit dem Kopf in Johans Richtung. Ich sah nun, dass sie von mittelstarkem auf starken Drehtabak umgestiegen war. Immerhin trank sie dafür bedeutend weniger, als ich von ihr gewohnt war. Neben ihrem Stuhl lagen nur drei leere Flaschen. Sie fragte, ob ich mir auch eine Zigarette drehen wollte. Ich lehnte dankend ab. »Die letzten beiden Jahre habe ich mir höchstens im Winter gelegentlich eine angesteckt und eigentlich auch nur bei einem Glas Bier oder Wein.«

»Noch etwas zu trinken?« Lieber nicht, nach zwei Pils hatte ich genug. Es war sinnlos, ihr zu erklären, dass ich soignieren musste.

Das Angebot, mit ins Café zu gehen, schlug ich aus. Wohl oder übel. Im Kühlschrank würde ich noch etwas zu essen finden, und der Schlafsack liege auf dem Schrank im Schlafzimmer. Dort kriegen mich keine zehn Pferde mehr hinein, dachte ich. Sie verschwanden, ohne etwas aufzuräumen.

Das war vor etwa zwei Stunden. Und ich frage mich nun schon die ganze Zeit, was ich tun soll. Wenn ich abreise, offenbare ich meine eigentlichen Beweggründe für diesen Besuch auf mehr als peinliche Weise. Doch wenn ich bleibe, stehe ich bald wieder Auge in Auge diesem Johan gegenüber. Und wer weiß, was der entzweireißen wird, wenn er erst einmal richtig blau ist.

Zugegeben, was das Kriterium betrifft, hatte er schon ein bisschen Recht. Nicht hinsichtlich des Geldes (225 Gulden), wohl aber hinsichtlich meiner Leistung. Nur auf einen einzigen Ausreißversuch hatte ich es gebracht. Ich jagte durch die Kurven mit einem Wagemut, der gut und gerne 500 Gulden wert war, wurde jedoch schnell wieder von der etablierten Ordnung eingeholt oder besser gesagt durch die Handlanger der etablierten Ordnung, die mich schimpfend zur Räson riefen. Es leuchtete ein: In dieser Art Rennen herrscht ein strenges Regiment, und ich stehe noch auf der untersten Stufe der Hackordnung. Den Rest des Rennens hielt ich mich in der Mitte des Feldes auf, das in Schwindel erregendem Tempo um den Rundkurs schoss.

Mein Entschluss steht fest. Ich verschwinde aus dieser Wohnung. Ich lasse die »Komtess« los, so wie ich lernen muss, noch vieles andere loszulassen. Ich schwöre es: Es ist das letzte Mal, dass ich einen Fuß über diese Schwelle gesetzt habe. Diesen Mist müssen sie selber aufräumen. Zuerst werde ich versuchen, irgendwo an Benzin zu kommen. Und hinter Ittervoort liegt, wenn ich mich recht entsinne, eine Trucker-Kneipe. Ich werde dafür ein Stück zurückfahren müssen, doch mit einer Frikadelle bin ich um diese Uhrzeit schon zufrieden. Ich muss mich jetzt beeilen. Ehe ich mich versehe, stehen sie wieder vor meiner Nase. Bei den Nachbarn ist das Gepolter allmählich in Stampfen und Türenschlagen übergegangen. Ich höre Kreischen.

Die »Komtess«. Einst hat sie mir Primo Levi nahe gebracht.

P.

Blois, 27. September 1980

Lieber Hans,

meine Schneidezähne sind im Eimer, ich habe ein neues Auto und eine neue Braut. Es ist Neeltje, die Schwester von Jean, Studentin der

Rechtswissenschaft. Jedenfalls wird sie jetzt damit beginnen. Merkwürdig, dass sie mir nicht schon früher aufgefallen ist, schließlich ging ich ja regelmäßig bei ihnen ein und aus. Es passierte sozusagen spontan. Im Fernsehen spielte Fleetwood Mac »Go your own way«. Sie fand es schön. Ich sagte ihr, dass ich es ebenfalls schön fände, und auf einmal fand ich auch sie unwahrscheinlich schön. Vor allem ihre Augen. Dann begann ich, mich um sie zu bemühen. Vorsichtig erst, Schritt für Schritt, denn sie kommt aus einem ziemlich behüteten Zuhause. Mehr sage ich nicht. Du wirst sie noch sehen.

Das neue Auto ist eine wahre Wohltat für den Hintern. Es ist ein hellgrüner Peugeot 504, der regelrecht über die Straße schwebt. Ich habe ihn mir einiges kosten lassen. Bei der Bank war man zum Glück nicht erschrocken, als ich begann, über die Finanzierung zu sprechen. Ganz im Gegenteil: Alles war binnen einer Viertelstunde in trockenen Tüchern. Es musste sein. Der Chrysler kostete mich Unmengen für Reparaturen und Benzin. Und er hatte bereits eine Beule. Jetzt fahre ich mit Autogas, das hat große Vorteile bei diesen langen Strecken. Allmählich werde ich immer mehr zum echten Radprofi. All meine Kollegen fahren dicke Autos, was ich doch auch sehr verlockend finde.

Aber leider, die Schneidezähne, oh weh. Meine Mutter erschrak zu Tode, als ich von Paris-Brüssel nach Hause kam und ihr die spitzen Kerben in meinem Mund zeigte. Sie fand, es wäre ein irreparabler Frevel. Und ich muss zugeben, dass die Zähne bisher nahezu das Einzige an meinem Körper waren, das ich ästhetisch für vertretbar hielt.

Mittlerweile habe ich sie einfach beischleifen lassen. Noch einen Kredit für Zahnersatz aufzunehmen, war nicht drin. Die Krankenkasse erstattet ja nur einen Bruchteil der Kosten. Angesichts meines Berufes fand der Zahnarzt es auch nicht sinnvoll, so viel zu investieren: Für eine ganze Weile würden sie meinen Ansprüchen vollauf genügen. Nach dem Beischleifen wäre noch genügend Zahn übrig, um mühelos ein ordentliches Stück aus einem Apfel beißen zu können. Das scheint auch zu stimmen. Ich muss mich nur noch etwas daran gewöhnen, wenn ich vor dem Spiegel in ein halbmondförmiges Loch gucke. Die neue Braut stört es nicht. Hat sie zumindest gesagt.

Das Peloton bewegte sich in kompakter Formation mit einer Geschwindigkeit von über fünfzig Kilometern pro Stunde auf Brüssel zu. Es nieselte, doch es war windstill. Ungefähr eine Stunde vor der Zielankunft tappte das Feld in eine Falle: eine schmale Brücke über einen Bach. Erst gerieten einige Fahrer seitlich aneinander, dann schlugen einige auf das Pflaster, woraufhin andere über sie drüber stürzten. Ich spürte, wie ich ein Stück durch die Luft flog und ich sah auch genau, wohin. Es gelang mir nur zum Teil, den Aufprall mit den Armen aufzufangen. Genau zwischen meinen Händen schlug mein Mund auf den Rand der Betonbrüstung. Herrje, dachte ich, als ich mich aufrichtete und mit meiner Zunge den Schaden befühlte. Herrje, ich bin entstellt. Viel Blut floss jedoch nicht. Ich bin noch gut davongekommen. Als nach einiger Zeit das Knäuel aus Fahrern und Rennrädern entwirrt war, sah ich, wie jemand von Sanitätern in einen Krankenwagen geladen wurde.

Paris–Brüssel beendete ich im Besenwagen, einem großen Reisebus, der nach diesem Zwischenfall proppenvoll war und dessen Scheiben von den dampfenden Körpern der Radrennfahrer schnell beschlugen.

Staf Janssens von der Eisfabrik, die uns sponsert, jagte mir vor drei Wochen noch einen viel schlimmeren Schrecken ein. Zusammen mit meinen Eltern sah ich mir die Fernsehreportage des belgischen Rundfunks über die Radsportweltmeisterschaft in Sallanches an – als Grünschnabel war ich natürlich nicht für die Nationalmannschaft nominiert worden. Es gab eine Menge Aufregung auf der belgischen Fernsehbühne vor Ort. Plötzlich hörte ich Staf, wie er laut und deutlich erklärte, dass er aussteigen würde: Keine uneigennützige Unterstützung der Mannschaft und des Radrennsports im Allgemeinen mehr. Die Nachricht schlug ein wie eine Bombe. In unserem Wohnzimmer zumindest.

»Was nun?«, fragte meine Mutter.

»Psst«, machte mein Vater, denn Staf fuhr fort.

Am 1. Januar würde Schluss sein. Schluss, aus, vorbei. Er hatte die Schnauze voll davon, sich noch länger vor den Karren der UCI spannen zu lassen, des Radsportweltverbandes. Ich konnte aus seiner Stellungnahme nicht genau ableiten, auf welche Weise man ihn vor irgendetwas gespannt hatte und seit wann. Doch auf jeden Fall schien er mir reichlich verärgert zu sein.

Es wurde still im Zimmer. Ich saß niedergeschlagen auf dem Sofa und dachte an den alten Eiswagen, der in der Fabrik in Tielen an stählernen Seilen von der Decke hing. Ein übel gelaunter Staf durchkreuzte meine Zukunftspläne. Ja, und was nun?

Am nächsten Tag rief Godefroot an. Ob ich es schon gehört habe; ich solle mir mal keine Sorgen machen. Staf ließe ein Radrennteam nicht einfach so im Regen stehen. Alles sei bereits in Butter. Es gäbe nur neue Trikots mit einem anderen Sponsorennamen darauf. Die Mannschaft bleibe intakt: dieselben Fahrer, dieselbe Leitung, dieselben Mechaniker und dieselben Pfleger.

»Also bleibt Jomme mein Pfleger?«, fragte ich. Denn was würde ich in diesem Dschungel nur ohne Jomme anfangen.

»Jomme bleibt«, bestätigte Godefroot.

Das war eine hervorragende Nachricht. Auch meine Eltern waren entzückt vor Freude, obwohl sie sich doch recht skeptisch gezeigt hatten, als ich aufgebrochen war, um meinen ersten Vertrag zu unterzeichnen.

Morgen steht Blois-Chaville auf dem Programm. Die Teamleitung hat entschieden, dass dies der letzte Wettkampf der Saison sein soll. Die Jungs sind müde und sehnen sich nach Ruhe und Erholung. Mit »den Jungs« war ich nicht gemeint, begriff ich, sondern der harte Kern des Teams, der sich seit Februar bei allen wichtigen Rennen abgerackert hatte, die es zu fahren galt.

Das dicke Ende kommt zum Schluss. Das gilt für die Radrennsaison und es gilt für Blois-Chaville. Die ersten 200 Kilometer sind vollkommen eben. Dann folgt eine Reihe giftiger Anstiege im Tal der Chevreuse, darunter auch die Côte de l'Homme Mort – allein der Name macht mir Angst, denn auch ich bin müde von den Ereignissen des vergangenen Jahres.

Peter

Mailand, 16. Oktober 1980

Lieber Hans,

als ich bei Nico in Middelburg war, hatten wir den Geist kaum aus der Flasche oder in diesem Fall aus einem Steinkrug gelassen, als auch schon das Telefon ging: Godefroot war dran. Er habe die Nummer von meinen Eltern bekommen und fragte, ob ich das Training nicht wieder aufnehmen könne. Die Mannschaft würde mit einer bescheidenen Delegation nachträglich für das traditionelle Saisonabschlussrennen melden: die Lombardei-Rundfahrt. Zur Vorbereitung darauf stand noch die Romagna-Rundfahrt auf dem Programm.
   Diese Nachricht freute mich sehr. Ich mochte müde gewesen sein, aber mir war nichts lieber als das. Ich war nicht umsonst in Middelburg und ich hatte nicht umsonst Nicos Vorschlag zugestimmt, eine Flasche Schelvispekel zu köpfen, einen Zeeländischen Kräuterschnaps. Kurzum: Ich fuhr gleich am nächsten Morgen nach Hause. Eifrig nahm ich das Training wieder auf und spürte auf Anhieb, dass mir die Ruhewoche nach Blois–Chaville sehr gut getan hatte. Bei einer einzigen Ausfahrt trainierte ich mir den Kater vom Schelvispekel aus dem Leib.
   Blois–Chaville hat übrigens mein Teamkollege Willems gewonnen. Ich konnte zu diesem Erfolg nur einen bescheidenen Beitrag leisten.
   Am Dienstag kamen wir auf dem Flughafen Linate in Mailand an. Pfleger Guillaume holte uns ab. Trübe und dunkel war es auf dem

Flugplatz. Vor uns lagen noch ein paar Stunden Fahrt bis nach Lugo, dem Startort der Romagna-Rundfahrt. Hinter Modena verließen wir die Autobahn. Guillaume ist ein guter Fahrer. Schleunig schoss er an Bussen und Lastwagen vorbei. Er scherte sich nicht darum, dass gelegentlich eines der entgegenkommenden Fahrzeuge aufs Bankett ausweichen musste. Manchmal ragte ein Arm mit geballter Faust aus einem Autofenster – ein temperamentvoller italienischer Arm. Ich kümmerte mich ebenfalls nicht darum. Wie ein Prinz thronte ich auf dem Rücksitz und genoss es, wie es vermutlich nur ein Prinz zu genießen vermag. Ich schnupperte die Dieselabgase des Schwerlastverkehrs, die durch die Lüftungsschlitze ins Wageninnere geblasen wurden. Es hatte geregnet. Hier und da war das Pflaster noch nass. Jetzt aber klarte es sichtlich auf. Weiches, diffuses Licht, etwas stärker als bei uns zu dieser Tageszeit.

Die Romagna-Rundfahrt ist ein schönes Rennen: flacher Beginn, auf halber Strecke drei Steigungen von sechs bis acht Kilometern Länge, flaches Finale. Die Italiener erkundigten sich bei Pevenage, ob ich sein Bruder sei, sein »fratello«. Fröhlich strampelte ich mit über die Steigungen, ohne eine einzige Sekunde in Schwierigkeiten zu geraten.

Der Wettkampf endete im Spurt einer ziemlich großen Gruppe. Ich bin kein Sprinter, also habe ich mich nicht ins Getümmel geworfen. Doch die Genugtuung war groß. Nach der Zieleinfahrt sind wir sofort nach Mailand zurückgehetzt.

Heute Morgen war ich, ganz gegen meine eigentliche Gewohnheit, schon früh wach. Ich stand auf und riss das Hotelfenster auf. Die Fensterbank war schwarz angelaufen und voller getrockneter Taubenscheiße. Ich lehnte mich vornüber und sah Mailand erwachen. Schräg unter mir schrubbte eine kleine Frau in weißer Schürze den Treppenabsatz vor ihrem Geschäft. Arbeitswütig schüttete sie Seifenlauge über die Steinplatten und fuhr tüchtig mit dem Schrubber darüber. Zwar war es noch kühl, aber bereits sonnig. Das Rauschen des Verkehrs hallte von den Fassaden wider. Auf die Passanten auf der Straße zielend, begann ich, mit Daumen und Zeigefinger die

Taubenköttel nach unten zu schnippen. Millimeterarbeit. Einmal traf ich. Ich fühlte mich sehr ausgeschlafen.

Ungefähr zur gleichen Morgenstunde habe ich einmal Lissabon erwachen sehen – aus einem Schlafsack am Bahnhof heraus. Damals hat das Rumoren der Stadt in mir nur das Verlangen nach noch mehr Schlaf geweckt. Nach tieferem Schlaf. Nach Bewusstlosigkeit. Heute Morgen indes war ich mir, weit aus dem Fenster gebeugt, hoch oben über einer lebendig werdenden Stadt, ganz sicher: Es hat sich jetzt wirklich etwas verändert in meinem Leben.

In zwei Tagen fahren wir nun das allerletzte Rennen der Saison: die Lombardei-Rundfahrt, ein furchtbar schwerer Eintagesklassiker. Ich habe das Streckenprofil gesehen. Und sie haben schlechtes Wetter angekündigt. Geest meint, dass die Strecke durch viele unbeleuchtete Tunnel führt. Er muss es wissen, denn er hat schon mindestens zehn Mal die Lombardei-Rundfahrt bestritten.

Schauen wir mal. Ich fühle mich gut.

Peter

Laigueglia, 12. Februar 1981

Lieber Hans,

gut einen Monat früher als in den vorigen Jahren stand ich am 9. Februar in Aix-en-Provence am Start meines ersten Rennens der Saison. In rasantem Tempo sind wir am Tag zuvor mit dem Auto in den Süden gefahren. Die Kraft, die das Licht hier bereits hatte, schockierte mich. Doch für diese Art von Schock lasse ich mich sogar mitten in der Nacht gern wecken.

Sie fuhren wie die Verrückten, dort in Aix. Alle sind frisch und alle haben Lust, wieder richtig Rennen zu fahren. Ich selbst stehe auch kurz vor der Explosion. Aber Godefroot hat angeordnet, dass ich mich bedeckt halte. Beim Omloop Het Volk, dem Eröffnungsrennen in Belgien in gut zwei Wochen, bräuchte ich noch nicht direkt in Höchstform zu sein, sagt er. Ich müsse langsam meine Klasse entfalten – als Radrennfahrer und in der Saison. Ich müsse mich umsehen, trainieren, Rennen fahren und mich gut pflegen. Das sei alles. Ich werde mir seine Worte zu Herzen zu nehmen.

Was ich selbst als eine Niederlage abgestempelt hatte, meine Aufgabe bei der Lombardei-Rundfahrt im vorigen Herbst, hat mir merkwürdigerweise in der Mannschaft einigen Respekt verschafft. Es war eine Fahrt durchs Fegefeuer. Es war bitterkalt und es schiffte den ganzen Tag lang. Genau wie De Geest es vorher angekündigt hatte, fuhren wir durch viele unbeleuchtete Tunnel. In denen musstest du nach dem Hineinfahren eigentlich nur geradeaus lenken, bis sich die Augen an die Dunkelheit gewöhnt hatten. Konsequent und mit Leichtigkeit nahm ich in vorderster Reihe die Anstiege. Am Intelvi, nach 190 Kilometern, gingen jedoch von der einen auf die andere Sekunde die Lichter aus, und ich befand mich nun tatsächlich in einem schwarzen Tunnel. In einem Tunnel ohne Lichtpunkt in der Ferne. Und es waren noch 65 Kilometer bis zum Ziel in Como.

Ein paar Stunden später, im Flugzeug auf dem Weg nach Brüssel, sagte mein Teamkamerad Delcroix, ein richtig alter Hase in diesem Metier: »Wenn man so klettern kann wie du, dann braucht man sich um seinen Lebensunterhalt keine Sorgen mehr zu machen.« Ich glaubte ihm kein Wort und beschloss, von Brüssel aus direkt zu »Het Koetshuus« zu fahren, der Kneipe, in der meine Freundin gewöhnlich mit ihren Freundinnen ausging und in der ich sie auch tatsächlich antraf.

»Wie war es?«, fragte Neeltje: »Ich habe kein Fernsehen gesehen.«
»Es war kein Vergnügen.«
»Schöne Jacke hast du an.«
»In Mailand gekauft.«

Ich trank ein Pils, doch es schmeckte nach nichts. Die nächsten drei schmeckten nach noch weniger. Die Musik war laut, und ich war zu müde, um meine Stimme zu erheben.

Bevor ich Neeltje nach Hause brachte, umarmte ich sie im Auto. Doch ich tat es ohne rechte Überzeugung. Es schien, als steckte mir die norditalienische Kälte noch immer in den Knochen. Zu Hause angekommen, begann ich über die Worte von Delcroix nachzudenken. Das Pils, das ich mir dabei einschenkte, schmeckte mir schon besser.

Vor ein paar Wochen wurden Pressefotos von uns gemacht. In Belgien nennen sie das »Fotto's trekken«. Der PR-Mann des neuen Sponsors führte streng Regie. Capri-Sonne heißt der neue Geldgeber, eine deutsche Firma, die ein Fruchtsaftgetränk in Aluminiumtütchen verkauft – komplett mit einem angeklebten Strohhalm, der sich nur mit größter Mühe durch die Verpackung stechen lässt. Die Anweisung lautete: Bei Siegen sollen wir uns, zumindest vor den Linsen der Kameras, an Capri-Sonne laben. Und an nichts anderem!

Es wurde auch Capri-Sonne ausgeteilt, damit wir das Getränk probieren konnten. Ich sagte nichts. Es gab übrigens niemanden, der etwas dazu sagen wollte, doch das beim Leertrinken langsam verschrumpelnde Aluminiumtütchen sah trotz des farbenfrohen Aufdrucks aus wie der Blasebalg eines Beatmungsgerätes. Und wer möchte sich nach einem Sieg schon gerne wie ein Todkranker oder wie ein hilfsbedürftiges Vögelchen präsentieren? Eigentlich ist es ein unwichtiges Detail. Hauptsache ist, dass es mit dem Team überhaupt weitergeht.

Nicht unwichtig ist dagegen das Detail, dass laut Vertrag das Netto-Grundgehalt, das ich von unserem Materialzulieferer Koga-Miyata kassiere, auf rund das Vierfache meiner früheren staatlichen Unterstützung gestiegen ist. Das macht Mut und verleiht Bewegungsfreiheit.

Das kleine Hotel in Laigueglia an der italienischen Riviera, von wo aus ich dir nun schreibe, dient als Ausgangspunkt für unsere Trainingstouren. Ich teile das Zimmer mit De Rooy und Claes. Beide stehen vor ihrer zweiten kompletten Saison als Berufsrennfahrer. Angenehme Gesellschaft. Außer dass sich De Rooy beschwert, wenn ich ihn morgens in aller Frühe wecke.

Im Trikot des neuen deutschen Sponsors Capri-Sonne.

»Was hast du bloß für einen Strahl, du pinkelst eines Tages noch die Kloschüssel entzwei.«

Ich wollte nichts Abfälliges über seinen eigenen Piephahn sagen, doch ich machte mir darüber so meine Gedanken.

Claes klärte mich derweil endlich darüber auf, was zwischen Jomme und Dzjokke beziehungsweise Jos vorgefallen war, auch wenn er eigentlich nicht darüber sprechen wollte. Aber Dzjokke hatte eines Tages während der Tour darüber gejammert, was von der bereitgestellten Versorgung für die Rennen alles nicht getaugt habe. Da war Jomme vor Wut explodiert und hatte kurzerhand ein Brotmesser vom Tisch gegrapscht und mit viel Wucht direkt an Dzjokkes Kopf vorbeigeworfen. Der Vorfall hatte die Gemüter noch lange beschäftigt. Die Frage, ob Jomme nur aus Versehen oder mit Absicht vorbeigeworfen hat, scheint bis heute noch nicht geklärt zu sein.

Wir trainieren hart. Entlang der Küste ist es zumeist flach. Nur in die andere Richtung nach San Remo geht es über einige Felsenkaps, die Capos, hinweg. Und führt uns eine Ausfahrt ins Binnenland, so heißt es, sich mit kleiner Übersetzung kräftig ins Zeug zu legen.

In einem professionellen Rennstall wie diesem lässt es sich gut leben. Um die Wahrheit zu sagen: Wir werden umsorgt wie Babys. Das Frühstück steht bereits fertig auf dem Tisch, wenn Jomme kommt, um uns zu wecken. Und während wir essen, stellen die Mechaniker die Rennräder in Reih und Glied vor dem Hotel auf. Alles glänzt, inklusive Ketten und Zahnkränze. Ungefähr um die Zeit, zu der wir vom Training zurückkehren, nach drei bis fünf oder sechs Stunden, hat der Koch schon die Spaghetti fertig. Es ist kaum zu glauben.

Schöne Momente brechen an, wenn wir uns, nachdem der Hunger gestillt ist, aufs Zimmer zurückziehen. Es ist dann Zeit für die Mittagsruhe der Profis. In gedämpftem Licht erinnere ich mich an eine ferne Kindheit und an eine Zeit, an die ich mich unmöglich bewusst erinnern kann. Draußen ertönen Verkehrsgeräusche und im Hintergrund, gerade noch hörbar, das Rauschen des Mittelmeers. Himmlische, himmlische Müdigkeit.

Ich kann es genießen, bis Jomme zur Massage ruft und ich im Halbschlaf auf den Massagetisch steige. Folgsam unterwerfe ich mich seinen fachkundigen Händen und seinen noch fachkundigeren Griffen in den Koffer, während ich allerlei fröhlichen Geschichten lausche. Zum Beispiel über eine Krankenschwester, die Fürzchen lässt, wenn sie zum Höhepunkt kommt. »Prrt, prrt.« Jomme imitiert das Geräusch.

»Ich habe einen Pullover für meine Freundin gekauft«, sagte ich heute Nachmittag während der Massage.

»In Italien kannste besser Wäsche kaufen.«

»Sie ist aber nicht diese Art von Frau.«

»Bring' sie mal mit zum Rennen, dann sehe ich sie mir mal an«, sagte Jomme.

»Das halte ich für keine so gute Idee.«

Ich habe mir vorgenommen, mich in die flämischen Dialekte zu vertiefen. Es wird ein harter Brocken Arbeit werden. Mehr noch als in den Niederlanden ist die Aussprache in Flandern an den jeweiligen Landstrich gebunden. »Üt roikt hier pressie-ies chelaik kie-iep«, sagte heute einer meiner flämischen Kollegen, als er beim Mittagessen wie ein Fasan durchs Kornfeld zwischen den gedeckten Tischen des Restaurants herumstolzierte. Seine Nase stach keck links und rechts in die Luft. Die rätselhaften Worte schienen auf Nachfrage nichts anderes zu bedeuten als: Es riecht hier nach Hühnchen. Ich mag das Flämische, weil es so plastisch ist. Außer der eigentlichen Bedeutung schwingt in diesen Worten ganz unverhohlen der gigantische Appetit der Rennfahrer mit.

Inzwischen weiß ich bereits, was »hesp« ist (Schinken) und »ties« (Steuerkopf) und ein »süppo« (Zäpfchen). Letzteres aber ist Fachjargon.

Gestern bin ich gegen Abend mit De Rooy in einem nahe gelegenen Strandpavillon eine Tasse Kaffee trinken gegangen. Das Mittelmeer glänzte wie ein Diamant. Der Himmel war purpurrot. Auf dem Rückweg spazierten wir noch kurz über den Kirchhof von Laigueglia.

Man schenkt den Toten hier eine fröhlichere Ruhestätte als bei uns. Einen wahren Spielplatz haben sie daraus gemacht. Häuschen, kleine Terrassen, Türme, Winkel und Gärten, nach Belieben abgegrenzt mit Zierketten, kleinen Bildern, Lampen und Plastikblumen. Am stärksten zogen die kleinen, auf den Grabplatten befestigten Portraits der Verstorbenen meine Blicke auf sich. Streng dreinschauende Omas und traurig dreinschauende Männer, die zumeist einen Schnurrbart trugen und denen es offensichtlich wurst ist, was zwei Holländer auf dem Rennrad hier in Laigueglia zu suchen haben. Es wäre mir an ihrer Stelle auch wurst. Aber wir sind noch jung.

P.

Castellar de N'Hug, 24. März 1981

Lieber Hans,

Um nach Castellar de N'Hug zu gelangen, muss man unten im Tal des Llobregat in La Pobla de Lillet auf die BV 4931 abbiegen, eine runtergekommene, kärgliche Asphaltstraße. Der Anstieg verläuft in Stufen. Auf halber Strecke geht es an einem Steinbruch mit angegliederter Zementfabrik vorbei. In einem weiten Kreis rund um den Steinbruch sind das Gras und alles Laub mit bleigrauem Staub bedeckt. Es scheint beinahe so, als würde die Sonne hier einfach vergessen, die Erde zu bescheinen. Ist die Staubgrenze allerdings passiert, geht es zwischen grasigen Weiden steil nach oben. In der Ferne hängt Castellar de N'Hug wie eine Festung am Hang. Ab Castellar kann man nur noch zu Fuß weiter – oder auf dem Rücken eines Pferdes. Hier machte das Peloton also Halt, und hier habe ich mir die Haare schneiden lassen.

Im Moment befinde ich mich in der Katalonien-Rundfahrt, einem Etappenrennen, das durch ein ziemliches Finanzloch gebeutelt ist.

Vor zwei Tagen sind wir nach Barcelona geflogen. »Wir«, das ist der Teil der Mannschaft, der nicht die Knochenarbeit auf dem flämischen und nordfranzösischen Kopfsteinpflaster auf sich nehmen muss. In einem Bus des Verbandes wurden wir zu einem Haus irgendwo in der Stadt gefahren, in dem die Rennleitung untergebracht war. Während der Teamchef drinnen die Rückennummern abholte und zu einer Diskussion über das versprochene Startgeld genötigt wurde, wartete ich in Gesellschaft von De Rooy, Claes und des Deutschen Bolten. Wir saßen auf einer Bank am Rande eines sandigen Parks, der von Wohnblocks mit ungefähr fünf Stockwerken umsäumt war. Der Frühling beglückte uns mit halbwegs warmem und sonnigem Wetter. Jacken waren bereits überflüssig.

Väter schoben Kinderwagen durch den Park und standen, in Sorge um etwaige Fehltritte und Fehlgriffe ihrer Kinder, unter den Klettergeräten. Ungeheuer weiße Wäsche hing über praktisch jedem Balkon senkrecht an Leinen. Barcelona kam mir wie eine konservative, aber äußerst fruchtbare Stadt vor. Nun herrschte dort Sonntagsruhe. Unter der Bank lagen Pistazienschalen.

Die erste Etappe gestern in Girona hat unser Mannschaftskapitän gewonnen, der Belgier Willems. Das bedeutet unter anderem, dass der Sponsor mal wieder einen Bonus ausschütten darf. Es bedeutet auch, dass das Team in Siegeslaune ist.

Heute standen gleich zwei Halbetappen auf dem Programm: erst Girona–Ceres mit 182 Kilometern und am Nachmittag ein Bergzeitfahren von Guardiola über La Pobla de Lillet nach Castellar de N'Hug. Kurz nach dem Start heute Morgen – sofort hatte es erste Ausreißversuche gegeben – fuhr ich über einen Hundekadaver. Ich knallte auf den Asphalt und riss im Fallen ein, zwei Spanier mit. Es war ein großer schwarz-weiß gefleckter Mischling. Aufrecht auf seinen Beinen hätte er mir bis zur Hüfte gereicht. Keiner kümmert sich hier darum, die Kadaver wegzuräumen. Zig Stück habe ich schon am Straßenrand oder zu Leder plattgefahren auf der Fahrbahndecke liegen sehen. Und mindestens ebenso viele Exemplare habe ich über die Felder tollen sehen. Allein, zu zweit oder auch in Rudeln.

Von dem Sturz habe ich einige leichte Schürfwunden davongetragen, die kaum der Rede wert sind und hinterher von Jomme sorgfältig desinfiziert wurden. Theo De Rooy, mein Bettnachbar während dieser Rundfahrt, gewann das Rennen. Ich wurde Zweiter. Das Finale war ziemlich chaotisch. Auf den letzten Kilometern tauchte unerwartet ein gewaltiger Anstieg auf, dem eine noch weniger erwartete, steile Abfahrt folgte. Ein Spanier, der knapp in Führung lag, vergaß aus unerfindlichen Gründen durchzutreten, woraufhin De Rooy und ich an ihm vorbeirauschten und Theo den Sprint gewann.

Wegen der merkwürdigen Passage durch das bleigraue Areal rund um die Zementfabrik werde ich das Bergzeitfahren von heute Nachmittag wohl niemals vergessen. Meinen Auftritt fand ich zufrieden stellend, wenn auch nicht spektakulär. Ungefähr anderthalb Minuten verlor ich auf den Gewinner, einen gewissen Fernandez. Kurz vor Castellar de N'Hug stand eine Menge von Menschen, die ein Spektakel veranstalteten, als sei die Katalonien-Rundfahrt der Höhepunkt der Radrennsaison. Aber ihre Anfeuerungsrufe klangen, um ehrlich zu sein, nicht gerade unangenehm in meinen Ohren.

Heute habe ich auch Bekanntschaft mit etwas gemacht, was nach meiner Ansicht ein Aberglaube ist – oder ein Auswuchs der flämischen Radsporttradition. Während der Pause zwischen zwei Rennen erachtet man es nicht als ratsam, ja, es ist sogar verboten, ein Bad zu nehmen oder zu duschen. Sonst droht, zugleich mit dem Schweiß und dem Schmutz der Straße, die Spannung der Muskeln durch den Abfluss gespült zu werden.

So wurden meinem Rumpf und meinen Gliedern in Ceres nur eine oberflächliche und ruppige Schrubbpartie zuteil, die Jomme mit einem in Waschlotion getränkten Waschlappen ausführte. Für jeden Fahrer gab es einen Waschlappen. Ich stand gleich danach eine Stunde lang im Wind, und was noch schlimmer war, es fühlte sich später an, als ob ich mit einer langsam trocknenden Lehmschicht bestrichen war. Vor allem im Gesicht. Das Ganze schien meine Müdigkeit nur zu forcieren. Aber ich stehe allem offen gegenüber und bin bereit, alles auszuprobieren.

Es gibt ja auch eine Sorte von Touristen, die es für ihre Pflicht halten, im Reiseland die regionale Küche auszuprobieren. Auch wenn dort Pansen gefressen wird, der Hoden von halb ausgewachsenen Schafböcken oder die Augen von Kamelen – jedes Risiko wird in Kauf genommen. Ich wagte ein solches Abenteuer beim Friseur von Castellar de N'Hug, der zugleich der Dorfkrämer war. Das Ergebnis entspricht nicht gerade dem aktuellen Stand der Mode, aber so erbärmlich, dass ich mich dafür schämen müsste, ist es auch wieder nicht. Es ist ein ehrlicher Haarschnitt – entschlossen und geradeaus. Eigentlich verleiht er mir ein ziemlich kämpferisches Aussehen.

Außer Lebensmitteln verkaufte der Friseur beziehungsweise Krämer auch Reitsättel und Jagdgewehre, aber wiederum keine Sonnencreme. Die katalanische Sonne ist schon sehr stark. Meine Nase und meine Stirn sind entsetzlich rot. De Rooy schaffte sich einen ausgestopften Fuchs an, in dem, wie man sah, die Motten hausten.

Nächsten Freitag, nach dem Ende der fünften und letzten Etappe, eilen wir direkt nach Cavalaire sur Mer an die Côte d'Azur, wo einen Tag später das Critérium International beginnt. Der Name dieses Rennens ließe vermuten, dass wir dort nur ein paar unbedeutende Runden um den Kirchturm drehen müssen. Doch es handelt sich ganz im Gegenteil um eine zweitägige Veranstaltung durch bergiges Terrain. Das Leben als Profi ist wirklich wie für mich gemacht.

P.

Anzère, 8. Mai 1981

Lieber Hans,

mindestens fünf Journalisten haben mich heute Abend schon angerufen. Sie meldeten sich aus ihren Redaktionen in den Niederlanden. Der Letzte, den ich an der Strippe hatte, fragte mich laut, ob ich ihn überhaupt richtig verstand. »Nur durch Saronni vom Sieg abgehalten! Saronni, der italienische Campionissimo, das Naturtalent, der Kraftprotz und Tausendsassa!«

Ich antwortete, dass es am Frühling liegen könne. Dass mein Motor erst bei höheren Temperaturen richtig rund zu laufen beginne. Dass ich in Godefroot einen hervorragenden Teamchef gefunden habe, der das richtige Gespür dafür habe, was er mit Typen wie mir anfangen müsse. Dass ich schon bei der Katalonien-Rundfahrt Feuer gefangen habe und dass ich mich während der vielen Anstiege im Critérium International in der Nähe des französischen Cracks Hinault behauptet habe.

»Es läuft einigermaßen gut, ja«, sagte ich.

»Nicht so bescheiden, Winnen«, tönte es aus dem Hörer: »Dem Vernehmen nach ist Saronni hinter der Ziellinie erschöpft in sich zusammengesunken, so abgehetzt war er durch ein junges, unbekanntes niederländisches Talent.«

»Das ist noch lange kein Grund, eingebildet zu sein. In sich zusammengesunken oder nicht – er hat gewonnen.«

Dann berichtete ich von dem letzten steilen Anstieg, der sich sechzehn Kilometer lang hinzog und in Anzère endete. Dieser Berg war so steil, erzählte ich, dass die Fahrer hinten scharenweise abfielen. Fünf Kilometer vor dem Gipfel befand ich mich in einer Spitzengruppe von vier Fahrern. Drei Kilometer vor dem Gipfel beschloss ich, zu attackieren, da auch die anderen dazu übergegangen waren, nun anzugreifen. Außerdem hatte ich weiterhin einen schön runden Tritt. Zwei Kilometer vor der Ziellinie, auf einem weniger steilen Stück, schoss Saronni plötzlich sehr schnell mit einer ungeheuer großen Übersetzung an mir vorbei, um dann einen Kilometer weiter, als es wieder sehr steil wurde, langsamer zu werden. Aber eben nicht langsam genug. Ich holte ihn nicht mehr ein, wie sehr ich mich auch mühte. Ich erzählte, wie Saronni direkt hinter der Ziellinie von seinem Rad taumelte und wie ich selbst das Gefühl hatte, von einem Druckluftkompressor aufgepumpt zu werden. »Zweiter also, ja. Hinter Saronni.«

»Das will was heißen, Junge, das will was heißen!«, schlussfolgerte der Journalist. Und es dämmerte mir, dass es wohl tatsächlich eine Bedeutung hatte.

Während des Frühjahrsklassikers Lüttich–Bastogne–Lüttich vor einigen Wochen kam ich dahinter, dass es eine ebenso große Kunst ist, zum richtigen Zeitpunkt aus einem Rennen auszusteigen, wie eines zu gewinnen. Halb erfroren kam ich nach einer stundenlangen Fahrt durch Schnee-, Hagel- und Regenschauer in Gesellschaft eines schmächtigen und heftig bibbernden Italieners in Spa an. Der normale Verkehr hatte bereits wieder von der Rennstrecke Besitz ergriffen. Wir waren abgeschlagen aus dem Rennen ausgeschieden und hatten die Absicht, ab Spa den kürzesten Weg nach Lüttich zu nehmen. Ein unmögliches Unterfangen, angesichts der Kälte und des erbärmlichen körperlichen Zustandes, in dem wir uns befanden. Wir lavierten uns durch den Verkehr. Vor einer roten Ampel stand ein Ford-Transit mit einem Anhänger, auf dem ein Aufsitzrasenmäher festgezurrt war.

Während ich mich noch fragte, wer in Gottes Namen am Ostersonntag bei so einem Hundewetter seine Wiese mäht, hatte der Italiener schon alles geregelt. Der Transit wurde unsere Mitfahrgelegenheit nach Lüttich. Wir stapelten die Rennräder auf den Mäher und krochen durch die hintere Tür auf eine etwas kleinere Mähmaschine, die im düsteren Laderaum stand. Es roch nach Zweitaktbenzin. Und es war dort fast noch kälter als draußen.

Ich dachte, ich wäre klug gewesen, als ich den Besenwagen vorbeiließ, der die ganze restliche miese Strecke hinter dem letzten Fahrer her holpern würde. Hin und her geschüttelt in dem düsteren Transit, versuchte ich zu resümieren: »Wenn die Luft raus ist oder in absehbarer Zeit zuneige zu gehen droht und man keine Aussicht mehr auf eine vernünftige Platzierung hat, dann verlasse man das Rennen unbedingt in der Verpflegungszone, deren Lage man sich vorher durch ein sorgfältiges Studium des Streckenplans eingeprägt hat, und steige dort in das Auto eines der Pfleger, der daraufhin die Heizung aufdreht und auf vollen Touren laufen lässt.«

Ich konnte noch von Glück reden, dass ich dem Italiener begegnet war, dachte ich. Und: Schlechtes Wetter ist nicht mein Ding. Zurück im Hotelzimmer in Lüttich sah ich im Fernsehen, wie Van der Velde das Rennen gewann – genauso alt wie ich, aber dem Schnee weitaus besser gewachsen.

Nun befinde ich mich in der Tour de Romandie, einer sechstägigen Rundfahrt durch den französischsprachigen Teil der Schweiz. Ich fresse mich hier kugelrund an dem Gruyère. Das ist ein würziger und körniger Käse aus dieser Gegend, eine wahre Wohltat für jeden hungrigen Rennfahrermagen. An der Côte d'Azur aß ich während des Critérium International auch zum ersten Mal in meinem Leben Artischocken. Und das auch noch zum Frühstück. Schenkt man den Routiniers im Team Glauben, dann ist die Artischocke dafür bekannt, dass sie die Leber reinigt und entgiftet. Schnell begann ich, nach ihrem Vorbild Stück für Stück die Blätter abzupellen und auszusaugen, bis nur noch der Kern übrig blieb: das Artischockenherz. Es schmeckte widerlich, eigentlich wie verwelkter Salat. Aber für eine saubere Leber nehme ich alles in Kauf. Jahrelang habe ich gedacht, dass es auf das Herz und auf die Lunge ankommt. Inzwischen aber habe ich gehört, wie verschiedene Kenner der Materie unabhängig voneinander behaupteten, dass vielmehr die Leber entscheidend sei. Ein Funken Wahrheit muss an der Sache also dran sein.

Es mag langweilig klingen, doch ich wiederhole es trotzdem noch einmal: Hier bin ich richtig. Abends am Tisch wird vor allem über Geld, Autos und Frauen gesprochen. Und über das Rennen natürlich – mit großer Leidenschaft. Kurzum: Es ist eine unkomplizierte Gesellschaft, die das Herz auf der Zunge trägt. Auf jeden Fall kein undurchsichtiger Haufen, bei dem man lange herumstochern muss, um etwas einigermaßen Brauchbares zu erfahren. Das Team funktioniert wie eine gut geölte Maschine.

Godefroot teilte mir heute Nachmittag mit, dass ich definitiv mit zur Tour de France soll. Diese Nachricht schmeckte mir natürlich mindestens ebenso gut wie ein Stück Gruyère. Die nächsten Tage muss ich noch bis zum Äußersten gehen, um meine gute Platzierung zu sichern, wenn nicht sogar zu verbessern, sagt er. Danach bedarf es mit Blick auf die Tour de France einer Zeit relativer Ruhe. Ich glaube es ihm gern. So bescheiden wie der Journalist am Telefon mich sah, bin ich gewiss nicht. Ganz im Gegenteil: Ich quieke vor Freude und schmiede große Pläne. Aber das braucht von mir aus nicht gerade in der Zeitung zu stehen.

Inspiriert von blühenden Rapsfeldern, die wir in breiten Tälern passierten, schrieb ich gestern einen langen Brief an Neeltje, in dem ich ihr endlich haargenau zu erklären versuchte, was mich antreibt. Entweder sie versteht es oder sie haut ab. Ein Zwischenweg scheint mir nicht möglich zu sein. Solange ich auf Antwort warte, bleibe ich vorläufig einfach verliebt, so fahre ich am besten. Verliebtsein als Hilfsmotor. Auch das braucht nicht unbedingt in der Zeitung zu stehen.

Peter

Lugano, 16. Juni 1981

Lieber Hans,

weder hat mein Mädchen mich verstanden, noch haute sie ab. Ich erhielt lediglich einen kurzen Brief zurück, in dem sie mich darum bat, sie niemals wieder mit solch einem Unsinn zu belästigen. Nun weiß ich auch nicht mehr weiter. Es scheint mir das Beste, der Sache einfach ihren Lauf zu lassen.

Heute war bereits die siebte Etappe der Tour de Suisse: Brig–Lugano. Die ganze Woche über war es heiß. Bei Hitze gedeihe ich am besten. Die Rückenschmerzen, die ich von einem Sturz beim Kriterium von Stiphout davongetragen habe, scheinen nun, nachdem mir der Mannschaftsarzt sieben bis neun Spritzen ins Kreuz gejagt hat, beinahe aus der Welt geschafft zu sein. Immerhin hatten sie mich rund zwei Wochen von jeglicher Aktivität abgehalten. Ohne mich zu übermütigen und aussichtslosen Aktionen verleiten zu lassen, bereite ich mich auf die anstehende Tour de France vor.

Mit um die hundertzwanzig Kilometer pro Stunde sind wir heute Nachmittag den Simplonpass hinuntergeflogen. Ich weiß das, weil jemand in der Begleitkarawane auf seinen Tacho gesehen hatte und nach der Ankunft laut ausrief: »Hundertzwanzig Stundenkilometer, zeitweise hatten sie hundertzwanzig drauf!«

Hundertzwanzig pro Stunde ist schnell. So schnell war ich noch nie. Sogar im schwersten Gang wirbelten die Beine hilflos im Kreis. Eine nette Beschäftigung war es, im Windschatten des Vordermanns Tempo zu machen und dann hinter ihm hervorzuschießen, so dass einem der Kopf fast vom Hals geblasen wurde. Es war, als ob man den Kopf aus einem geöffneten Autofenster steckt. Es heißt, dass Hunde ihren Kopf am liebsten aus geöffneten Autofenstern halten, weil sie es lieben, die Geschwindigkeit unmittelbar zu erleben. Genau wie es Menschen gibt, die es angenehm finden, aus einem fliegenden Flugzeug zu springen, um den freien Fall zu genießen.

Auf der Südseite der Alpen folgte die Abfahrt. Wir fuhren immer tiefer und tiefer hinab, bis es nicht mehr weiter runter ging. Wir tauchten ein in eine klamme Wärme, die sich wie ein feuchter Lappen um meine Arme und Beine legte. Bis nach Lugano war die weitere Strecke flach.

Ich hatte einen Onkel, der Zigarren rauchte. Es ist kaum zu glauben, wie viele Zigarren dieser Mann rauchte. Man sah ihn nicht ohne eine Zigarre zwischen seinen Lippen. Ihm verdankte ich einen großen Teil meiner Sammlung von Zigarrenbauchbinden. Ich besaß eine Serie von Stadtansichten. Lugano am See war eine davon.

Lugano hat sich nicht verändert. Noch immer blühen rosa Blüten an Sträuchern, die bis in den See hinunter hängen, und noch immer sind die Hügel rund um den See dunstig verschwommen und von blaugrüner Farbe. Nicht die Schweiz, sondern Italien atmet man hier. Es riecht hier nach Zigarrenbauchbinden.

Das Fenster meines Zimmers steht offen. Etliche Jugendliche knattern mit ihren Motorrollern vor dem Hotel vorbei. Jungen mit Mädchen auf dem Sozius, Mädchen mit Jungen, Jungen mit Mädchen auf ihren Knien, Mädchen, die den Jungen auf den Rücken geklettert sind, Mädchen mit tiefschwarzen Haaren. Hähne und Hennen in der Balz. Alle mit Sonnenbrille. Gott sei Dank bin ich Radrennfahrer geworden.

Zu Beginn dieser Rundfahrt haben wir unsere neuen Rennräder bekommen. Vier Tage lang habe ich herumgebastelt, bis ich den Sattel endlich in die richtige Position gebracht hatte. Einen Millimeter nach oben, zwei Millimeter nach unten, ein Stückchen nach vorne, ein Stückchen nach hinten, wieder nach oben, wieder nach unten. Ich schraubte vor dem Rennen und nach dem Rennen, schließlich sogar während des Rennens. Und Jomme fluchte während der Massage.

»Verdammt noch mal, was ist los mit deinen Beinen? Dein linkes Bein marschiert, dein anderes nicht.«

Ich sagte: »Ich habe den Eindruck, als würde ich links wachsen und rechts schrumpfen.«

Kurz vor dem Start der fünften Etappe entdeckte ich die Ursache des Übels: An meinem Rad waren unterschiedlich lange Kurbeln montiert. »Aus Versehen«, sagte der Mechaniker, der als Rennfahrer noch im Dienste von Merckx gestanden hatte. Und Merckx wäre dies nicht passiert, denn der kontrollierte sein Material vor jedem Rennen, fügte er der Deutlichkeit halber hinzu.

»Heiße ich Merckx?«, sagte ich da.

»Nun gut, was darf's denn sein, 170 oder 172,5 Millimeter?«

»Wie sieht es denn momentan aus?«, fragte ich.

»Links 172,5 und rechts 170.«

Das war merkwürdig. Bisher war ich immer mit 170 Millimetern gefahren. Doch nun war ausgerechnet das rechte Bein, das mit der gewohnten Länge getreten hatte, jenes, das laut Jomme, »nicht gut marschierte«. Ich war im Zweifel. Mit 170 Millimetern tritt man feiner, mit 172,5 hat man dagegen mehr Kraft, weil der Hebel länger ist. Hätte ich in Anzère nicht vielleicht sogar gewonnen, wenn ich mit längeren Kurbeln gefahren wäre?

103

»Was hätte Merckx getan?«, fragte ich.

»Merckx, Merckx...« Der Mechaniker begann, auf einen Punkt irgendwo in der Ferne zu starren.

»Doch nicht etwa das Umgekehrte, links 170 und rechts 172,5 Millimeter, um das Gleichgewicht wieder herzustellen?«

Der Mechaniker sah mich grimmig an: »Nee, Merckx fuhr mit gleich langen Kurbeln!«

Dann warf er einen Blick auf meine Beine und sagte: »Du solltest 170 Millimeter nehmen.«

Ich sagte: »Gut, das wäre dann also geklärt.«

Merckx hatte ich oft im Fernsehen gesehen. Einmal erlebte ich ihn leibhaftig, wie er das Kriterium von Ulvenhout bestritt. Und was ich dort sah, missfiel mir nicht. Meistens hingegen enttäuschten mich die Koryphäen. Im Fernsehen schienen sie immer Giganten zu sein, aber in Wirklichkeit waren sie viel dürrer und zerbrechlicher. Merckx hingegen bildete auch diesbezüglich eine Ausnahme. Ich war tief beeindruckt von seinem ruhigen Pedaltritt und seinem Kopf, der nur leicht über dem Lenker hin und her wiegte.

»Seine Beine sind genauso braun wie sein Molteni-Trikot«, seufzte irgendjemand im Publikum.

Mein Vater war kein Fan von Merckx, weil der ihm einfach zu oft gewann.

Inzwischen geht es bei mir um Millimeter, wie du siehst.

Es wird schon ruhiger auf der Straße. Der Abend bricht an. Der See liegt wie ein Spiegel da. Ein Stück entfernt am Kai liegt ein Schiff, dessen Deck mit Lichtern geschmückt ist. Ein Restaurant wahrscheinlich. Die Geräusche werden über den See getragen. Ich wette meinen Kopf darauf, dass dort auch kräftig getrunken wird. Um nichts in der Welt würde ich jetzt auf diesem Deck sitzen wollen. Das Deck ekelt mich an.

Dies muss auch die Stunde sein, zu der die Diskotheken ihre Türen öffnen. Die Motorroller sind fast aus dem Straßenbild verschwunden.

Ich erinnere mich an die Zeit, ich war zwischen sechzehn und neunzehn Jahre alt, als ich in der Winterpause regelmäßig in

Diskotheken herumhing. Unweigerlich erreichte ich dort das Stadium der Betrunkenheit, in dem ich dann begann, mir die Disco als einen Raum vorzustellen, der keine Wände hatte. Und keine Decke, an der allerlei Glitzerkram aufgehängt war. Ich stellte mir dann vor, wie ich unter dem nackten Himmel in einer leeren Nacht am Tresen hing – gefangen in einer imaginären Schachtel, die mit ohrenbetäubendem Lärm gefüllt war. In tiefer Verzweiflung ging ich dann dazu über, Runden für meine Freunde zu bestellen. Sofern denn welche da waren. Ich bestellte in immer schnellerem Tempo, bis zuletzt nur noch einer von ihnen übrig war: die traurigste und hoffnungsloseste Gestalt von allen.

Ich erinnere mich an eine Nacht, in der ich zusammen mit diesem Freund auf einer dieser am Boden festgeschraubten Bänke niedersank, an einem dieser kleinen, am Boden festgeschraubten Tische direkt neben der Tanzfläche. Ich erinnere mich noch, dass er mir, nachdem ich meinen Kopf auf die triefnasse Tischplatte gelegt hatte, mitten durch die Musik hindurch etwas zurief: »Wir packen es. Keine Frage, wir werden es packen!«

Noch nie habe ich einen Filmriss erlebt. Immer habe ich mich an den minutiösen Ablauf der Ereignisse erinnern können. So weiß ich auch noch, dass ich in derselben Nacht auf dem Rückweg mit dem Fahrrad an einem Betonkreuz hing, das am Straßenrand stand. Und dass ich, während ich mir das Erbrochene vom Kinn wischte, zu einem Jesus aus Aluminium murmelte: »Alles wird gut für uns beide, alles, alles kommt wieder in Ordnung.«

Und ich erinnere mich auch noch, als wäre es gestern gewesen, dass ich, als ich endlich zu Hause auf meinem Zimmer war, einen meiner Schuhe nicht mehr ausgezogen bekam und dann einfach so ins Bett gekrochen bin.

Es sieht ganz danach aus, dass alles in Ordnung kommt. Die Form bessert sich beständig. Das muss sie auch. In gut einer Woche beginnt in Nizza die Tour de France.

P.

Pau, 30. Juni 1981

Lieber Hans,

bei der Tour ist alles anders. Das hatten mir die alten Hasen des Teams schon im Vorhinein versichert. Nirgendwo anders würde das Peloton sich auf eine dermaßen nervöse Art und Weise seinen Weg bahnen. In keinem anderen Wettkampf würden sich die Fahrer gegenseitig so in die Mangel nehmen wie bei der Tour de France.

Die alten Hasen waren gleichermaßen ausgelassen wie aufgeregt. Im Auto, unterwegs vom Flughafen von Nizza ins Zentrum der Stadt, johlten sie durch die geöffneten Autofenster den halbnackten Mädchen zu, die auf dem Strand unterhalb des Boulevards lagen. Es fiel mir auf, dass sie alle beim Friseur gewesen waren. Sie hatten frisch ausrasierte Nacken. Rundum erneuert sahen sie aus. Später fiel mir auf, dass sie schweigend ihre Rückennummern in Empfang nahmen und Unverständliches murmelten, als sie durch das Tour-Buch blätterten. Einer stieß gar einen Schrei aus: »Ei-ei-ei!«

In Nizza kam ich dahinter, dass mein Rasierapparat bei meiner Freundin in Nijmegen liegen geblieben war. Ich ging in die Stadt und kaufte einen Braun – ein Fehlkauf, wie sich hinterher herausstellte, zum Rasieren der Beine war das Teil völlig ungeeignet. Dann ging es direkt weiter zu einem Friseur.

In Nizza bekam ich auch ein neues Zeitfahrrad. Die Bremszüge waren im Lenker verlegt, etwas ganz Neues. Die Länge der Kurbeln stimmte auch: sowohl links als auch rechts 170 Millimeter. Trotzdem brauchte ich ein paar Stunden, um den Sattel und den Lenker in die richtige Position zu bringen.

In Nizza wogten die Palmen im Wind, und ich fuhr einen enttäuschenden Prolog. Als Einundvierzigster hatte ich 29 Sekunden Rückstand.

Am nächsten Tag, irgendwo zwischen den Felsen des Hinterlandes, baumelte ich hilflos als allerletzter Fahrer am Schwanz des ersten Feldes. Auf schmalen Wegen ging es immerzu nur bergauf und bergab. Ein heftiges Rennen. Ein Regenschauer ging nieder, und es wurde glatt. Ich sah einen Franzosen aus einer Schlucht klettern. Sein Rennrad schleifte er hinter sich her wie einen sich sträubenden Hund.

Drei Tage später erlangte ich in strömendem Regen am Rande der salzigen Sümpfe der Camargue einen tiefen Einblick in das Sein. Das Peloton, ob all des Wassers noch nicht recht in der Stimmung, strampelte in kompakter Formation in Richtung Narbonne. Auf einmal erinnerte ich mich an drei kleine Gemälde, die vor langer Zeit bei einer Tante von mir im Treppenhaus hingen: fahle Gelb- und Blautöne, es trieben Ruderbötchen zwischen Ufern voller Schilfrohr, und es wehte kräftig. Der Zusammenhang zwischen diesen Gemälden und meinem Bestehen in der vierten Etappe der Tour de France 1981, irgendwo zwischen Martigues und Narbonne, offenbarte sich mir in einer grandiosen Perspektive.

Wiederum einen Tag später, in einem kleinen Hotel innerhalb der alten Stadtmauern von Carcassonne, nahm ich einen Schrank auseinander, um mit den Türen und Paneelen eine abgesackte Matratze zu stützen. Als auch das nicht funktionierte, nahm ich das Bett auseinander, stellte den Krempel auf den Flur und verbrachte die Nacht auf dem Fußboden.

Und heute, heute sollte es dann geschehen. Denn heute stand die erste und einzige Pyrenäen-Etappe an, mit Ziel auf dem Pla d'Adet.

Pla d'Adet, dieser Name schwirrte mir bereits seit einer Woche durch den Kopf. Schon seit Jahren musste ich immer wieder an diesen Berg denken. Zoetemelk hatte dort schon einmal gewonnen und auch Van Impe. Überwältigt hatte ich vor dem Fernseher gesessen und gestaunt, wie mühelos diese beiden der Konkurrenz davonfuhren, sich mit Applaus empfangen ließen und mit einem breiten Grinsen das Siegertreppchen bestiegen. Jetzt wollte ich es ihnen nachtun. Da juckte es mich auch nicht im Geringsten, dass die vom Sponsor gestifteten und in Cellophan eingewickelten Blumensträuße, die sie damals in die Höhe gehalten hatten, ziemlich künstlich aussahen. Im Gegenteil: Es machte das Schauspiel noch unwiderstehlicher.

Pla d'Adet ist nicht irgendein Anstieg. Es ist ein Stairway to Heaven. Ich hätte heute Mittag in der ersten Gruppe sein müssen, die den Berg in Angriff nahm.

Aber es lief bereits auf dem Peyresourde schief. Hinault setzte sich am Fuß des Berges an die Spitze und zog kräftig durch bis ganz nach oben. So erlebte ich es zumindest abends in einer Zusammenfassung im Fernsehen. Das Letzte, das ich mit eigenen Augen sah, war, dass er mit vier anderen Fahrern an seinem Hinterrad hinter einer Kurve verschwand. Das Tempo, das Hinault entwickelte, war einfach etwas zu schnell, und ich hatte etwas zu lang versucht, dieses Tempo zu halten: Mein Motor explodierte.

Erst inmitten einer ziemlich großen Gruppe erreichte ich schließlich den Fuß des Pla d'Adet. Einer nach dem anderen begannen sie, mir davonzufahren. Sicher an die fünfzig Mann. Die Wut, die nun in mir aufstieg, schnürte mir die Beine ab. Ich fühlte mich wie geparkt: der Geschmack von Blut in der Kehle von der Überlastung, stechende Schmerzen im Nacken und Beine wie steife Prothesen. Links von mir, dreißig Zentimeter vom Straßenrand entfernt, tat sich ein immenser Abgrund auf.

Erst auf der Hälfte des Anstiegs fand ich, was ich die ganze Zeit gesucht hatte: meinen Rhythmus. Ich gewann wieder an Tempo, legte noch einen Zahn zu und begann, eine große Zahl nun ihrerseits einbrechender Fahrer zu überholen. Die Übersetzungen, die sie traten, erschienen mir lächerlich klein. Doch es war zu spät, viel zu spät. Ich hatte eine Stinklaune und war richtig in Fahrt.

Nach der Ankunft musste ich mit auf die Bühne des niederländischen Fernsehens. Der Reporter tat sehr aufgeregt: »Bester Niederländer, ein Debütant sogar!« Doch ich begriff nicht wirklich, wozu all dieses Aufsehen gut sein sollte, und sprach missmutig und in gedämpftem Tonfall ins Mikrofon. Dann erschien das Ergebnis auf dem Monitor: »20ième, Winnen à 3,55 min.« Das war ein Schlag ins Genick. Was für eine hoffnungslose Blamage. Ich sah auch, dass Van Impe gewonnen hatte, und der Mann ist inzwischen schon vierunddreißig!

Effizient wurde das gesamte Peloton mit einer Seilbahn vom Gipfel des Pla d'Adet evakuiert. Mit den Rennrädern und allem Drum und Dran. Mit viel zu vielen Menschen sank ich in einer viel zu engen Gondel zu Tal. Da erst sah ich, was für ein strahlendes Wetter herrschte und wie grün die Pyrenäen waren.

Nach der Dusche hier im Hotel in Pau meldete ich mich bei Jomme zur Massage. Jomme meinte, ich sehe aus wie jemand, der an einem Tag nicht nur über die Pyrenäen, sondern auch noch über die Alpen gefahren ist. Ich antwortete, dass dies auch mehr oder weniger so war und klagte ihm ausführlich mein Leid.

»Jomme«, sagte ich nach einiger Zeit, während er eine meiner Waden bearbeitete, »wir werden schon wieder irgendetwas draus machen. Wir müssen es versuchen.«

»Na, dann mal los, deine Beine fühlen sich gut an.«

Wenn Jomme so etwas sagt, muss wohl ein Funken Wahrheit daran sein.

Dann erzählte er mir wieder eine seiner verrückten Geschichten. Diesmal ging es um die Weltmeisterschaft in Venezuela. Die Huren dort wären so günstig gewesen, dass er eine Woche nicht geschlafen hatte. Er hätte sie »wie Blümchen« gepflückt. Am Tag des Rennens aber wäre er zusammengebrochen. Sie hätten ihn ins Flugzeug tragen müssen – was Augenzeugen zu bestätigen wissen. Fast wäre er bei der Aktion von der Trage geflogen. Ich rollte mal wieder fast vom Massagetisch vor Lachen.

»Du bist Gold wert«, sagte ich.

Ab heute lebe ich lieber im Hier und Jetzt. Denn von dem, was in dieser Tour alles noch kommen wird, habe ich bisher nicht den blassesten Schimmer. Nur dass mich noch etwas erwartet, so viel ist sicher. Die alten Hasen machen es wie folgt: Jeden Tag reißen sie eine Seite aus ihrem Tourbuch heraus.

P.

Alpe d'Huez, 14. Juli 1981

Lieber Hans,

vor ein paar Tagen sagte Jomme zu mir: »Junge, deine Augen funkeln wie die eines Siegers, und deine Beine fühlen sich großartig an.«

Es stimmte, dass ich auch nach zwei Wochen Wettkampf nicht eingebrochen war – vor dem Tourstart hatte ich mich davor gefürchtet – und es stimmte, dass mein Blut, das mir anfangs dick und klumpig erschienen war, immer feiner durch die Adern zu strömen begann. Seit gestern ist es zudem eine Tatsache, dass die schwerste aller Alpenetappen an mich gegangen ist: Morzine – Alpe d'Huez. Nun denn, diese Etappe brachte mich dahin, wo ich als Radrennfahrer noch nie gewesen bin.

Die Etappe war elendig lang, grässliche 230 Kilometer, und es war furchtbar heiß. Die Aussicht oben auf dem Madeleine, der ersten großen Hürde dieses Rennens, war gewaltig. Hinault, der Träger des Gelben Trikots, war vorne an der Spitze ein gleichmäßiges Tempo gefahren. Vom Fuß des Anstiegs bis zur Passhöhe. Es überraschte mich, dass sich die Gruppe dennoch so rasch ausgedünnt hatte. Zuletzt war nur noch eine Hand voll Fahrer zusammen. Ich spürte nichts. Keinen Schmerz oder dergleichen, meine ich. Und auch auf der langen Abfahrt, die folgte, lief es gut.

Aber während des Anstiegs zum Col du Glandon, einer zähen, knapp zwanzig Kilometer langen Steigung zwischen zwei Bergketten, ging plötzlich nichts mehr. Auf einem rauen, von Kieseln übersäten Straßenbelag hing ich vor Anstrengung würgend zwischen den Rennfahrerrücken, die die Spitzengruppe bildeten.

Ich hatte den Eindruck, als sei mein Körper mit Beton ausgegossen, so schwer fiel es mir nun. Aber ich fiel nicht zurück. Nach dem Gipfel ging es wieder tief ins Tal, vorbei an grünlich schimmernden Stauseen. Am liebsten wäre ich mitsamt meiner Rennkleidung und allem hineingesprungen. Einige zurückgefallene Fahrer schlossen wieder auf.

Auf dem Flachstück im Tal wusste ich gar nicht mehr, was Sache war. Der Glandon hatte nichts Gutes versprochen. Ich aß etwas, nahm ein paar der Antikrampfpillen aus dem Röhrchen in meiner Rückentasche und pinkelte vom Rad aus eine lange Linie auf das Straßenpflaster. Zwei Fahrer rissen aus, ohne dass es irgendjemanden kümmerte.

Hinter Bourg d'Oisans ging es dann los. Sechzehn Kilometer hinauf nach Alpe d'Huez. Das erste Stück war gleich richtig steil. Hinault fuhr wieder an der Spitze ein gleichmäßiges, aber flottes Tempo. Ich weiß nicht, wem ich es zu verdanken habe, aber meine Kraft hatte sich zurückgemeldet.

Es ging von Haarnadelkurve zu Haarnadelkurve. Die Kehren waren nummeriert. Es zählte sich so leicht: Herr im Himmel, wie leicht es auf einmal ging. Etwa sieben Kilometer vor dem Gipfel konnte ich mich nicht mehr zurückhalten. Ich langweilte mich: Ich musste angreifen, mein Heil in der Flucht suchen. Wir waren nur noch zu fünft. Einer der Ausreißer war bereits wieder eingeholt. Nach meinem ersten Antritt schlossen drei Fahrer zu mir auf. Doch mit der zweiten Attacke wurde ich sie los. Lange trat ich eine große Übersetzung, um mich abzusetzen. Auch der letzte Ausreißer musste nun daran glauben. Wirklich, ich fühlte mich stark wie ein Stier. Als ich mich umdrehte, sah ich einige Motorräder direkt hinter mir fahren. Und von einem dieser Motorräder wurde eine Kamera auf mich gerichtet.

Ob die »Komtess« jetzt wohl vor dem Fernseher sitzt, dachte ich auf einmal – zusammen mit ihrem Johan, der um diese Tageszeit wohl schon mindestens einen halben Kasten Pils intus hat. Wenn ja, dann konnte sie jetzt mal sehen, was wirkliche Power war. Und ob meine Freundin wohl zuschaut? Vielleicht. Meine Eltern saßen ganz gewiss vor dem Fernseher. Sie brauchten sich an diesem Tag wahrlich nicht für mich zu schämen. Und der Beamte im Rathaus, der mir mal die Stütze gekürzt und mich zu einer Umschulung gedrängt hatte? Ihm würde spätestens heute wohl ein Licht aufgehen.

Hinter dem Steuer seines Teamfahrzeugs sitzend, schob sich Godefroot neben mich.

»Vierundzwanzig Sekunden, die Kräfte gut einteilen!«, rief er.

»Gut einteilen?«, ging es mir durch den Kopf, daran ist überhaupt nicht zu denken. Volle Kraft voraus! Übrigens, wie sollte das in so einer Situation gehen – die Kräfte einteilen?

Ich dachte an all die Nachmittage, die ich selbst vor dem Fernseher gesessen hatte, bei exakt demselben Anstieg. Damals hatte ich mir immer vorgestellt, dass die auf den Pedalen tanzenden Wesen sich in einem Zustand religiöser Ekstase befinden würden. Leider musste ich nun feststellen, dass dies bei mir nicht der Fall war. Ich spürte zwar eine enorme Kraft und großen Tatendrang, ja sogar Rachegelüste – aber Ekstase? Eigentlich fühlte ich mich total normal.

Da war wieder Godefroot: »Treten, es läuft gut, schön weitertreten!«

Genau das hatte ich vor. Ein paar Kilometer lang behielt ich eine hohe Trittfrequenz bei.

Nach einer Weile kam ich an einigen Häusern und einer kleinen Kirche vorbei. Mein Rhythmus geriet ins Stocken, obwohl die Straße flacher wurde. Der Wind frischte nun auf. Ab und zu rannte jemand aus dem Publikum neben mir her, um eine Flasche Wasser über meinem Kopf auszuschütten. Das war okay. Immer wieder sah ich aber auch Zuschauer am Straßenrand, die mit Bierdosen vor der Brust hinter ihren Klapptischen saßen. Andere grillten Koteletts. Der Geruch war unerträglich. Überhaupt fand ich die Leute allesamt unerträglich. So etwas sollte streng bestraft werden. Auf dem Grill festbinden, das wäre noch eine milde Strafe. Denn mein eigener Zustand hatte sich mittlerweile stark dem eines Koteletts auf einem Holzkohlenfeuer angenähert.

Da hing ein Banner über der Straße: Noch vier Kilometer. Es wurde wieder steiler. Ich sah Alpe d'Huez schräg über mir daliegen. Graue Gebäude hoben sich vor einem blauen Himmel ab. Sie erschienen ganz nahe. Wenn das vier Kilometer sind, fresse ich einen Besen. Meine Bewegungen fühlten sich nun ganz hölzern an. Es schien eine ganze Stunde zu vergehen, bis die Dreikilometermarke auftauchte.

»Eine halbe Minute!«, rief Godefroot in diesem Augenblick.

Das sagt er doch nur, um mir Mut zu machen, dachte ich. Alles schien darauf hinzuweisen, dass mein Niedergang schon begonnen

Jungprofi mit Courage: Peter Winnen als Solist in der Tour de France.

hatte, dass sie mich bald einholen würden. Ich erinnerte mich an die schaurige Geschichte, die der Pastor in der zweiten Klasse der Grundschule den jungen Gemeindemitgliedern erzählt hatte: Wie Jesus Christus, der Sohn Gottes, während er ans Kreuz genagelt wurde, die Knochen in seinem Leib zählen konnte – es waren etwas über dreißig.

Ich fühlte ebenfalls viele Knochen. Leider war ich außer Stande, sie zu zählen. Eines war jedoch sicher: Meine Leber würde es auch nicht mehr lange machen. Denn die schob sich mitsamt Magen und anderen Eingeweiden allmählich durch die Speiseröhre nach oben – nicht im wahrsten Sinne des Wortes natürlich, aber sie machte durchaus Anstalten dazu. Längst bereute ich meinen Ausreißversuch zutiefst.

Ungefähr zwei Kilometer vor dem Ziel tauchte ich in eine wilde Menschenmenge ein, die in der Mitte oft nur noch einen schmalen Weg frei ließ. Immer mehr Wasser wurde mir über den Kopf geschüttet. Und nun war das nicht mehr angenehm, denn es wehte ein kühler Wind. Eine Gänsehaut zog über meine Arme. Immer öfter rannten Idioten mit, die mir etwas in die Ohren brüllten. Ich zitterte am ganzen Körper. In mir war nichts als eine unendliche Leere. Sie werden nun sicher in schnellem Tempo hinter mir sein, meine Verfolger, dachte ich. Ehrlich gesagt, hatte ich auch die Lust verloren. Einfach absteigen und in der Menge verstecken, das schien mir die beste Lösung. Meine Muskeln fühlten sich an wie verhedderte Schnüre.

Etwa an diesem Punkt endeten alle konkreten Gedanken. Warum jemand in so einem Moment weiterstrampelt, ist mir ein Rätsel. Ich musste mich mit Eindrücken begnügen: Die Menge machte einen Radau, der fast das Trommelfell zum Platzen brachte. So ohrenbetäubend und überwältigend war der Lärm, dass ich ihm nachgab und mich von ihm forttreiben ließ – unter dem roten Dreieck her, das über der Straße hing und den letzten Kilometer markierte.

Im bebauten Gebiet von Alpe d'Huez wurde es flacher, es ging sogar ein kleines Stück bergab. Ich hörte nun deutlich eine aufgeregte französische Stimme aus dem Lautsprecher schallen. Hinter mir röhrten Motorräder und Autos, und über mir machte ein Hubschrauber einen Höllenlärm. Mein Gesicht fühlte sich an wie eine Teigschicht, die jeden Augenblick herunterfallen konnte.

Irgendwann musste ich in einer Kurve nach links. Die letzte Kurve. Vor mir lag eine Gerade, die noch einmal giftig anstieg. Die Straße war breit. Ich nahm sie wahr als eine Fläche, über die der Wind Staubwolken hinwegjagte. Eiskalt war es auf dieser Fläche. In der Ferne hing ein weiteres Banner. Da sollte es also hingehen. Während ich Meter für Meter weiterkroch und mich der Ziellinie näherte, fand ich, dass ich doch irgendein Zeichen des Sieges von mir geben müsste. Denn niemand war an mir vorbeigefahren – ein Wunder! Zaghaft, ganz zaghaft ging mein rechter Arm nach oben. Ich musste mich dafür schief auf mein Rennrad hängen.

Hinter der Ziellinie standen Männer, die mich davor bewahrten, einfach umzufallen. Von da an ließ ich an mir herumzerren, obwohl ich mich am liebsten einfach auf das Straßenpflaster gelegt hätte. Die Männer schleiften mich auf das Podium, damit ich die Blumen für den Etappensieg überreicht bekam. Danach noch einmal, damit ich das Weiße Trikot des besten Nachwuchsfahrers überstreifen konnte. Und schließlich ein drittes Mal für irgendeine weitere Ehrung. Ich kann mich beim besten Willen nicht erinnern, ob hübsche Mädchen diese Aufgabe übernahmen.

Dann musste ich etwas für das niederländische Fernsehen sagen, um kurz darauf im Caravan der Dopingkontrolleure einen Erlenmeyerkolben voll zu pinkeln. Irgendwann kam Godefroot herein. Wie freute ich mich für diesen Mann. Erst da kam ich wieder einigermaßen zu mir.

Ein Dutzend Zeitungsjournalisten hatte bereits mein Hotelzimmer in Beschlag genommen. Nachdem ich ihnen ewig Rede und Antwort gestanden hatte, nahm ich ein heißes Bad. Etwa zehn Minuten später kam Jomme herein.

»Ich dachte, verdammt noch mal, der Junge wird doch nicht noch einbrechen.« Jomme grinste breit. Er hatte das Rennen im Fernsehen erlebt.

Ich folgte ihm und ließ mich auf dem Massagetisch nieder.

Jomme taxierte den Zustand meiner Beine.

»Die sind hinüber.«

»Das ist nichts Neues.«

»Ich hol' mal lieber den Doktor.« Er kehrte mit dem Mannschaftsarzt zurück, einem Mann, den ich mochte.

»Die sind hinüber«, wiederholte Jomme: »Da geht absolut nichts mehr.« Er schaute ziemlich besorgt drein. So hatte ich ihn noch nie erlebt.

»Ja, reib's mir ruhig noch einmal unter die Nase.«

»Eine Infusion«, entschied der Doktor.

»Leg' sie bloß schnell an, deine Infusion«, sagte ich: »Weiter als bis vor die Hunde kann ich nicht gehen.«

Der Doktor nahm ein Gemälde von der Wand und hing an dem frei gewordenen Nagel eine Flasche auf. Er schloss einen Schlauch daran an und stach die Infusionsnadel in eine Vene in meinem Arm: »Lass' das mal durchlaufen, das ist Essen und Trinken in einem.«

Ich bedankte mich bei Jomme und dem Doktor. Sie ließen mich allein. Während die Infusion langsam in meinen Arm sickerte, dachte ich über die Ereignisse der vergangenen Stunden nach. Ich hatte das erreicht, wovon ich als kleiner Junge immer geträumt hatte. Einer der Zeitungsjournalisten, die mir in meinem Zimmer auflauerten, hatte für mich zusammengefasst, was ich heute geschafft hatte: »Sensationeller Sieger der Königsetappe, Träger des Weißen Trikots des besten Nachwuchsfahrers, vorgerückt auf den sechsten Platz der Gesamtwertung; Hinault, den Träger des Gelben Trikots, bei seinem Versuch, dem französischen Volk am Nationalfeiertag einen großen Sieg zu schenken, in die Schranken verwiesen!«

Und dann die Frage: »Wie fühlt man sich da?«

Es machte mich für einen Augenblick ganz sprachlos. Wie fühlt man sich da? Man fühlte sich jedenfalls nicht so, wie man erwarten würde, sich zu fühlen. Es tanzte keine jubilierende Engelsschar um meinen Kopf herum. Auf der Siegertribüne hatte ich nicht die Miene des selbstsicheren Herrschers aufsetzen können. Es hatte mich die allergrößte Mühe gekostet, auf der Ziellinie meine Arme ein kleines Stückchen zu heben. Ganz entfernt hatte ich eine leichte Freude gespürt.

Ich musste daran denken, was du mir mal über dein erstes Mal erzählt hast. Wie du immer ungestümer und mit zunehmender Begeisterung die Stufen bis zur höchsten Lust hinaufgestürmt bist, aber dass du, als der Höhepunkt dann erreicht war, eher den Eindruck hattest, dass dein Bauch wie ein reifer Kartoffelbovist aufplatzte und ein graues Pulver freigab.

Wie ein aufgeplatzter Kartoffelbovist, ja, das kam dem noch am nächsten, wie ich mich fühlte. Wie gerne ich dem Journalisten auch einen kernigen Spruch geliefert hätte – mir fiel nichts anderes ein als: »Der Vorsprung auf Hinault betrug nur acht Sekunden.«

Da, wo der Doktor das Bild von der Wand genommen hatte, war die ursprüngliche Farbe der Tapete zum Vorschein gekommen. Das Bild musste schon sehr lange dort gehangen haben. An der Badezimmerseite schimmerten Stockflecken durch. An der Decke übrigens auch. Es roch muffig. Vermutlich hatte das Zimmer seit dem Ende der Ski-Saison niemand mehr bewohnt. Draußen auf der Straße war es noch sehr laut.

Wie ist es möglich, fragte ich mich immer wieder, dass wenige Kilometer einen Rennfahrer total, aber auch wirklich total auszehren können?

P.

Grenoble, 15. Juli 1981

Lieber Hans,

und ich dachte schon, dass das Schlimmste hinter mir liegt. Doch heute, während des Anstiegs zum Le Pleynet-Les Sept Laux, dem fünften und letzten Berg der Etappe, offenbarte sich mir eine noch unbekannte Dimension des Radsports.

Der Aufstieg war nicht steil, aber staubig. Erst vor kurzem war der Asphalt mit einer feinen Schlackeschicht bedeckt worden. An Nadelbäumen vorbei stieg die Straße nahezu ohne Kurven an. Die Ziellinie lag auf 1.445 Metern Höhe. Eigentlich war das nur halb so schlimm. Ich hatte nur noch ein Ziel an diesem Berg: Verlier' den Kriek nicht aus den Augen! Gemeint ist Criquelion, ein Wallone. In Flandern nennen sie ihn »d'n Kriek«. Kriek stellte eine ernsthafte Bedrohung für mein Weißes Trikot dar. Und dieses Trikot musste unbedingt nach Paris gebracht werden, und zwar auf meinen Schultern.

Kriek und ich befanden uns in einer Gruppe von etwa fünfundzwanzig Mann, und in dieser Gruppe stand ich kurz davor, tot vom Rad zu fallen. Das Tempo war immens hoch. Kurz nach dem Start in Alpe d'Huez war mir bereits klar geworden: Selbst eine Infusion reichte hier nicht aus. Eigentlich war ich schon seit ein paar Stunden kurz davor, vor die Hunde zu gehen. Hinault, dem das alles nichts auszumachen schien, fuhr mit gut drei Minuten Vorsprung als Solist voneweg. Einem sicheren Sieg entgegen. Einer französischen Zeitung zufolge war er sauer über den verpatzten Nationalfeiertag. Aber das würde er nun richtig stellen!

An Krieks Hinterrad hängend, musste ich nun den Preis für die Eskapade auf dem Weg nach Alpe d'Huez zahlen. Erst bekam ich erneut eine Gänsehaut. Dann machte sich wieder das Gefühl der Leere breit. Schließlich begannen die Muskeln, sich wie verheddert Schnüre anzufühlen. Von einem Zusammenhang zwischen meinen Gedanken konnte keine Rede mehr sein. Bis hierhin befand ich mich also auf bekanntem Terrain.

Vier bis sechs Kilometer vor dem Gipfel allerdings hätte ich unter Eid schwören können, dass ich nur noch aus einer leeren Hülle bestand. Darin befand sich ein Rauschen.

Früher, als wir gerade erst einen Fernseher hatten, kam es oft vor, dass wir Schnee auf der Mattscheibe sahen. Damals stellte ich mir den Fernsehapparat als eine Kiste mit durcheinander wirbelnden Punkten vor. Und das war es, was ich nun geworden war: eine Kiste, gefüllt mit durcheinander wirbelnden Punkten. Doch diese Punkte besaßen offenbar noch einen bestimmten Willen, denn Krieks Hinterrad ließ ich nicht mehr los, obwohl ich vor Elend fast heulte.

Im Ziel hing ich lang über dem Lenker meines Rennrads und hustete Schleim. Meine Gliedmaßen zitterten. Zwei Mal hatte ich das Gefühl, ohnmächtig zu werden. Allmählich verschwanden die Punkte. Aus irgendeinem unerfindlichen Grund musste ich lachen. Und als wieder ein bisschen Blut ins Gehirn aufgestiegen war, war ich sprachlos.

Etwas später, nachdem ich ein frisches Weißes Trikot erhalten hatte, bat man mich, auf der Fernsehbühne neben dem Reporter vom niederländischen Fernsehen Platz zu nehmen. Es war ein schöner Platz. Die Bühne war unter hohen Bäumen aufgebaut. Die nächsten zehn Tage hätte ich es dort sehr gut ausgehalten. Auf dem Monitor war das Bild einer Ziellinie auf einer leeren Straße zu sehen. Man erwartete vielleicht noch weitere Fahrer. Seitlich an dem Monitor vorbei sah ich die reale Ziellinie. Ich murmelte irgendetwas in das Mikrofon, das man mir vor die Nase hielt. Und wie ich da auf einem Plastikstuhl hinter dem Monitor saß, wurde mir plötzlich klar, dass ich eine Dimension der Tour erreicht hatte, die ich noch nicht kannte: die des Wahnsinns. Ein ungefährlicher und erträglicher Wahnsinn zum Glück, ein kontrollierter Wahnsinn, wenn man so will. Ein Wahnsinn, der nur solange dauert wie das Rennen selbst und der genau der Strecke folgt, wie sie im Tour-Buch beschrieben ist. Ein Wahnsinn, mit dem man sogar ins Fernsehen kommt. Wenn du mich fragst, kann man hier beruhigt verrückt werden, ohne dass es auffällt.

Es geht jetzt ausschließlich darum, diese neue Errungenschaft so schnell wie möglich in den Griff zu bekommen und in die Praxis umzusetzen.

In Godefroots Teamleiterfahrzeug fuhren wir hinab zum Hotel in Grenoble. Wahrscheinlich weil er mich nicht entmutigen wollte, schwieg Jomme über den Zustand meiner Muskeln. Sie waren immer noch hinüber. Noch mehr als gestern in Alpe d'Huez. Die Massage war nicht gerade angenehm. Meine Beine taten weh. Es war kein gewöhnlicher Muskelkater. Eher geprellt oder gestaucht fühlten sie sich an – so als ob jemand mit einem Stock auf ihnen herumgeprügelt hätte. Der Doktor spendierte mir eine neue Infusion. Dankbar ließ ich mich an den Tropf anschließen. Ich rief meine Eltern an.

»Es ist hier wie im Irrenhaus«, sagte meine Mutter: »Das Wohnzimmer ist brechend voll. Es ist ein Fotograf von der Zeitung dabei und ein Journalist von einer anderen Zeitung. Ich komme mit der Obsttorte gar nicht mehr nach.«

Und während der Fernsehübertragung hatte jemand gerufen: »Heute gewinnt er wieder!«

»Schmeiß' sie raus«, sagte ich.

»Wir werden dich in Paris feierlich empfangen. Mit einer ganzen Busladung.«

»Prima.«

Meine Mutter, die sich Sorgen machte, dass es keinem Magen an einem Stück Obsttorte mangelte, erzählte mir, dass nach der Tour im Dorf eine große Ehrung organisiert würde und ich in einer Kutsche herumgefahren werden sollte.

»Ich will in keine Kutsche«, sagte ich, aber für Widerstand war es offensichtlich schon zu spät.

»Fall nicht, Junge, und komm gesund in Paris an!«
Ich versprach es.

In der vorigen Nacht in Alpe d'Huez hatte ich nur mühsam Schlaf finden können. Unglaube, Kichern, Kummer, Grimm, Freude und Stolz lösten einander in wechselnder Reihenfolge ab – ein Tanz der Emotionen, die sich dagegen wehrten, wieder zurück in ihre Schubladen gesteckt zu werden.

Koste es, was es wolle – ich muss durchhalten. Es sind nur noch vier Tage bis Paris.

P.

IJsselsteyn, 21. Juli 1981

Lieber Hans,

an dem Tag, nachdem ich beschlossen hatte, den Wahnsinn in die Tat umzusetzen, kletterte ich vom sechsten auf den fünften Platz der Gesamtwertung. Es gehörte nicht viel dazu. Die Nummer Fünf hatte die entscheidende Attacke verschlafen. Genauso wie Kriek. Anschließend hätte es schon sehr schlecht laufen müssen, um das Weiße Trikot noch verlieren zu können. Und so schlecht lief es nicht. Obwohl sich meine Beine immer noch anfühlten, als wäre mit Stöcken darauf herumgeprügelt worden, waren sie offensichtlich wieder zu Kräften gekommen.

Einen Tag später, während des Einzelzeitfahrens rund um Saint-Priest, verlor ich fast vier Minuten auf Hinault. Aber wer hatte keinen

Rückstand auf Hinault? Die Reihenfolge blieb unverändert. Hinault ragte nun ziemlich weit über den Rest der Bande hinaus.

Die vorletzte Etappe endete in Fontenay-sous-Bois, einem Vorort von Paris. Ich wurde dort von einer ganzen Busladung von Leuten aus dem Dorf erwartet. Es regnete Bindfäden. Sie standen hinter einem hohen Gitterzaun und hatten ein enorm großes Transparent dabei. Auch meine Mutter war mitgekommen. Ich hatte das Gefühl, dass sie ganz erschrocken war, wie ich aussah. Ich gab ihr das frische Weiße Trikot, das sie mir kurz zuvor auf der Siegertribüne umgehängt hatten. Die anderen waren aus dem Häuschen. Sie brachen den Gitterzaun auf und hoben mich mitsamt Rennrad in die Höhe. Es wurde ein Lied angestimmt. In diesem Lied kam mein Name vor. Wie auf einem Schaukelpferd schwankte ich ängstlich über den Köpfen. Wieder zurück auf dem Boden spürte ich viele Hände auf meinem Rücken.

»Geh mal schnell in dein Hotel. Du bist ja klatschnass. Du wirst uns noch krank werden«, sagte meine Mutter. Ein neues Lied wurde angestimmt. Ich machte mich aus dem Staub.

Gestern habe ich in Boxmeer das bekannte Kriterium »Daags na de Tour« bestritten und heute Nachmittag wurde ich zusammen mit meinen Eltern in einer Kutsche durchs Dorf gefahren. Meine Freundin wollte nicht mit in die Kutsche.

Das Dorf hatte sich verändert. So hatte ich es noch nie gesehen. Es summte und brummte. Eine Wolke der Aufgeregtheit hing über den Dächern. Die Zeitung hatte angekündigt, dass man den »Volkshelden« – inzwischen habe ich es offensichtlich bis zum Volkshelden gebracht – an seinem Elternhaus abholen würde.

Mein Elternhaus war mit Tannenzweigen, Plakaten und Transparenten geschmückt. Entlang des Weges zwischen der Haustür und der Straße steckten Tannenbäumchen in der Erde, die mit Kreppapierrosen geschmückt waren, deren Farben durch einen Regenschauer etwas verblasst waren. Vom Wohnzimmer aus sah ich, wie sich eine große Menschenmenge vor dem Haus versammelte. Die Leute standen bis zu dem Weg an der Seite des Hauses. Einige spazierten sogar durch den Garten.

Die Kutsche fuhr vor. Mit den Eltern im Schlepptau trat ich durch die Haustür nach draußen, blieb jedoch auf der Stufe schlagartig stehen. Es waren wirklich sehr viele Leute. Es wurde für einen Moment ganz still. Wie machen andere so etwas, fragte ich mich verzweifelt. Ich streckte eine Hand hoch. Es half. Jubel kam auf, Fotoapparate blitzten und es wurde gesungen. Das Eis war gebrochen, und wir stiegen ein.

Die Kutscher trugen weiße Handschuhe und Zylinder. Angeführt durch einen Fanfarenchor folgten wir derselben Strecke, die normalerweise der Nikolaus bei seinem alljährlichen Umzug zurücklegt. Hinter der Kutsche drängten Kinder und Erwachsene. In meinem Kopf setzte sich ein Lied fest, das viel mit meiner Jugend zu tun hatte, die ich in diesem Dorf verbracht hatte: »Heißer Sand, kein Tropfen Nass!«

Es war eigentlich der Refrain eines Liedes:

»*Heißer Sand, kein Tropfen Nass,*
heißer Sand, das Leben ist die Höll'.
Denn wenn ich mein Land verlass',
bleibt zurück die kühle Zell'.«

An einem Sonntagmorgen hatte mich einer meiner Schulkameraden nach der Messe mit zu sich nach Hause genommen. Es war eine Mittelschichtsfamilie. Sie gehörten mit zu den ersten, die sich einen Plattenspieler angeschafft hatten, dessen Funktionstüchtigkeit sie mir nun demonstrieren wollten. Es vollzog sich ein Wunder für Auge und Ohr. Eine samtig aussehende, jedoch steinharte schwarze Scheibe, die auf einen drehenden Teller gelegt wurde, enthielt Musik. »Heißer Sand« von Anneke Grönloh. Das Lied weckte in mir bis dahin unbekannte Gefühle und Sehnsüchte.

Die Kutsche kam langsam voran. Die Bläser bliesen, die Trommler trommelten und die Pferde schissen. Ich versank in Gedanken. Und warum auch nicht? Das gemächliche Tempo eignete sich ganz ausgezeichnet dazu.

In diesem Dorf hatte ich bereits eine Karriere als Messdiener hinter mir. Eines Tages war der ehrwürdige Herr Pastor vor der Klasse erschienen. Wer sich dazu berufen fühlte, eine Ausbildung zum Messdiener zu absolvieren, sollte sich melden. Es war, glaube ich, in der dritten Klasse. Ich hob sofort meinen Finger. Die geheimnisvollen Zeremonien am Altar hatten mich schon seit langem fasziniert. Dies war die Gelegenheit. Bald würde ich alle Sprüche und Rituale kennen, um Gott auf die Erde herunterzuziehen. Eine sehr glückliche Zeit brach an.

Aber Gott war nicht blöd. Er ließ sich nicht auf die Erde ziehen. Das schien auch überhaupt nicht Sinn und Zweck zu sein. Gott sollte gefälligst da bleiben, wo er war und wo er hingehörte: im Himmel.

Zu meinem zehnten Geburtstag wünschte ich mir einen Rennlenker für mein Fahrrad, damals noch ein Damenrad. Mein Vater montierte ihn. Ich band einen Stock an den Rahmen, der als Oberrohr herhalten musste und flocht aus Draht einen Bidonhalter, in den ich eine leere Shampoo-Flasche steckte. Meine Karriere als Radrennfahrer hatte begonnen.

Die Klassenkameraden wussten es: Ich war nahezu unschlagbar in den spontan organisierten Rennen. Nicht jeder hatte einen Rennlenker. Es waren allerdings auch einige dabei, die schon eine Gangschaltung hatten.

An einem Nachmittag musste nach einem Sturz meine linke Augenbraue genäht werden. Das war das Größte. Ich betete zu Gott, irgendwann einmal als Erster auf einem Berggipfel ankommen zu dürfen, einem Berggipfel, der so hoch war, dass er bis in den Himmel ragte.

»Ist notiert«, antwortete Gott. Allerdings verschwieg er, dass er sich mir im entscheidenden Moment in Gestalt eines aufgeplatzten Kartoffelbovisten offenbaren würde.

Wir näherten uns dem Ziel unserer Kutschfahrt: dem Bürgerhaus, wo der offizielle Empfang stattfinden sollte. Zu meiner Freude traf ich dort meinen alten Verbandstrainer Wagtmans, der eigens zu diesem Anlass angereist war. Er sah mich streng an.

»Heute sind es ein paar Tausend«, sagte er, »morgen vielleicht nur noch Zehn.«

Ich fragte ihn, ob er aus Erfahrung spreche.

»Viel Erfolg!«, war seine Antwort.

Das Händeschütteln nahm seinen Lauf. Und es nahm kein Ende. Wiederholt bat der Veranstaltungsleiter über Mikrofon darum, dass diejenigen, die schon an der Reihe gewesen waren, den Saal verließen. Niemand kümmerte sich um seine Worte.

Es kamen ein paar frühere Klassenkameraden beziehungsweise Konkurrenten vorbei. Einige zeigten sich so respektvoll, als hätte ich gerade einen neuen Seeweg in Richtung Osten entdeckt. Andere fragten, ob ich mich noch an dieses und jenes erinnern könnte. Natürlich konnte ich das noch. Es kamen Kontrahenten aus der Zeit, in der ich bereits an offiziellen Rennen teilnahm. Ob ich mich noch an dieses und jenes Rennen erinnerte. Ich erinnerte mich an alles.

Es kamen Leute vorbei, die mir völlig unbekannt waren. Auch sie fragten, ob ich mich noch an dieses und jenes erinnerte. Ich bejahte.

Inzwischen begann ich zu begreifen, was meine Mutter mit »Es ist hier wie im Irrenhaus« gemeint hatte, als ich sie einmal von der Tour aus angerufen hatte. Heute Morgen erzählte sie mir noch, dass seit dem 14. Juli regelmäßig Autos ganz langsam am Haus vorbeifuhren.

Das Händeschütteln wurde ab und zu durch Ansprachen unterbrochen. Der Bürgermeister sprach, der Pastor sprach, die Vorsitzenden des Gemeinderates und des Radrennvereins sprachen. Lob, nichts als Lob wurde mir zuteil. Und mehr noch: Man war stolz auf seinen Mitbürger, der trotz seiner großen Erfolge fernab der Heimat seine Herkunft nicht verleugnet hatte, der der nette Junge von nebenan geblieben war, der er stets gewesen ist, und das auch immer bleiben würde!

Darauf hatte ich keine Antwort und versank erneut in Gedanken. Ich dachte an das Mädchen, in das ich mich in der vierten Klasse so sehr verliebt hatte, dass ich sie heiraten und eine Familie mit ihr gründen wollte. Ich habe es nie offen gezeigt. Sie hatte übrigens schon eine Beziehung. Sie war sehr hübsch damals. Jetzt war sie im Saal.

Ich dachte auch an einen weniger glorreichen Einzug in mein Dorf. Dieser fand kurz nach Beendigung meines Studiums im Frühsommer 1978 statt. Zu diesem Zeitpunkt hatte ich schon ein Dreivierteljahr als Rennfahrer pausiert. Es sah nicht danach aus, dass aus mir noch jemals einer werden würde. Ich wusste nichts mehr mit mir anzufangen in dieser Zeit.

Während der soundsovielten Examensfeier versuchten wir ihm mal wieder mit aller Macht und heftig trinkend auf den Grund zu gehen: dem Sinn des bitteren, grauen und furchtbar langweiligen Daseins, das vor uns lag. Zum soundsovielten Male ohne die gewünschte Wirkung. Nescio behielt Recht: »Wir standen über der Welt und die Welt über uns, und sie lastete schwer.«

Auf dem Weg nach Hause kam ich mit dem Fahrrad vom Weg ab und überschlug mich. Das war an sich nicht weiter schlimm, denn in diesen Tagen kam ich des Öfteren mal vom Weg ab. Das Gras war weich, die Erde fühlte sich so weich an wie eine Schaumstoffmatratze. Ich faltete die Hände unter meinem Kopf und begann, das Firmament anzustarren.

Jetzt nicht mehr aufstehen, jetzt nie wieder aufstehen müssen, dachte ich. Später wurde ich von einer Frauenstimme geweckt und von ein paar Händen, die mich fest bei den Schultern packten.

»Lebst du noch?«

»Spielt das eine Rolle?«

Ich öffnete meine Augen und sah, dass sich ein Ehepaar mittleren Alters neben mir niedergekniet hatte. Ihr Auto stand mitten auf der Straße, mit laufendem Motor und geöffneten Türen. Es begann bereits hell zu werden. Die Sonne war kurz davor aufzugehen.

»Ich habe mich hier hingelegt, um mir die Sterne anzusehen«, sagte ich: »Jedenfalls vielen Dank fürs Wecken.«

Ich hob mein Fahrrad auf – zum Glück war nichts kaputt – und setzte die Fahrt fort, inzwischen etwas weniger betrunken. Der Schlaf hatte mir gut getan. Als ich mich umschaute, sah ich, dass das Ehepaar noch immer am Straßenrand stand. Ich winkte ihnen zu. Sie winkten zurück.

Über den Feldern lagen dünne Nebelschleier. Ich machte ordentlich Tempo und fuhr kurz darauf in das noch totenstille Dorf. Die Grenze ist jetzt wirklich erreicht, fand ich und plumpste tief betrübt auf mein Bett. Es musste etwas geschehen. Aber was?

Der Leiter der Veranstaltung bat nochmals darum, dass alle, die schon dran gewesen waren, den Saal verließen. Die Temperatur war inzwischen beträchtlich gestiegen. Viele befanden sich noch vor dem Eingang des Bürgerhauses, wie ich hörte.

Nachdem endlich jeder an der Reihe gewesen war und nachdem der letzte Redner gesprochen hatte, wurde ein Band mit der Radioreportage von der Alpe-d'Huez-Etappe abgespielt. Es war ein ziemlich aufpeitschender Bericht. Ich erschrak darüber. Er brachte die zusammengedrängte Menge ordentlich in Aufruhr und Entzücken. Man jubelte und johlte mit einer Begeisterung, als wäre es eine Live-Übertragung mit noch unbekanntem Ausgang.

»Er schafft es, er schafft es!«, schallte es aus den Lautsprechern. Ich sah, wie die Mutter von einem meiner früheren Schulfreunde sich die Hand vor den Mund hielt. Vor lauter Aufregung. Ich sah auch, wie ununterbrochen das Bier aus dem Zapfhahn lief. Ich sah plötzlich jemanden weinen.

Nichts an dem Radiobericht taugte etwas. Die Fakten waren zwar richtig, doch es fehlte etwas. Im Hotel oben in Alpe d'Huez hatte ich abends die Bilder vom Anstieg im Fernsehen gesehen. Damals hatte ich dasselbe Gefühl. Ich wusste, wie mühsam ich zum Schluss vorangekommen war. Ich wusste, dass ich gekrochen war. Aber den Bildern sah man das nicht an. Es fehlten die Untertitel oder was weiß ich.

Gut, der informelle Teil des Abends hatte begonnen. Ich mischte mich unter die feiernde Menge, wobei ich allerdings kein Bier trank, auch wenn ich mich am liebsten ganz ungeniert hätte voll laufen lassen, um zusammen mit all diesen Menschen der Feier einen krönenden Abschluss zu geben. Ich hörte mir viele Geschichten an. Das Bild von dem, was sich während der letzten Tourwoche im Dorf abgespielt hatte, vervollständigte sich. Jemand sagte: »Ich hab's immer schon gewusst.«

Irgendwann kam ein kleines blondes Mädchen zu mir. Sie war etwa acht Jahre alt und fragte mich, wie es sich anfühle, plötzlich so berühmt zu sein.

»Ziemlich gut«, antwortete ich: »Aber es ist auch nicht ganz leicht.«
»Ja, das habe ich, glaube ich, schon gesehen«, sagte sie.

Ich gehe vorläufig mal davon aus, dass alles erlernbar ist. Es gibt nun doch keinen Weg mehr zurück.

Heute Abend erfuhr ich, dass in dem örtlichen Restaurant ein Snack nach mir benannt worden ist. Ein Omelett, glaube ich, oder ein paar Spiegeleier. Wie es scheint, gehen sie weg wie warme Semmeln. Wenn das nicht der erste Schritt zur Unsterblichkeit ist, dann weiß ich es auch nicht.

Gegen Mitternacht überließ ich die feiernde Gesellschaft sich selbst. Und jetzt, am Schreibtisch in meinem Zimmer, habe ich in den Ohren noch immer das Lied: »Heißer Sand, kein Tropfen Nass«.

Noch mal kurz zurück zur Tour de France: Nachdem in Paris die letzten Meter gefahren waren und die cérémonie protocolaire schon eine Weile vorbei war, setze mir ein Zeitungsjournalist das Folgende vor: »Sieger in Alpe d'Huez, Gewinner des Weißen Trikots, Fünfter in der Gesamtwertung – kurzum: ein Traumdebüt!«

Diesmal folgte nicht: »Wie fühlt sich das jetzt an?« Es folgte überhaupt nichts. Er wartete auf eine spontane Reaktion.

Es tat mir entsetzlich Leid. Was spontane Reaktionen angeht, ist man bei mir einfach an der falschen Adresse. Stattdessen erinnerte ich mich an den allerersten Satz, den ich sagten konnte, nachdem ich in Alpe d'Huez die Ziellinie überquert hatte: »Verdammt, verdammt, verdammt...!«

»Es geht aufwärts«, habe ich dann mal geantwortet.

Peter

IJsselsteyn, 4. August 1981

Lieber Hans,

es ist halb drei in der Nacht. Ich bin von einem Abendkriterium in Emmen zurück, das man ruhig auch »Nachtkriterium« nennen könnte, und so wie üblich in den vergangenen zwei Wochen noch viel zu wach, um schlafen zu können. Dies sind die Wochen, in denen die erfolgreichen und auch die weniger erfolgreichen Fahrer der Tour de France als Schausteller durch die Lande ziehen und sich bei diversen Rund-um-den-Kirchturm-Rennen dem Volke zeigen.

Bei der Tour sind wir noch mit den Hühnern zu Bett gegangen, jetzt hingegen flattern wir wie die Fledermäuse durch die Nacht – immer auf der Suche nach Wegzehrung. Nun ja, Wegzehrung: Pro Kriterium kassiere ich jetzt ungefähr ein Monatsgehalt. Was das betrifft, bin ich in der Hackordnung des Pelotons ein ganzes Stück aufgestiegen. Das Geld wird uns quasi hinterhergeworfen. Das bleibt auch vorläufig so. Dafür wird allerdings auch etwas verlangt: ein Feuerwerk sportlicher Leistungen! Manchmal gelingt so etwas, manchmal nicht. Seit dieser einen Etappe nach Alpe d'Huez ist lähmende Müdigkeit mein ständiger Begleiter. Die Organisatoren und das Publikum pfeifen jedoch darauf. Ich habe auch darauf gepfiffen, als ich selbst noch zum Publikum gehörte.

Fast täglich werde ich vor dem Rennen gemeinsam mit anderen Etappengewinnern aus den Niederlanden, Belgien, Frankreich und sonstwo her in einem offenen Wagen über den Parcours gefahren. In unserer Mitte thront dann die örtliche Rundfahrt-Miss, die vom Rennsprecher beharrlich als »charmant« oder »anmutig« beschrieben wird. Ich würde gerne hinzufügen: »aber auch schwerstens gepanzert und unerreichbar«. Das örtliche Modehaus, der örtliche Schönheitssalon, der örtliche Friseurmeister haben alles daran gesetzt, um diese Schönheit in eine steife Schaufensterpuppe zu verwandeln. Je charmanter und anmutiger sie sind, desto beharrlicher trotzen sie den zweideutigen Sprüchen der Fahrer und des Ansagers.

Es gehört nun halt zu meiner Profession, die Gepanzerten zu umringen. Und um ehrlich zu sein, gelingt mir dieser Teil meines Jobs auch immer besser.

Obwohl ich es nicht offen zeige, habe ich eine Art von Zuneigung für die gekrönten Dorfschönheiten entwickelt. Auch diese Mädchen haben schließlich große Träume. Sie träumen davon, Miss Holland, Europe, World oder Universe zu werden. Sie wollen entdeckt werden hinter Supermarktkassen und Schulbänken oder schlimmer noch in Konfektionsgeschäften für Herrenbekleidung. Und ihre Not ist groß, das ist nur zu offensichtlich: Nach Ende des Rennens küssen sie verschwitzte Rennfahrerköpfe auf der Siegertribüne.

Nachmittags lege ich mich normalerweise wieder ins Bett. Wenn nicht, um die Müdigkeit zu bekämpfen, dann zumindest, um sie für ein paar Stunden nicht mehr zu spüren. Die Wirkung ist gewöhnlich katastrophal. Beim Aufwachen muss ich zum zweiten Mal den widerwärtigen Kampf mit dem Tag aufnehmen. Halb gelähmt packe ich die Sporttasche, stopfe mich mit Kalorien voll und mache mich auf den Weg zur nächsten Abendvorstellung. Pflichtbewusstsein kommt erst wieder auf, nachdem ich mich vor Ort mit einer beträchtlichen Menge Kaffee wieder zum Leben erweckt habe. Man weiß auf einmal wieder, wofür man das alles macht.

Etwa alle vier Tage setze ich einmal aus.

»Greif' nicht nach allem Geld, das du kriegen kannst, investiere in deine Zukunft«, hatte Godefroot gesagt. Ein weiser Rat.

Mein erstes Kriterium war das in Boxmeer, direkt am Tag nach der Tour. Es war fast ein Heimspiel: Ehrung vorweg, Weißes Trikot auf den Schultern, Glückwünsche für mich und meine Eltern vom Ministerpräsidenten, der den Startschuss gibt, Aufregung, Rabatz, Jubel. Ich bin berühmt.

Gegen Mitte des Rennens wird es unvermeidlich: Nun muss ich mich den Menschen zeigen, auf der Zielgeraden einen fulminanten Ausreißversuch wagen und dann eine Runde, vielleicht anderthalb allein an der Spitze fahren. Ich gehe aus dem Sattel, setze an, versuche anzusetzen, doch ich sinke verdattert wieder zurück. Es geht nicht, es ist nicht möglich, kein Körnchen Kraft steckt mehr in meinen Beinen – mir wurde mehr aufgebürdet, als ich tragen kann.

Wie ein Sandsack hänge ich über dem Lenker. Ich bin ein bis zum Zerreißen gespanntes Glied in einer Kette von Rennfahrern, die mit einer irrwitzig hohen Geschwindigkeit ihre Runden drehen. Wenn das die nächsten Wochen so weitergeht, na dann prost!

Zum Glück wird es nun schnell dunkel. Sie schalten die Scheinwerfer ein. In den vereinzelten Lichtkegeln ist das Peloton immer nur kurz für das Publikum sichtbar. Das gilt glücklicherweise auch für mich.

Allerdings steht mir eine neue Prüfung bevor: Hunger! Ein leerer Tank, das Schlimmste, was einem Fahrer abgesehen von einem Furunkel am Hintern während eines Rennens passieren kann. Also beginne ich, von meinen Gedanken zu zehren. Keine besonders nahrhafte Kost, aber es wird schon irgendwie helfen. Just in diesem Moment hebt auch schon der Sirenengesang an. Er steigt auf aus Pommes-, Fisch- und Hamburgerständen, die irgendwo entlang des Parcours aufgereiht sind. Die Düfte aus den Buden füllen die Gasse zwischen den Zuschauerspalieren. Ein prächtiges Bukett von Gerüchen benebelt mich jedes Mal, wenn ich dort vorbeikomme. Ich sehe Menschen, die ihre Hände in Tüten mit Pommes frites wandern lassen. Ich sehe Ketchup an einem Kinn entlang tropfen und fettige Hände, die an Servietten abgewischt werden – was für eine Orgie! Hat diese Folter denn gar kein Ende, stöhne ich. Es ist verdammt noch mal schon viertel vor elf. Ich beschimpfe die Anzeigetafel.

Die Folter hatte dann doch ein Ende, schließlich hat alles irgendwann ein Ende. Nach dem Rennen nahm ich meinen norwegischen Teamkameraden Wilman mit nach Hause. Der Junge musste doch irgendwo schlafen. Seine Freundin übrigens auch. Es wurde ein langes Hin und Her, denn so viel Platz haben wir auch wieder nicht.

Boxmeer war in mehrfacher Hinsicht eine Feuertaufe. Als ich dort ankam, wurde mein Auto von Autogrammjägern umlagert. Jung und alt, Männer und Frauen, alle drängten sie vorwärts und kletterten auf die Motorhaube. Im Wageninneren wurde es ganz dunkel. Mit großer Mühe gelang es mir, mich durch die Autotür nach draußen zu winden. Ich begann auf alles, was mir entgegengestreckt wurde, meine Unterschrift zu setzen: auf Poesiealben, Programmhefte, Zeitschriftenfotos, Arme, Oberschenkel, einmal sogar auf eine Stirn. Irgendwann schob eine Frau ihren Sohn nach vorne.

»Auf sein T-Shirt bitte«, sagte sie und fügte hinzu: »Im Fernsehen sehen Sie viel muskulöser aus als in echt.«

»Das muss an Ihrem Fernseher liegen«, sagte ich.

Ich nahm den Stift und unterschrieb mit einem Gestus, als hätte ich die vergangenen fünfzehn Jahre lang nichts anderes gemacht.

Ich werde nun schnell schlafen gehen. Morgen Abend geht es wieder los. In Valkenswaard. Das ist zum Glück ein Stück näher als Emmen.

P.

Ravenna, 2. Oktober 1981

Lieber Hans,

ich habe dir lange nicht geschrieben. Wenn ich nicht gerade schlief, hetzte ich mit dem Auto durchs Land, unterwegs zum soundsovielten Kirchturmrennen. Oder ich saß Journalisten von »Eppo« bis hin zu »De Volkskrant« gegenüber. Oder – das wurde bemerkenswert oft gewünscht – vor dem Mikrofon eines Krankenhaussenders. Letzteres war am schwierigsten. Immer bat man am Ende des Gesprächs, »der gesunde Geist in dem gesunden Körper« möge sich direkt an die bedürftigen Hörer wenden. So aufrichtig wie es nur ging, wünschte ich dann: »Viel Kraft, Glück und gute Besserung!« Dabei war ich inzwischen selbst so hundemüde, dass ich mich nach einem Krankenhausbett und nach Pflege sehnte.

131

Weniger lukrativ, dafür aber auch weit weniger anstrengend, als Kriterien zu bestreiten, ist es, Ladengeschäfte zu eröffnen. Vor ein paar Tagen eröffnete ich noch einen Friseursalon in Venlo, ganz in der Nähe also. Es war schon mein zweiter Friseursalon, auch das ist bemerkenswert.

Als ich gegen acht Uhr hereinkam, war es dort schon angenehm voll. Rund um die nagelneuen Friseurstühle standen festlich gekleidete Menschen herum und hielten Kaffeetassen und Trinkgläser vor dem Bauch. Jeder schien guter Laune, ja geradezu entzückt zu sein. Der Chef des Ladens – wie nennt man so jemanden, den Oberfriseur? – steuerte auf mich zu und hieß mich herzlich willkommen. Er stellte mich dem jungen und blonden Personal sowie den geladenen Gästen vor.

Es wurde viel geraucht. Leider hatte man nur wenige Aschenbecher aufgestellt. Alle ließen ihre Kippen achtlos auf den glänzend-weißen Fliesenboden fallen.

Ich erhielt eine Führung durch das neue Geschäft. Der Besitzer wollte es. Man bat mich, auf einem der Friseurstühle Platz zu nehmen. Der Chef persönlich würde es übernehmen. Was hatte ich denn gedacht? Bevor ich mich recht versah, schnitt er auch schon drauflos. »Schnell, kraftvoll, aggressiv!«, krähte er. Er begann, eine Art Veitstanz rund um den Stuhl aufzuführen. Haarbüschel fielen zu Boden. Ich befürchtete das Schlimmste. Schließlich hatte ich ihn schon mindestens vier Mal ein Glas Wein von einem der Tabletts grabschen sehen.

Der Föhn heulte auf, und die Haarschneidemaschine schnurrte. Als zum Schluss der schwarz glänzende Friseurumhang mit einer schwungvollen Geste von meinen Schultern weggezogen wurde, ertönte Applaus. Ich sah in den Spiegel. Es war, als müssten sich meine Augen erst an das Dunkel gewöhnen, doch: eine gute Arbeit. Die Sektkorken knallten.

Kurze Zeit später saß ich im Auto. Bevor ich losfuhr, betrachtete ich mich noch einmal im Rückspiegel. Es ließ sich nicht leugnen: schnell, kraftvoll und aggressiv. Aber es war nur Tarnung.

Ravenna. Als wir heute Nachmittag hier ankamen, war es noch ungewöhnlich warm. Bei uns würde man so etwas Sommer nennen. Aber auch hier wird das Licht spärlicher, und es wurde früh und mit einem Schlag dunkel. Morgen steht die Emilia-Rundfahrt auf dem Programm: Ravenna–Bologna. Ich hatte zuvor noch nie etwas von diesem Rennen gehört. Das Streckenprofil im Programmheft hat jedoch einige schreckliche Zacken.

Unser Ziel ist, dass das Team hier noch ein paar Punkte einfährt und vom zweiten auf den ersten Platz der Weltcupwertung aufrückt. Ich fürchte, dass mein Beitrag zu dieser Mission sehr bescheiden, höchstwahrscheinlich sogar gleich null sein wird. Wenn mir in den vergangenen Monaten etwas klar geworden ist, dann dies: Rennfahrerruhm und todesähnliche Erschöpfung liegen furchterregend nahe beieinander. Noch zwei Wochen, dann ist die Saison vorbei. Ich zähle schon die Tage.

Peter

IJsselsteyn, 8. Dezember 1981

Lieber Hans,

was habe ich doch für einen wunderbaren Beruf! Mitten an einem kahlen Dezembertag ein paar Stündchen auf dem Bett liegen, geduscht und wohl genährt, ohne auch nur eine Sekunde Gewissensbisse zu haben. Ich spreche wohlgemerkt vom berufsmäßigen Liegen. Den Körper wieder zu sich kommen lassen, sich »soignieren«, wie es im Fachjargon heißt. Ein Kollege von mir hat gar mal behauptet, dass man sich auch im Voraus ausruhen kann – dass man sich gewissermaßen einen kleinen Ruhevorrat als Notration für schlechte Zeiten an die Seite legen kann. Wenn man daran glaubt, funktioniert es bestimmt, davon bin ich überzeugt. Soweit bin ich aber noch nicht.

Heute werden die Straßenlaternen wohl den ganzen Tag nicht mehr ausgeschaltet. Der Himmel ist verhangen und berührt die Erde. So um die Kaffeezeit breche ich zu meinem täglichen Training auf – in diesen Wochen ausschließlich auf dem Mountainbike. Ab Griendtsveen nehme ich den Weg entlang der Kriegsbunker auf der Brabanter Seite des Kanals. Kein Spaziergänger zu sehen, heute. Ab und zu schreckt eine Wildtaube auf, die ungeschickt aus einer kahlen Baumkrone davonflattert. Ich hinterlasse tiefe Spuren im Matsch, umkurve schwarze Pfützen und höre nur mein eigenes Schnaufen und das Säuseln der Kette im Umwerfer. Zwei Stunden Schufterei durch eine nasskalte Wolke hindurch. Völlig verdreckt komme ich nach Hause, mir ist angenehm warm. Diese Stunden sind Gold wert.

Sobald Godefroot aus dem Urlaub zurückgekehrt ist, kann ich den neuen Vertrag unterschreiben. Mündlich sind wir uns schon einig geworden. Wir liegen beide auf einer Linie. Die nächste Saison, der ganze Saisonaufbau – alles wird in den Dienst der Tour gestellt, und sei es auch nur, um auf einem entscheidenden Anstieg zu zeigen, was in mir steckt.

Die Gelder haben sich verdoppelt. Merkwürdig eigentlich, dass eine einzige Tour de France, eine einzige Etappe der Tour, nein, die letzten sieben Kilometer dieser Etappe eine Verdoppelung der Bezüge zur Folge haben können. Doch es ist gut so. Ein anderes Auto muss her. Diesmal nicht wieder eines mit hunderttausend Kilometern auf dem Tacho, bevor ich selbst einen einzigen Meter damit gefahren bin. Eines ohne verschlissene Reifen und ohne undichte Zylinderkopfdichtung. Einfach ein nagelneues.

Gleich kommt noch ein Journalist von der »Gazet van Antwerpen« den weiten Weg aus der Redaktion hergefahren. Genau wie die anderen wird auch er wieder die Frage stellen, ob ich glaube, jemals im Gelben Trikot in Paris einfahren zu können. Ich muss dann immer an Hinault denken, zumindest an seinen Arsch. Stundenlang habe ich ihn angestiert, diesen viereckigen Hintern und die viereckigen, mechanisch mahlenden Waden. Ich habe auf seinen Soldatenrücken geglotzt und auf seinen schwarzen Hinterkopf, der so unbeweglich ist, als sei er in Stein gehauen. Hinault, von dem ich mir beim besten Willen nicht vorstellen kann, dass er körperliches Leiden überhaupt kennt.

Doch vor allem denke ich an das Zeitfahren in St.-Priëst drei Tage vor dem Ende der Tour. Nach meiner Zieldurchfahrt lag ich auf der Rückbank des Teamfahrzeugs, die Beine aus dem Fenster gestreckt, den Reißverschluss des Zeitfahranzugs bis zum Nabel geöffnet. Schweiß lief in meine Nasenlöcher und in meinen Rachen. Für einen Augenblick drohte ich wieder in etwas Tiefem und Schwarzem zu versinken. Hätte man mich auf einer Trage weggeschafft, hätte ich davon nicht viel gemerkt. Dann wurde Hinaults Schlusszeit bekannt gegeben. Schon wieder fast vier Minuten schneller als ich, das machte zusammen über zwanzig Minuten. Das ist ein Ding der Unmöglichkeit, dachte ich in diesem Moment, dieser Mann ist ein regelrechter Killer.

Die Tour gewinnen. Ach, dürfte ich doch nur für einen Tag in Hinaults Körper schlüpfen, um zu erfahren, was physische Omnipotenz ist. Doch das erzähle ich der »Gazet van Antwerpen« natürlich nicht.

Vor einigen Wochen erhielt ich einen langen Brief von einer Künstlerin. Sie nannte sich selbst »keine Liebhaberin des Sports«, aber die Tour de France versäumte sie angeblich nie, zumindest nicht die Bergetappen.

Sie betrieb Studien über die Bewegung des menschlichen Körpers. Und was eignete sich dazu besser als die Fernsehreportage über eine Bergetappe? Sie pries die Kameraarbeit, die vom Motorrad aus geleistet wurde: »Man ist direkt mit der Nase dran.« Dann schrieb sie über Alpe d'Huez, über meine Art, mich fortzubewegen. Ob es als Kompliment gedacht war, weiß ich nicht, doch sie benutzte Ausdrücke wie »äußerste Konsequenz«, »befreite Urkraft«, »fieberhafter Impuls«, »unbewusster, instinktiver Impuls« und »mit dem Willen eines wild gewordenen Stiers«.

Als ich den Brief las, fiel es mir wieder ein: In das muffige Hotelzimmer oben im selben Alpe d'Huez kam irgendwann der Mannschaftsarzt herein, um mich von der inzwischen leer gelaufenen Infusionsflasche zu befreien. Ich fragte ihn: »Doktor, wie kommt es eigentlich, dass man einfach mit den Beinen weiterkurbelt, auch wenn man schon ganz ausgepumpt ist und man seinen eigenen Namen längst nicht mehr weiß? Dass man einfach weiterkurbelt, wenn man eigentlich gar nicht mehr weiter will und sich am allerliebsten am Straßenrand hinlegen würde?«

Der Doktor zog die Nadel aus der Vene, drückte einen Wattebausch auf die Einstichstelle und sagte in einem neutralen Ton: »Der Wille eines Radrennfahrers«, unterdessen klebte er ein Pflaster auf die Stelle, »der Wille eines Radrennfahrers«, er begann das Durcheinander aufzuräumen, »der Wille eines Radrennfahrers steckt in seinen Eiern.«

Dann ging er zum Fenster, starrte eine Weile nach draußen und fuhr fort: »Aber sei froh, dass du Radrennfahrer bist, dadurch bleibt dein Leben wenigstens überschaubar.«

Er sah ein wenig betrübt aus, so als ob er vom menschlichen Sein inzwischen mehr wusste, als ihm lieb war.

»Sehr geehrte Frau«, schrieb ich in meinem Antwortbrief an die Künstlerin: »Sie bringen die Sache ziemlich gut auf den Punkt, aber bei dem Stier muss ich passen. Das wäre der Ehre zuviel. Ich bin nämlich nur ein schmächtiges Bürschlein: 60 Kilogramm auf 1,70 Meter Körperlänge – zum Zeitpunkt Ihrer Beobachtung wahrscheinlich noch fünf Kilo leichter. Im Fernsehen sieht alles viel schöner aus. Von dem, was Sie ›befreite Urkraft‹ nennen, habe ich mich wochen-, vielleicht sogar monatelang nicht richtig erholt.«

Es war ein gutes Jahr für mich. Ich bin in diesem Sport absolut richtig, das fühle ich. Aber das Schwierigste liegt noch vor mir. Ich muss meine Leistungen bestätigen und steigern. Es ist alles meine eigene Schuld. Jetzt sind die Erwartungen geweckt. Und ich habe das Gefühl, dass ich erst jetzt den Amateurstatus ablege.

Leider hat meine Beziehung die ganze Aufregung und den Trubel nicht überlebt. Eine Jurastudentin im ersten Studienjahr und ein wild gewordener Radrennfahrer, der ständig auf Reisen ist, das bringt Unglück. Die Einzelheiten unserer Trennung werde ich dir lieber ersparen.

Als Profi werde ich mich auf die Suche nach einer lieben, fürsorglichen Frau machen müssen. Einige meiner flämischen Kollegen haben solche Frauen. Kennst du vielleicht eine? Eine Annonce in der »Gazet van Antwerpen« könnte eine Lösung sein: »Holländischer Berufsradrennfahrer, 1 Sieg, sucht eine liebe, hingebungsvolle und unkomplizierte Radrennfahrerfrau, um das Leben überschaubar zu halten. Kenntnisse in Ernährungswissenschaften sind von Vorteil.«

Soeben habe ich im Radio gehört, dass der Winter nun kommt. Die Temperaturen fallen weiter, und man rechnet mit Schnee. Das wird meine Trainings- und Ruhezeiten nur noch behaglicher machen.

Bald schau ich endlich mal wieder vorbei. Egal, was wir auch unternehmen, du bist mein Gast.

Peter

Laigueglia, 23. Februar 1982

Lieber Hans,

wir sind wieder unterwegs, die Radrennsaison hat begonnen. Die Côte d'Azur glitzerte wieder im Sonnenlicht. Glitzerte, wohlgemerkt. Denn inzwischen haben wir uns an die italienische Riviera verzogen, um heute während der Trofeo Laigueglia unser weißes Wunder zu erleben. Kurz nach dem Start begannen Schneeflocken auf die Erde niederzurieseln. Die Flöckchen verdichteten sich zu einem kräftigen Schneeschauer, und als dann auch noch ein Sturm losbrach, konnte man getrost von einem Schneetreiben sprechen.

Die Abfahrt vom drei Mal zu nehmenden Testico war ziemlich rutschig. Mich konnte das alles kaum stören. Ich bin frisch aus der Winterpause zurückgekehrt und habe mir vorgenommen, jedes Rennen zumindest zu Ende zu fahren, um eine solide Konditionsbasis aufzubauen – für das, was später im Jahr noch auf mich zukommt. Ich habe keinen Druck. Nenne mich ruhig einen rundum zufriedenen Rennfahrer.

Mitte Januar etwa begann das Team wieder als Mannschaft zu operieren. Zwei bis drei Mal in der Woche wurden Gruppentrainings absolviert. Ich musste dafür jedes Mal nach Gent. Das bedeutete: um sechs Uhr aufstehen, ein kräftiges Frühstück in mich hineinstopfen und im Stockdunklen losfahren (aber keine Sorge: neuer Peugeot 505, Autogas-Antrieb, Leichtmetallfelgen, breite Reifen), um halb neun am Treffpunkt ankommen, einem potthässlichen Hotel-Restaurant an der E40, wo die Radrennfahrer schon mit Töpfen voll Hosenfett bereit standen und der Wirt mit starkem Kaffee. Die alten Recken in der Mannschaft scheinen mindestens genauso begeistert zu sein wie ich, das Kribbeln in den Eiern endlich wieder in konkrete Muskelkraft umsetzen zu können.

Das Schema war immer das gleiche: Stunden kloppen, Sitzfleisch aufbauen und Kilometer abspulen. Und wir machten Kilometer in den flämischen Ardennen. Flandern ist während der normalen Arbeitszeit ein leeres und verlassenes Land. Wohin man auch sah, überall hoben sich blattlose Baumreihen fein wie Spinnenweben vor einem armselig bleichen Himmel ab. Die Dörfer und Bauernhöfe schienen willkürlich in die Landschaft geschmissen. Viele schwarze Vögel flogen über ebenso schwarze Äcker.

Während dieser Touren dachte ich immer wieder an die Belgier, die zusammen mit mir zwischen Antwerpen und Gent die dreispurige Autobahn bevölkert hatten und die jetzt zweifellos in den Fabriken eingesperrt waren oder hinter den Schreibtischen dieser Fabriken saßen, wo sie an alles Mögliche dachten, außer an das, was sie gerade taten.

Die ersten paar Male fielen mir die Trainingsfahrten ganz schön schwer. Ziemlich benommen erreichte ich wieder das Hotel an der Autobahn. Als Reaktion auf die Anstrengung übermannte mich eine Art von Fieber. Schon merkwürdig: Fieber haben, ohne krank zu sein – eigentlich ein angenehmes Gefühl.

Nach dem Duschen ging es nur noch darum, an einem langen Tisch voller dampfender Schüsseln zusammenzurücken. Mit einem Glas

Bier dazu. So gehört sich das. Dem Bier, sofern in Maßen getrunken, wird eine heilende Wirkung zugeschrieben. Der Bierkonsum ist tief in der flämischen Radsporttradition verwurzelt. Die leicht betäubende Wirkung von so einem Glas Bier, nun ja, drei Gläsern, trug beträchtlich zum Gelingen eines langen Trainingstages bei.

In der Regel machte ich mich satt und zufrieden auf den Weg nach Hause – grunzend wie ein Schwein im Matsch. Kurz vor Beginn des Berufverkehrs war ich wieder zu Hause.

Koga-Miyata, der Fahrradausrüster der Mannschaft und mein eigentlicher Arbeitgeber, ist leider abgesprungen. Ich stand bei Koga auf der Lohnliste. Jetzt kriege ich mir nichts dir nichts mein Geld aus Belgien und regle es ansonsten selber. Die Krankenversicherung ist nun ebenso Schnee von gestern wie die anderen schönen sozialen Absicherungen, als da wären: Arbeitslosengeld, Krankengeld und Berufsunfähigkeitsversicherung. Wenn ich jetzt ausfalle, bin ich ein Fall für die Sozialhilfe. Daran hatte ich noch nicht gedacht.

Als neuer Materialsponsor trat Cycles Eddy Merckx auf den Plan. Über Merckx, den Mann, den sie einst »Papst von Belgien« nannten, weil er einer ganzen Nation Trost und Zerstreuung schenkte, brauche ich mich nicht weiter auszulassen. Sein Ruhm ist bekannt bis weit über die Grenzen des Radsports hinaus. Merckx, »der Kannibale«, »der Vielfraß«, »die Plage des Peloton«, der Fahrer, der alles gewann, was es zu gewinnen gab – von Anfang Frühjahr bis zum Spätherbst und selbst noch mitten im Winter bei den Sechstagerennen auf der Bahn.

Die »Plage« empfing unser Team vorigen Herbst in seiner Fabrik. Es übertraf all meine Erwartungen. Mehr noch, Merckx zeigte sich als ein fürsorglicher und mitfühlender Mensch. Das Personal bestand aus seinen früheren Wasserträgern, die in den Tagen seiner Regentschaft die Rennstrategien vorbereiteten, die ihre Räder abgaben, wenn der Champion einen Platten hatte, die für ihn Bidons mit Wasser und Brei beim Mannschaftswagen abholten, wenn er Durst hatte, die ihn aus dem staubigen Wind hielten und manchmal, wie ich verstanden habe, ihm seine Rennschuhe putzten oder ihm ein sauberes Hemd über den Hotelstuhl hingen. Eddy ließ sie nicht krepieren. Er belohnte sie mit

Arbeit. Merckx als Auffangnetz für ausrangierte Radrennfahrer. Bemerkenswert, dass die Hierarchie intakt geblieben ist.

Kurz vor den Gruppentrainings holte ich es ab: mein neues Merckx mit dem hellgrauen Metallic-Rahmen und Komponenten von Campagnolo. Ich bin ganz verrückt nach neuem Material. Es ist fast eine Sünde, damit zu fahren. Alles glänzt noch und ist ohne Kratzer – jungfräuliche Kette, die Kettenblätter noch nicht verschlissen, doch vor allem: richtig steif.

Nach einer Weile verliert jeder Rahmen an Steifigkeit. Es passiert ganz allmählich. Erst wenn man von einem alten auf einen neuen Rahmen umsteigt, merkt man, auf was für einem labberigen Gestell man zuvor rumgefahren ist und wie viel Energie dadurch aufgesogen wurde wie Wasser in trockenem Sand. Auch meinem Merckx wird das nicht erspart bleiben. Aber Merckx höchstpersönlich sorgt hoffentlich zeitig für Ersatz.

Da du Yvonne nun ja auch einmal getroffen hast, kannst du wohl verstehen, dass ich mich selbst einen Glückspilz nenne. Ich fand sie mehr oder weniger direkt um die Ecke. Ich kannte sie noch von der weiterführenden Schule. Sie mich nicht. Das zeigt auch gleich den charakterlichen Unterschied. Ich: der in Atemnot geratene Egozentriker. Sie: die Offenherzigkeit in Person. Daran schien auch eine Scheidung nichts geändert zu haben. Kurzum: eine hervorragende Kombination.

Sie hat zwei nette blonde Jungen von anderthalb und drei Jahren und einen Hund. Eine Promenadenmischung, irgendwas zwischen Deutschem Vorstehhund und Schäferhund – ein Riesenviech, das mir auf den Schoß kroch, als ich das erste Mal zu Besuch war. Das wäre ein gutes Zeichen, meinte sie, denn er konnte Eindringlinge auch übel anknurren.

Sie ist allerdings keine »Radrennfahrerfrau« im flämischen Sinne des Wortes. So begreift sie zum Beispiel nicht, dass ich bei einem neuen, steifen Rennrad mit dem Namen Merckx lyrisch werden kann. Und was sie überhaupt nicht begreifen kann, ist, dass ich mittags ein paar

Stunden auf meinem Bett liege: »Du bist doch kein alter Kerl von 80 Jahren?!«, klagt sie dann. An diese Eigenheiten wird sie sich noch gewöhnen. Es ist nur eine Frage der Zeit.

Du merkst, dass ich mich wohl in meiner Haut fühle und in optimistischer Stimmung bin. Ich bleibe noch gut zwei Wochen im Süden. Morgen findet ein Rennen in Monaco statt und in ein paar Tagen noch eines in der Nähe von Draguignan in Frankreich. Das Programm ist ansonsten mit dem des Vorjahres identisch: zuerst einige Rennen in Belgien, dann die Katalonien-Rundfahrt und direkt danach das Critérium International, das schwere Zweitagesrennen in Südfrankreich, das auch unter dem Namen Frühjahrskriterium bekannt ist. Letztes Jahr konnte ich mich dort zum ersten Mal vorsichtig zeigen.

Peter

P.S. Die Trofeo Laigueglia hat mein Teamkamerad De Rooy gewonnen. Er bekam dafür einen Pokal von der Größe einer Babybadewanne. Italien ehrt seine Sieger sehr überschwänglich.

St.-Aygulf, 28. März 1982

Lieber Hans,

in diesem Moment hätte ich eigentlich die zweite Etappe des Critérium International bestreiten sollen. Stattdessen bin ich an ein Hotelzimmer mit Meerblick in St.-Aygulf gekettet. Genauer gesagt, ich bin ans Badezimmer gekettet. Noch genauer: an den Toilettentopf.

Es muss an dem gekochten Fisch von gestern Abend gelegen haben. Gekochter Fisch kann ordentlich stinken, und dieser Fisch stank unglaublich. Es standen einige Schalen mit bleichen Fischstücken auf dem Tisch. Ich war misstrauisch, aber die Vernunft siegte gegen das Gefühl: Der Eiweißbedarf musste schließlich gedeckt werden. Ich folgte dem Beispiel meiner Teamkameraden, die sich gierig über den Fisch hermachten.

Etwa um drei Uhr nachts wurde ich mit klappernden Zähnen wach: Fieber. Durch die Dunkelheit stolpernd fand ich gerade noch rechtzeitig den Lichtschalter des Badezimmers. Ich verbrachte die ganze restliche Nacht dort, will heißen, abwechselnd saß ich auf der Toilette oder kniete mit auf die Klobrille gestützter Stirn davor. Gegen Morgen war ich so schlapp, dass von Radfahren keine Rede mehr sein konnte. Jomme gab mir Medikamente, um meine Eingeweide zur Ruhe zu bringen. Sie haben die Krämpfe einigermaßen gelöst.

Jomme, er war noch ein wenig außer Form zu Beginn der Katalonien-Rundfahrt. Nach dem Prolog in Gerona meldete ich mich bei ihm mit Gesäßmuskeln, die links wie rechts völlig verhärtet waren. Das kam nicht von den vier Kilometern Zeitfahren in Gerona. Es lag an Ledegem und Ichtegem, zwei flämischen Frühjahrsrennen (Knochenarbeit in Wind und Wetter, nichts für mich), die ich kurz vor der Katalonien-Rundfahrt absolviert hatte. Die Muskeln waren hart wie Stein und drückten auf den Ischiasnerv, dessen Verlauf durch die Beine ich nun deutlich spüren konnte.

»Da stecken Steine drin«, sagte Jomme. Konzentriert und schweigend machte er sich an die Arbeit. Er wandte eine Vielzahl verschiedener Griffe an, rieb und wrang, knetete und puffte. Ich merkte, es klappte nicht so richtig. Plötzlich hörte er auf und gab einen lauten Fluch von sich: »Gottverdammt!«

Ich hatte schon die ganze Zeit nichts anderes getan, als zu fluchen. Es war eine außerordentlich schmerzhafte Behandlung. Jedes Mal, wenn er mit seinen Daumen, Fäusten oder Handflächen ansetzte, ging ich fast unter die Decke.

Jomme begann, im Zimmer auf und ab zu gehen.

»Gottverdammt, das wird doch wohl nicht wahr sein.«

»Klappt's nicht?«, fragte ich.

»Gottverdammt, das wird doch wohl nicht wahr sein?« Er stürzte sich erneut auf meine Gesäßmuskeln.

Wieder ging ich fast unter die Decke vor Schmerzen. Es stellte sich keine Besserung ein. Jomme begann, seinen Lehrmeister anzuflehen. Der alte Guust hätte für solche Fälle spezielle Griffe gehabt. Der hätte die Angelegenheit binnen einer Minute in Ordnung gebracht. Und zwar mit Leichtigkeit. Der alte Guust muss über magische Kräfte verfügt haben, begriff ich. Jomme rüttelte noch eine Weile an mir herum, aber die Muskeln waren und blieben fest. Später am Tisch war er noch immer verstimmt.

Am nächsten Abend in Vich bekam er das Problem plötzlich doch noch gelöst. »Du bist mindestens genauso gut wie der alte Guust«, sagte ich. Er wollte nichts davon wissen. Aber zumindest lachte er wieder und begann, eine seiner langen und amüsanten Geschichten zu erzählen.

Die Katalonien-Rundfahrt ist eine Sache für sich. Genau wie voriges Jahr gab es wieder dieses Bergzeitfahren nach Castellar de N'Hug. Auf der Hälfte des Anstiegs lag noch immer die Zementfabrik mitten in einem Kreis aschgrauen Staubes. In jedem Start- und Zielort wimmelte es von lärmenden Menschen. Man versäumte es noch immer, die Hundekadaver wegzuräumen. Während des Rennens sah ich unterwegs wieder zig Stück herumliegen, bewegungslos am Straßenrand oder zu platten Fladen gewalzt auf der Straße. Es war bereits sommerlich warm an einigen Tagen. In Viladecamps, dem Startort der letzten Etappe, gab es zwei Tote.

Ich saß in der Sonne auf einer Bank, abseits des Rummels. Es war noch gut eine halbe Stunde bis zum Start. Als ich das Knallen hörte, dachte ich zuerst an ein Feuerwerk: Die Katalanen, sie machen bestimmt mal wieder eine Fiesta daraus. Ein paar Sekunden später kamen hysterisch schreiende Mütter vorbeigerannt, die kreischende Kinder hinter sich her schleiften. Es musste etwas passiert sein.

Eine Bank war überfallen worden.

Wie es genau vor sich gegangen ist, hörte ich hinterher von einem Journalisten, der Augenzeuge gewesen war. Drei um sich schießende Banditen samt Beute wurden in einem Gedränge von schießenden Polizisten verfolgt. Vergeblich. Das Chaos muss enorm groß gewesen sein. Es gab viele Verwundete und wie gesagt: zwei Tote. Das Einzige, was ich mit eigenen Augen sah, war, dass sich einige herbeigeeilte Krankenwagen mühsam den Weg durch die Menge bahnen mussten. Das Peloton fuhr mit beträchtlicher Verspätung los.

Während derselben Etappe wurde das Rennen noch einmal angehalten. Eine Gruppe demonstrierender Textilarbeiter versperrte den Weg. Bevor sie uns die Weiterfahrt gewährten, gab es eine heftige Diskussion zwischen dem Veranstalter des Rennens und einer Gruppe von Arbeitern, die keinen Wortführer zu haben schienen. Unserem Team passte das ganz gut in den Kram. Wir hatten mit aller Kraft die Führung von Wilman verteidigt und konnten nun kurz wieder verschnaufen.

In der Zwischenzeit geriet ich furchtbar in Streit mit dem Veranstalter der Katalonien-Rundfahrt, einem schwergewichtigen, hyperaktiven Kettenraucher, der einen Tag zuvor auf ziemlich miese Art und Weise vom unzufriedenen Hauptsponsor des Rennens unter Druck gesetzt worden war: Entweder mehr öffentliche Aufmerksamkeit oder kein Geld mehr! Die Verträge waren offenbar nicht wasserdicht. Vielleicht gab es auch überhaupt keinen Vertrag.

Auf den letzten Drücker wurde eine zusätzliche Etappe in das Rennen eingeschoben: ein Mannschaftszeitfahren im Herzen Barcelonas, das aber in der Gesamtwertung nicht mitzählte. Der inzwischen kreidebleiche Veranstalter flehte persönlich jedes Team an, doch bitteschön zu erscheinen. Alle folgten seinem Aufruf – sich zu weigern, wäre wohl auch lebensgefährlich gewesen. Und so kam es, dass wir in der Nacht vor dem Banküberfall eine lustlose Runde durch das unterdessen abgekühlte Barcelona drehten.

Katalonien, es braust und es stirbt, eine glänzend raue Provinz. Vor allem die Landschaft. Ich bin noch so manches Mal hart auf der Ebene aufgeschlagen.

Es muss nicht unbedingt an dem Fisch liegen, fällt mir gerade ein. Es kann auch verfaulter katalanischer Hund gewesen sein. Während der vorletzten Etappe von Organo nach Viladecamps verschlechterte sich das Wetter beträchtlich. Zuletzt schüttete es. Ein Peloton wirbelt im

Regen viel Wasser auf (ein Rennrad hat nun einmal keine Schutzbleche). Eigentlich bewegt sich ein Fahrerfeld dann in einer einzigen Wasserwolke fort. Und in dieser Wasserwolke ist alles gelöst, was an Schmutz auf der Straße liegt, unter anderem auch Hund. Von dem Hinterrad des Vordermanns wird einem zudem noch ein kräftiger Strahl direkt ins Gesicht gespritzt. Manchmal trinkt man buchstäblich von der Straße.

P.

P.S. Wilman hat die Katalonien-Rundfahrt schließlich gewonnen.

Venray, 16. April 1982

Lieber Hans,

ich bin vorläufig bei Yvonne eingezogen. Sie bestand darauf. Nun hilft sie mir bei den elementarsten Verrichtungen des Alltags wie Waschen, Kämmen und Rasieren – Liebe, mein Junge, das ist Liebe.
    Sie haben sie gut eingepackt, meine rechte Schulter. Mein Arm ist fest gegen meine Brust geschnürt. Ich kann nichts tun. Ich liege auf dem Bett und habe zwei Kissen im Rücken. Die Schmerzmittel schlagen zwar an, wirken aber nicht stark genug. Kurzum: Ich leide.
    Das Pech nahm mit zwei Stürzen während der Katalonien-Rundfahrt seinen Lauf und setzte sich fort bei Gent–Wevelgem, wo ich auf 50 Kilometern ebenfalls zwei Mal zu Fall kam und den Zielort im Besenwagen erreichte. Gestern, beim Wallonischen Pfeil, gab es dann den Volltreffer: Abtransport im Krankenwagen.
    Ich war immer schon der Ansicht: Nichts ist so albern für einen Radrennfahrer, als vom Peloton zurückgelassen zu werden, während man unbeweglich mitten auf der Straße kauert wie ein abgeknickter Pilz.

»Lasst mich mal in Ruhe aufstehen«, sagte ich zu den Sanitätern, »das tut am wenigsten weh.« Ich schiffte mir vor Schmerzen fast in die Hose. Sie hörten mir nicht zu, legten eine Decke über mich, banden mich auf der Tragbahre fest und schoben mich einfach durch die Heckklappe in den Krankenwagen. Wir fuhren los. Es gibt wohl keine lächerlichere Art, an einem Peloton vorbeizuziehen, ihm davon und außer Sichtweite zu fahren, als in einem Krankenwagen mit heulender Sirene.

Durch einen schmalen durchsichtigen Streifen rund um das Milchglas sah ich die bunte Rennkleidung der Glückseligen. Ich wusste, was sie dort im Feld dachten: Wer liegt da drin? Und vor allem: Wie liegt er darin? Ich wusste auch, dass ein kurzer Moment der Stille das Peloton erfassen würde, dass das Rennen kurz zur Ruhe kam, bis schließlich irgendjemand einen befreienden Ausreißversuch unternahm.

Sie lieferten mich im Krankenhaus von Huy ab. Das Renntrikot wurde mir vom Leib geschnitten, und ich musste unter »die Lampe«. Nach dem Röntgen stellten sie mich in einer kleinen Halle ab, bis das Ergebnis vorlag. Ich hockte in einem Rollstuhl.

Und während ich dort saß und trauerte, wurde noch ein weiterer Rennfahrer hereingeschoben, ein Schweizer. Er blutete stark aus dem Gesicht (es gibt immer noch schlimmere Fälle) und beschimpfte die Sanitäter auf das Übelste. Sie parkten ihn neben mir.

»Wie geht's?«, fragte ich. Was sonst könnte man zu einem Leidensgenossen sagen. Es kamen gurgelnde, halb erstickte Laute aus seinem Mund. Der Arzt, der mich bereits zuvor untersucht hatte, kam hinzu. Der Schweizer versuchte, sich aufzurichten.

»Ho, ho«, sagte der Arzt und drückte ihn vorsichtig wieder zurück in den Rollstuhl. Der Schweizer protestierte.

»Was will er uns überhaupt sagen?«, fragte mich der Arzt.

Ich erklärte ihm, dass Schwyzerdütsch auch unter normalen Umständen nahezu unverständlich ist.

»Können Sie mich verstehen?«, rief der Arzt.

Die Antwort wurde halb durch Geschlürfe erstickt. Es kamen Blutblasen aus dem Mund des armen Schweizers.

»Ich glaube, verstanden zu haben, dass er zu seiner Mutter will«, sagte ich.

»Mit so einem Gesicht – das würde ich mir nochmal überlegen. Er kommt zuerst mal unter die Lampe.«

»Deine Mutter?«, versuchte ich.

Der Schweizer begann, mit seinen Armen zu wedeln. Ich schnappte etwas auf, das klang wie »eigener Doktor«. Er hatte ein paar Zähne verloren, konnte deshalb nur mit Mühe sprechen.

»Er möchte zu seinem eigenen Doktor«, sagte ich.

»Die Ellenbogen haben auch richtig etwas abgekriegt«, sagte der Arzt und befahl einer Krankenschwester, den Schweizer auf die Röntgenstation zu bringen. Eine andere Pflegerin schob mich mit dem Rollstuhl ins Sprechzimmer. Die Röntgenbilder hingen schon an der Leuchtplatte.

»Eine saubere Fraktur.«

Der Arzt zeigte mir triumphierend eine bizarr verlaufende Linie, die vom oberen Ende des Schulterblattes bis zur Mitte verlief. Er war noch ziemlich jung. Vielleicht waren der Schweizer und ich seine ersten Brüche, die er in Eigenregie behandeln durfte.

»Und das hier, das wird eine schöne Klaviertaste.«

Er wies auf das Schlüsselbein. Ich sagte, dass ich nichts Besonderes daran feststellen konnte. Er erklärte es mir genauer. Das Ende des Schlüsselbeins hatte sich von der Schulter gelöst, vermutlich waren die Bänder gezerrt oder gerissen. Nun würde es für immer oben schweben. Auch wenn ich später versuchen sollte, es zurück an seinen Platz zu drücken, würde es von alleine wieder nach oben federn. Behandeln hatte keinen Sinn. Schlüsselbeinknochen hatten nun einmal keine Funktion. Bei Vögeln, ja – aber beim Mensch, da waren sie so nutzlos wie Weisheitszähne oder der Blinddarm. Man hat nur Ärger damit. Die Schöpfung hatte so ihre Ungerechtigkeiten. Die Erklärung beruhigte mich.

»Das Schulterblatt und so – wie lange wird das dauern?« fragte ich.

In drei bis fünf Wochen würde ich wieder ganz der Alte sein.

»Das ist aber lang«, sagte ich.

Ich bekam ein Tütchen mit Schmerzmitteln mit auf den Weg und wurde in der kleinen Halle abgestellt. Drei bis fünf Wochen. Ich sah die Vorbereitung auf die Tour schon komplett ins Wasser fallen. Die Lebensmittelvergiftung vor ein paar Wochen war noch überschaubar gewesen. Nach ungefähr sechs Tagen war ich wieder fit. Aber jetzt, vier Wochen! Meine Stimmung war im Keller.

Der Schweizer hatte sich inzwischen beruhigt und wurde auf seinem Bett in Richtung Sprechzimmer gerollt. Ich will auch zu meinem eigenen Doktor, dachte ich, vier Wochen dauern mir entschieden zu lang.

In Charleroi stand ich am Abend vor dem Wallonischen Pfeil zusammen mit Jomme vor dem großen aufgeklappten Koffer mit dem reichhaltigen Angebot an Nahrungsergänzungspräparaten. Jomme hatte mich bereits massiert. Er meinte, an meiner Muskelspannung gespürt zu haben, dass ein wenig zusätzliches B12 nicht schaden konnte. Wer war ich, um das in Zweifel zu ziehen? Es sägte den Kopf der Ampulle ab, zog die Spritze auf und ließ das B12 in meinem Gesäß verschwinden.

»Winnen«, sagte Jomme, als er fertig war: »Winnen, hör' mal zu, wenn du wirklich was brauchst, dann brauchst du's nur sagen, klar?«

Ich wusste sofort, wovon Jomme sprach. Eine andere Medikation. Eine Medikation für Fortgeschrittene. Die harten Sachen. Hormone und dergleichen. Sowas findet sich nicht im großen Koffer des Teams, sondern im Köfferchen des Maestros, das dieser mit jahrzehntelanger Erfahrung aufgebaut hat: in der kleinen Schmuckschatulle mit den »Diamanten«. Dieses Köfferchen ist eine wahre Zauberbüchse. Ich hatte Jomme zu den Diamanten immer Löcher in den Bauch gefragt. Und im Peloton wurde mit Umsicht über sie gesprochen. Jeder Pfleger hatte so seine Geheimrezepte. Ein Meister, wer sein Fach versteht.

Parallel zu den Rennen ficht der Radsportzirkus noch einen zweiten Kampf aus. Eigentlich ist es eine Jagd, eine Jagd nach dem ultimativen Kraut. Die Not der Fahrer ist so groß, Linderung so händeringend gesucht, dass es manchmal den Anschein hat, als sei man auf der

Suche nach einem unfehlbar wirkenden Aphrodisiakum – nein, nach dem endgültigen Lebenselixier, das einem zu Unsterblichkeit, Ruhm und Reichtum verhilft. Es ist eine tolldreiste Jagd.

Jomme überließ die Entscheidung mir. Er würde niemals etwas in mich hineinpusten, von dem ich nichts wüsste.

»Jomme«, sagte ich: »Ich habe Angst vor diesem Kram. Das ist nicht meine Sache. Im letzten Jahr habe ich es ohne geschafft, dieses Jahr werde ich es genauso tun. Ich bleibe lieber bei dem großen Koffer.«

Voriges Jahr, ich glaube, es war während der Tour de Romandie, stellte ein Kollege mich einem ehemaligen Kollegen von ihm vor, Ex-Radprofi, einst Toursieger und Weltmeister. Ich traf ein Jugendidol und war vor Schreck wie gelähmt. Ich sah in ein aschfahles Gesicht und schüttelte die leblose Hand jenes Mannes, der in einem alten Zeitschriftenartikel einmal »Das begnadete Hirtenkind« genannt worden war. Neben dem Artikel war ein Foto abgedruckt, auf dem das Hirtenkind, das Gesicht voller Dreckspritzer, als Solist durch eine eigenartige, grüne Landschaft sauste. Ich kann mich noch gut daran erinnern. Es war an einem Tag während der Sommerferien. Es gewitterte. Meine Mutter saß an der Nähmaschine. Ich war mit meiner Schwester gerade aus dem Freibad zurückgekehrt (wegen des Gewitters). Auf dem Tisch fand ich eine Zeitschrift mit dem Artikel über mein Idol. Ich verschlang den Artikel. Der Nachmittag war gerettet. Ich war elf.

Inzwischen weiß ich, was nicht in dem Artikel stand. Das begnadete Hirtenkind war sich nicht zu schade gewesen, das Experiment mit den Diamanten bis zum Äußersten zu treiben. Es hatte ihm zwar den Status eines Helden eingebracht, aber die Hormone hatten ihn zu Grunde gerichtet und zerrüttet. Er war ein Zombie. Ich werde dafür sorgen, niemals als eine steife Leiche ins Radsportmuseum gestellt zu werden.

Was die Gesundheit betrifft: Radrennfahren untergräbt die Gesundheit. Das ist nicht weiter schlimm. Die Gesundheit wird bereits ab dem Moment der Empfängnis untergraben. Radrennfahren erfordert eine glänzende Gesundheit. Dem großen Koffer mit all seinen unterstützenden und heilenden Mitteln juble ich deshalb von ganzem Herzen zu. Wie auch immer die Mittel in meinen Körper kommen, ob per Pille, Kapsel, Zäpfchen, Trinkampulle, Spritze oder Tropf (all die unangenehmen Dinge, die ein normaler Mensch eher mit Krankheit und Verfall in Verbindung bringt als mit Leistungssport), ist mir wurst. Ich bleibe bei dem großen Koffer, denn ich habe auch keine Lust auf die Schlagzeilen: »Winnen gedopt!«

Der große Koffer ist sicheres Terrain.

Die Dopingsünden, ach, auch ich begehe sie in geringem Maße. Koffein, das anders als in Form einer Tasse frischen Kaffees eingenommen wird, ist nach den Regeln verboten. So etwas nervt. Man kann von einem Radrennfahrer ja schwer erwarten, dass er unterwegs kurz eine sonnige Caféterrasse aufsucht. Ein perfektes Produkt ist »Nix-Nap« aus der Schweiz, eine Kapsel mit lang wirkendem Koffein, die gern auch von Lastwagenfahrern geschluckt wird.

Einige Wissenschaftler behaupten, dass Koffein Krämpfe verursacht. Doch wenn ich mich nicht täusche, ist es das Radrennfahren, das die Krämpfe verursacht.

Im Krankenhaus von Huy tauchte irgendwann ein Pressefotograf auf. Er machte ein Foto, während ich auf dem Bett lag. Das Foto stand morgens in der Zeitung. In dem dazugehörigen Artikel war die Rede vom »Drama um Winnen«. Ist es nicht schön, ein Drama. Dürfte ich vielleicht auch eines kleines Stückchen vom Heldentum abhaben?

P.

Compiègne, 14. Mai 1982

Lieber Hans,

es ist heiß hier, aber nicht drückend. Das Fenster steht offen. Es fliegt Ungeziefer herein und versammelt sich rund um die Deckenlampe.

Ich blicke hinaus auf das schwarze Wasser der Oise – ein schöner Name für einen Fluss. Es ist totenstill, das Wasser stinkt. Das Gepolter im Zimmer neben dem meinen trägt zur Stille bei. Die Mauern sind wie aus Papier. Mein Bettnachbar De Rooy fragt, wann er endlich das Licht ausmachen kann. Er will schlafen.

»Gleich«, sage ich. Nescio hat mich gelehrt zu sehen, dass die Dunkelheit nicht auf die Erde niederfällt, sondern aus ihr emporsteigt. Ich kann es sehen und möchte es weiter verfolgen. Ich möchte zwar auch schlafen gehen, aber dies ist wichtig. Es liegt ein Frachtschiff vertäut am Kai. Das Schiff ist leer, denn es ragt hoch über den Wasserspiegel. Der Schiffer läuft über das Schiff. Es ist eher ein Trotten. Auch ich bin hundemüde, denn ich habe die »Retourkutsche« bekommen.

Die Tour de l'Oise ist ein Scheißrennen über drei Tage. Die Tour de l'Oise hat wenig Geld. Dies ist ein Scheißhotel – ein ganz heißer Tipp für verstockte Frankophile. Es wird geführt von einem Patron, dessen Ehefrau und einer Bohnenstange von Tochter. Mit Schnurrbart. Sie stinkt nach der Oise. Ich roch sie, als sie über meine Schulter hinweg eine Schüssel Fleisch auf den Tisch stellte. Das Fleisch stank auch nach der Oise. Ich habe den Eindruck, dass sie uns als Angriff auf ihre Privatsphäre betrachten.

Es ist totenstill, Düsternis erhebt sich aus der Oise. Ich vergebe der Tochter ihren Schnurrbart und dem Patron und seiner Frau das Fleisch.

Die Retourkutsche musste kommen. Anderthalb Wochen nach dem Sturz beim Wallonischen Pfeil fuhr ich wieder Auto. Einige Tage später versuchte ich es mit einem Damenfahrrad, Tags darauf mit dem Rennrad. Ich rief Godefroot an: »Ich bin wieder bereit.«

»Kannst du mit zur Tour de Romandie?«

»Kein Problem.« Meine rechte Schulter war auf dem besten Wege der Heilung. In den Bergen der Romandie war es noch Winter. Ich fuhr starrköpfig und ging zu schnell zu weit. Zwei Wochen aus dem Rennen geworfen zu sein, bedeutet in diesem Sport schließlich keinen Stillstand, sondern einen Rückschritt von drei Monaten. Es ist grausam, aber Mutter Natur hat sehr schlecht für uns Radrennfahrer gesorgt.

Mayens de Riddes la Tsoumaz – ebenfalls ein schöner Name. Der Zielort der zweiten Etappe der Tour de Romandie, ein Skiressort. Im Tal fiel eiskalter Regen, oberhalb von achthundert Metern schneite es. Mayens de Riddes lag auf vierzehnhundert Metern. Ich ging nicht mit den Ersten nach oben, aber ich wehrte mich heftig und ging weit, sehr weit. Fünf Kilometer unterhalb des Gipfels gingen die Lichter aus. Völlig desorientiert erreichte ich das Ziel und sah den berüchtigten schwarzen Schnee.

Später nahm ich ein heißes Bad. Jomme kam ins Badezimmer, um mich zur Massage abzuholen. Er stand plötzlich da und pinkelte direkt an meinem Kopf vorbei in die Toilettenschüssel. Zum ersten Mal sah ich die Eichel, die im Mittelpunkt vieler seiner schlüpfrigen Geschichtchen stand. Er brachte mich in eine gute Stimmung.

»Du hast dich gut geschlagen«, sagte Jomme, »aber du wirst hier noch die Retourkutsche dafür kassieren.«

»Was ist in dem Koffer, um sie aufzuhalten?«, fragte ich.

»Pancebrin, Reticulogen, Traumeel vielleicht, aber erwarte davon keine Wunder.« Die ersten beiden sind Gewebeextrakte, das andere ist homöopathisch.

Die Retourkutsche bekam ich also heute: am 14. Mai 1982, auf der zweiten Etappe der Tour de l'Oise. Unvergesslich, obgleich keine spektakuläre Geschichte.

Die Etappe, sie war noch nicht einmal zweihundert Kilometer lang, führte über leuchtendes, hellgrünes Terrain. Wir kamen an Soldatenfriedhöfen aus dem Ersten Weltkrieg vorbei, auch diese waren hellgrün. Der Wind war kaum der Rede wert. Das Peloton fuhr ruhig los und blieb über Stunden ruhig. Wir fuhren noch nicht einmal dreißig Kilometer pro Stunde.

Meine Position stimmte nicht (= ich fand nicht die richtige Haltung auf dem Rad), ich fiel zurück (= ich hatte keinen Drang nach vorne), Schmerzen in Beinen, Händen, Armen, Füßen, Rücken, Nacken, Augenmuskeln, Hintern – eine heftige Grippe ist nichts dagegen. Sie haben mir das Fahrrad von jemand anders gegeben, dachte ich einen Moment lang. Ich rang mit dem Miststück genauso, wie ich mit der Meute rang. Das nimmt kein gutes Ende, dachte ich, ich bin ein beschissener Radrennfahrer. In mir tobte ein Grabenkrieg.

Jomme sagt, dass es nicht schaden kann, mal eine Retourkutsche zu kassieren: »Um das Innerste von 'nem Baum sehen zu können, muss man ihn fällen.« Von Jomme nehme ich solche Weisheiten gerne an.

Heute Nachmittag stand ich mit ihm vor dem großen Koffer. Wir stellten einen enormen Cocktail zusammen. Zwanzig Kubikzentimeter – hopp, hopp, direkt in die Vene damit! Anschließend erzählte er mir die tröstliche Geschichte über sein neues Auto. Er hatte ein neues Auto gekauft, einen Mercedes. In zehn Jahren sei er sowieso »kaputt«, also tot, während der Mercedes noch 20 Jahre halten würde – es war ein Diesel. Also hätte er für den Rest seines Lebens ein gutes Auto.

Ob er das Licht jetzt endlich ausmachen könne, fragt mein Bettnachbar erneut.

»Gleich.« Es ist jetzt beinahe dunkel. In der Oise spiegelt sich das Licht der Straßenlaternen und der Kneipen auf der gegenüberliegenden Seite. Der Schiffer kramt auf seinem Boot herum. Ich sollte eigentlich nach draußen gehen und ein Schwätzchen mit ihm halten. Doch ich bin Radrennfahrer. Radrennfahrer laufen nicht im Halbdunkeln über einen Kai an der Oise.

In meinem vorigen Brief habe ich über die »Diamanten« berichtet. In der missmutigen Laune des Augenblicks habe ich die Dinge vielleicht zu schwarz gemalt. Als ob man mit Doping einen Meister machen könnte. Das ist Quatsch, die Welt würde aus allen Nähten platzen vor lauter Meistern, wenn das so einfach ginge.

In der Zeitung hast du bestimmt schon mal die Redewendung gelesen: Aus einem Esel kann man kein Rennpferd machen, wohl aber aus einem Rennpferd einen Esel. In diesem Zusammenhang ist auch die folgende Redewendung interessant: Du kannst einen noch so schönen Apfelkuchen backen, ein einziger Tropfen Petroleum reicht aus, um diesen schönen Apfelkuchen zu verderben. Ein flämischer

Crack aus den fünfziger Jahren hat das einmal gesagt. Es bedeutet: Es ist schnell zu viel des Guten, die Dosierung erfordert große Präzision.

Jeden Tag sehe ich wohl einige eingefallene Apfelkuchen. Junge Fahrer manchmal, viel bessere Fahrer als ich, umherirrende Seelen, die tastend ihren Weg durch die Radrennwelt suchen – sie haben keinen Jomme.

»Ein Strichsken zu viel« – auch eine schöne Redewendung – bedeutet dasselbe. Mit »dem Strichsken« ist der Maßstrich auf der Injektionsspritze gemeint.

Gegenwärtig ist ACTH populär, ein Medikament, das die Nebennierenrinde kitzelt, sodass diese wie verrückt zusätzliche Kortikosteroide produzieren. ACTH kann eine hässliche Nebenwirkung haben: Infolge eines Wasserstaus bekommt man ein Mondgesicht. Das ist praktisch. Man sieht sie manchmal an der Startlinie stehen, die aufgeschwollenen Kondomköpfe. Man kann tatsächlich bereits im Vorfeld sehen, wer etwas im Schilde führt.

Ein Strichsken zuviel ACTH ergibt Gnome, fette Kröten aus einem undurchdringbaren Morast. Schon schade. Aber worauf wollte ich nun eigentlich hinaus? Oh ja, die Situation ist nicht so Besorgnis erregend wie ich es in meinem letzten Brief geschildert habe. Viele Widersacher werden schon im Voraus ausgeschaltet. Es ist zu schaffen.

Den Schiffer auf seinem Boot hat die Dunkelheit nun ganz verschluckt. Ich kann ihn auch nicht mehr hören. Vielleicht ist er schon längst zu seiner Frau ins Bett gekrochen. Und ich, wohin krieche ich heute Nacht? Ich krieche in eine Hängematte von Bett, das nach der Oise stinkt. Und das ist gut so.

Peter

P.S.: Mein Teamkollege Wilman fährt wie eine Rakete. Nach der Katalonien-Rundfahrt gewann er auch die Tour de Romandie. Er sagt, dass er Heimweh nach Norwegen hat und nach seiner blonden Öse. Heimweh lässt einen also auch schneller fahren.

Font-Romeu, 13. Juni 1982

Lieber Hans,

durch die Blutgefäße eines erwachsenen Menschen von durchschnittlicher Statur jagen fünfundzwanzigtausend Milliarden rote Blutkörperchen. Ihre Gesamtoberfläche beträgt viertausend Quadratmeter. Das Knochenmark (das rote – das gelbe enthält vornehmlich Fett und spielt, soweit bekannt, keine wesentlich andere Rolle als das übrige Fettgewebe) bildet zweihundert Milliarden pro Tag oder zwei Millionen pro Sekunde. Je nach Bedarf wird die Produktion bis auf das Sechs- bis Siebenfache gesteigert. Während eines durchschnittlichen Menschenlebens werden also fünf Trilliarden rote Blutkörperchen hergestellt, was einem Gewicht von ungefähr fünfhundert Kilogramm entspricht. So steht es in einem medizinischen Handbuch.

Hoch in den französischen Pyrenäen, in einer Gegend mit dem Namen Cerdagne, liegt direkt an der spanisch-katalanischen Grenze das öde Kaff Font-Romeu. Hierhin haben wir uns zurückgezogen. Wir machen Blut. Gutes Blut. Wir, das sind: De Rooy, Wilman, Winnen. Dazu Guillaume, den die Teamleitung als Masseur mitgeschickt hat und der lange Zeit der persönliche Pfleger von Merckx war. Das geht also in Ordnung.

Das Prinzip ist einfach. Man geht ins Hochgebirge, wo die Luft dünn ist. Der Mensch aus dem Tiefland setzt sich freiwillig einem Sauerstoffmangel aus, woraufhin in den Nieren das Wunder seinen Lauf nimmt. Erythrogenin, dessen genaue chemische Struktur noch unbekannt ist, wirkt auf ein Plasmaglobulin ein: Das Hormon Erythropoetin wird geboren. Und dieses stimuliert die pluriformen Stammzellen im (roten!) Knochenmark. So kommt es zu einer irrsinnigen Zunahme von roten Blutkörperchen, die in die Blutbahn abgegeben werden, sobald sie gereift sind. Und je mehr rote Blutkörperchen in der Blutbahn, desto mehr Sauerstoff wird zu den Muskeln transportiert. Mit der besseren Verbrennung in den Muskeln nehmen Kraft und Ausdauer zu. Ergo steigt die Leistungskurve.

Wir haben alles berechnet. In genau einem Monat werden wir am stärksten von der Vermehrung unserer roten Blutkörperchen profitieren. Um diese Zeit stehen bei der Tour de France die beiden Pyrenäen-Etappen auf dem Programm. Zwei schwere Etappen. Bevor wir nach Font-Romeu hinaufgefahren sind, haben wir sie mit dem Rad erkundet. Beten wir, dass unsere Berechnungen stimmen.

Wie groß mag sie sein, meine Zelle auf der dritten Etage des Lycée Climatique et Sportif Font-Romeu? Zweieinhalb mal drei Meter, siebeneinhalb Quadratmeter. Darin stehen ein Schrank, ein Bett, ein Nachttischchen und ein Schreibtisch. Die Mauern sind weiß gekalkt. Über der Tür hängt ein hölzernes Kreuz. Das Lycée ist ein grauer Betonklotz. Während des Schuljahres wohnen hier Kinder mit Atemwegserkrankungen – die Luft ist hier nicht nur dünn, sondern auch rein. Jetzt aber ist Ferienzeit und das Lycée nahezu ausgestorben. Wir wohnen schon fast zwei Wochen hier. Das gute Blut muss einem schon was wert sein.

Und wie groß mag das Fenster sein – fünfzig mal fünfzig Zentimeter vielleicht, Zweitausendfünfhundert Quadratzentimeter? Es ist mein Fernseher. Doch draußen ist es bereits dunkel. Der Abend bricht hier schnell herein. Etwas unterhalb von Font-Romeu schweben Lichter. Sie verraten die Gegenwart des Menschen dort, wo tagsüber kein Schwein zu sehen ist: auf der Hochebene, derentwegen wir hier sind, der Hochebene der Cerdagne.

Es heißt, dies ist der einzige Ort in Europa, an dem ein Radrennfahrer genug Raum hat, um permanent auf Höhe sein Blut aufzubereiten. Jeden Tag mühen wir uns fünf bis sechs Stunden auf der Hochebene ab, auf einer Runde von ungefähr vierzig Kilometern Länge. Mont-Louis – Olette – Ayguatébia – Mont-Louis. Die Natur ist in dieser Höhe gut einen Monat im Rückstand. Entlang des Weges zittern Pusteblumen in zartem grünen Gras. Morgens ist es noch sehr kühl. In Ayguatébia ist man damit beschäftigt, Betonbauten hochzuziehen. Nie sehe ich dort einen Bauarbeiter, trotzdem geht die Arbeit voran. Die Runde hängt mir allmählich zum Halse heraus. Ich habe Sehnsucht nach dem Peloton.

Das Märchen von der Niere, dem Knochenmark und der Höhenlage ist natürlich zu schön, um wahr zu sein. Es mag zutreffen für den Wanderer, bei dem es nicht auf die Geschwindigkeit ankommt. Dabei sollte Mutter Natur lieber dem Radrennfahrer, der sich jeden Tag stundenlang in der Höhe verausgabt, unter die Arme greifen – ehe man sich's versieht, sind alle Berechnungen vergebens. Sie sind guten Willens, die Nieren und das Knochenmark, fast sklavisch sogar, aber sie sind auch nicht blöd. Sie fordern Bausteine, also bekommen sie ihre Bausteine: Vitamin B12, Folsäure, Vitamin C, Eisen und noch einige Aminosäuren. Meine Reiseapotheke ist gut gefüllt.

Vor allem Eisen ist entscheidend. Ich bin nicht gerade verrückt nach intramuskulär gespritztem Eisen. Das sorgt tagelang für eine steinharte, rostige Erbse im Gesäß. Intravenös gespritztes Eisen (ein Produkt aus der Schweiz) ist besser, obwohl es im Falle einer Allergie das Risiko eines Schocks vergrößert. Ich kann es mir selber spritzen, Jomme hat es mir gezeigt. Ich habe keine Eisenallergie. Noch nicht zumindest.

Nach Training, Massage und Mittagsschlaf machen wir es uns im Tearoom des Dorfes gemütlich. Im »Tie-Rüüm«, wie die Franzosen sagen. Wir sind die einzigen Gäste. Sogar auf dem Mond kann es gemütlich sein. Draußen auf der Straße fährt ab und zu ein Mistkarren vorbei. Gegen sechs rollen Autos ins Dorf: Pendelverkehr aus dem Tal. Nach einer Woche Font-Romeu kaufte ich mir ein Transistorradio für meine Zelle.

Im Lycée zogen auf unserer Etage drei Mädchen ein. Welche Sportdisziplin sie ausübten, fragte ich. Es wurde rasch deutlich, dass sie nicht zur Blutherstellung hierher gekommen waren. Sie absolvierten ein Praktikum im Hotel des Ortes. Gibt es hier denn ein Hotel? Sie übten sich im so genannten »acceuil«, sagten sie. Acceuil, acceuil, ich hatte die Vokabel einst gelernt, aber ich kam nicht mehr darauf.

»Très interessant«, sagte ich.

Sie fragten, ob wir nicht Lust hätten, mit in die Diskothek zu gehen. Gab es hier denn eine Diskothek? Darauf hatten wir besonders große Lust.

Lass' dir von einem guten Freund einen Rat geben: Betrete in Frankreich niemals eine Diskothek auf dem Lande. So etwas heißt hier »une boîte«. Nicht ohne Grund.

Wilman ist sehr niedergeschlagen. Seine Freundin hatte ihm geschrieben. Er zeigte uns den Brief. Eigentlich war es kein Brief. Es war ein Streifen Papier, das von einem Blatt abgerissen war und auf dem ein einziger Satz geschrieben stand. Auf Norwegisch. Wilman übersetzte: »Ich habe einen anderen gefunden. Tschüss, Öse.« Der strahlende Sieger der Katalonien-Rundfahrt und der Tour de Romandie verschrumpelte vor unseren Augen zu einer in Konservierungsflüssigkeit eingelegten Niere. Eine wütende Niere, aber verschrumpelt. Er war untröstlich.

Das war eine interessante Information. Ich muss mir das Los meines norwegischen Teamkameraden zu Herzen nehmen. Auch ich bin hoffnungslos verliebt in meine Öse. In zwei Tagen reisen wir direkt von hier zur Tour de Suisse. Wir sind also noch lange nicht zu Hause. De Rooy und ich, wir müssen jeden Augenblick mit einem Streifen Papier rechnen, auf dem ein einziger Satz steht, geschrieben in knallhartem Niederländisch. Ich muss schnell einen Brief komponieren. Sofort.

Über meinem kleinen Schreibtisch haben Schüler des Lycée allerlei Botschaften auf die weiß gekalkte Wand gekrakelt oder mit einer Zirkelspitze in sie hineingeritzt. Das übliche Repertoire. Die Herzchen mit Pfeilen und Initialen. Das Wort »cul«. Ein Satz: »Le roi c'est moi.« Kleine Zeichnungen: ein Phallus, eine Möse, eine Kopulation. Und seit heute Nachmittag, ich konnte es nicht lassen, ein Beitrag von mir.

Schon seit einigen Tagen geistert ein kleines Gedicht durch meinen Kopf, ein Gedicht von Reve. Reve zitiert, übersetzt und kommentiert Céline. (Irgendwo in seinem Werk prangert Reve auch Radrennfahrer an. Weißt du vielleicht noch wo?) Ich bringe Céline zurück in seine Heimat, als Gruß an den/die französischen Schüler(in) mit Atemwegserkrankung, der/die in etwa zwei Monaten wieder Herrscher über dieses Siebeneinhalb-Quadratmeter-Reich im Lycée Climatique et Sportif Font-Romeu sein wird. Außer Céline bekommt er/sie auch noch Reve aufgetischt.

Den Titel des Gedichtes hatte ich vergessen. Darum nannte ich es einfach »l'Acceuil«. Was »acceuil« bedeutet, weiß ich noch immer nicht, aber es klingt so schön. Das ist also mein Beitrag. Zuzüglich der holprigen Übersetzung ins Schulfranzösisch natürlich. So geschrieben mit wasserfestem Stift auf eine weiße Kalkwand am 13.06.'82:

l'Acceuil

La vie selon Céline: le vin inférieur, l'onanisme, le cinéma!
Il n'y a plus de vin, il n'y a pas de cinéma ici.
l'Existence devient de plus en plus simpliste.

Das Leben gemäß Céline: der minderwertige Wein, die Onanie, das Kino!
Es gibt keinen Wein mehr, es gibt kein Kino hier.
Das Dasein wird immer eintöniger.

Dein Blutzähler Peter

P.S. Ich frage mich erst jetzt, warum wir in der dritten Etage wohnen und nicht in der fünfzehnten. Das macht gut und gerne dreißig Meter aus und somit einen Unterschied von ein paar Milliarden roter Blutzellen. Bei gleichem Aufwand.

IJsselsteyn, 29. Juni 1982

Lieber Hans,

bei einer Tombola auf dem jährlichen Festabend meines Radsportvereins war ich einst in den Besitz einer Schuhputzmaschine gekommen. Es handelte sich um einen roten Kunststoffkasten, an dessen vier Seiten rotierende Bürsten aufgehängt waren. Eine komplizierte Mechanik aus Zahnrädern und Transmissionsriemen trieb sie elektrisch an. Wirklich eine Pracht von Apparat. Man konnte direkt seinen Fuß samt Schuh hineinhalten. Sogar bei manueller Bedienung war es möglich, in null Komma nichts die Schuhe einer ganzen Fußballmannschaft dazu zu bringen, wie Köttel im Mondlicht zu glänzen. Ich war achtzehn, als ich diese Maschine gewann.

In dieser Zeit traf ich mich des Öfteren mit zwei Brüdern aus einem Dorf in Brabant. Die beiden kamen aus einer Familie mit elf Kindern und waren meine festen Trainings- und Rennkameraden. Bei den Fahrten zu den Wettkämpfen und wieder zurück war ich von ihnen abhängig. Sie hatten einen Job, Geld und also auch Autos. Ich hatte nur eine Studienbeihilfe. Oft übernachtete ich bei ihnen. Es war eine gastfreundliche Familie. Ob einer mehr oder weniger mit am Tisch saß, fiel gar nicht auf. Um es komplizierter zu machen, war ich in eine der Schwestern verliebt, später dann in die Freundin der Schwester, aber das tut nichts zur Sache.

Die Mutter, eine dralle Frau, war ziemlich stark an meinem Schuhputzautomaten interessiert. Sie schlug mir einen Tausch vor: meine Maschine gegen das Mikroskop, das sie beim allwöchentlichen Bingoabend im Dorf gewonnen hatte.»Abgemacht!«, sagte ich.

Ich begann, die Welt mit den Augen Antonie van Leeuwenhoeks zu sehen. Niedliche, kleine Insekten offenbarten sich als Monster mit Widerhaken. Schulbuchtheorie wurde Wirklichkeit: Ich sah meine eigenen roten Blutkörperchen umhertreiben. Großartig! Haare wurden zu Baumstämmen, ein Staubkörnchen zu einem Morgenstern und Antonie van Leeuwenhoek zu meinem Helden.

Auch das blieb nicht unversucht: In Antonies Tradition landete eines Tages ein Tropfen Sperma unter der Linse. Und verflixt, da sah ich sie umherpurzeln und durcheinander kribbeln: unzählige lustige Kaulquappen. Genug, um ganz Mexiko City damit zu befruchten. Zwar waren einige missgestaltete Exemplare darunter, die lediglich etwas zitterten, doch sie waren eindeutig in der Minderheit.

Gerührt betrachtete ich die Armee unter dem Deckglas. Ich konnte nicht genug davon kriegen. Was für eine Potenz! Was für ein Glück! Was für eine Freude! Dann schlug die Rührung in Entsetzen um. Es geschah im Bruchteil einer Sekunde. Ich sah die Welt, wie sie in Wirklichkeit war. Keiner dieser kleinen schwimmenden Kameraden würde jemals seine Bestimmung erfüllen. In fast tausendfacher Vergrößerung sah ich den langsamen, mühseligen Vormarsch des Menschen, wie er der grausamen Strategie von Mutter Natur unterworfen war: Fortschritt durch Verschwendung.

Ich sank hinter meinem Schreibtisch zusammen und starrte lange auf die Wand. Nach und nach begann ich, mit den scharfen Spitzen eines Geodreiecks darin zu bohren. Ich schrieb ein kurzes Gedicht, mein erstes. Danach zog ich mich um, pumpte die Reifen meines Rennrades auf und gab mich einem langen spartanischen Training hin – aus Protest. Es half nichts, zu schonungslos war die Erkenntnis zu mir durchgedrungen. Es wuchs das Bewusstsein, dass ich nicht mehr war als eine Raupe, die dabei ist, eine Autobahn zu überqueren. Warum erzähle ich dir das?

Die Tour de Suisse war gerade zu Ende gegangen. Ich kam aus der Dusche, stand in einer dampfenden Umkleidekabine und war dabei, mich abzutrocknen. Da bekam ich eine Anweisung: »Winnen, wenn du gleich nach Hause kommst, dann hältst du dich zurück, klar? Nächste Woche fängt schon die Tour an.«

Ich antwortete: »Hör mal zu, ich war über zwei Wochen in einer Zelle im Lycée Climatique et Sportif Font-Romeu eingesperrt und danach fast noch einmal zwei Wochen zwischen Schweizer Felswänden. Ich möchte zwischendurch mal etwas anderes fühlen, als die Schwielen in meiner Hand.«

Der Ratschlag, der wie ein Gebot klang, war gut gemeint. Er kam vom Ältesten im Team, vom mit allen Wassern gewaschenen Kapitän De Witte. Er meinte: Vervögle nicht deine Kräfte, verschwende keinen Saft. Denn das Mysterium der Natur als einer großen Verschwenderin ist im Peloton wohl bekannt und wird ganz nüchtern gedeutet: Verlust von Saft gleich Verlust von Kraft. Im entscheidenden Moment wird der Saft lieber zurückgehalten. Dieser Glaube ist tief verwurzelt und hat eine lange Tradition.

Ich kenne einen Radrennfahrer, einen berühmten Radrennfahrer sogar, der nach einem feuchten Traum tagelang erschüttert in der Gegend herumfährt. Ein anderer schnürt in der Woche vor einem wichtigen Klassiker einen Lederriemen um seinen Penis, damit im Falle eines lästigen Traumes die Milch den Körper nicht verlassen kann.

Was soll man davon halten: Radrennfahrer X liegt auf seinem Hotelbett und denkt an den morgigen Tag. Es wird sein Tag werden. Er ist in Topform und strotzt nur so vor Selbstvertrauen. Wochenlang hat er sich bis in die Haarspitzen gepflegt, wochenlang hat er Samenergüsse mit Erfolg zu verhindern gewusst. Doch X ist im Peloton nicht beliebt. Während er ahnungslos auf seinem Hotelbett liegt und sich heimlich freut, dringen fünf Konkurrenten in sein Zimmer ein. X wird überwältigt. Vier Männer halten ihn an den Armen und Beinen fest, Nummer fünf melkt ihn. Nun geht die Geschichte so, dass X am nächsten Tag, lange bevor das Finale begann, krank und schwach den Kampfplatz räumte. Eine großartige Geschichte.

Ebenfalls schön ist die Geschichte – eigentlich ist es schon eine Legende – über einen italienischen Campionissimo aus den vierziger Jahren. Dieser vögelte angeblich nur zu Weihnachten. Wie oft während der Weihnachtstage, verrät die Legende indes nicht. Er soll jedoch einmal gerufen haben: »Am ersten Weihnachstag kommt nur Puder heraus!« Ich nehme an, dass dieser Mönch eines Tages genau wie mein Freund Wilman einen Brief erhalten hat, in dem ein paar Worte in knallhartem Italienisch standen: Ho trovato un altero Casanova, ciao, Maria. Was ist Weisheit?

Die Verschwendungssucht von Mutter Natur ist eine Tatsache. Liegt das Geheimnis des Erfolges in der Enthaltsamkeit? Wenn Radrennfahrer schon mit Lederriemchen hantieren, dann musste da etwas dran sein. Wissensdurstig suchte ich nach Forschungsergebnissen. Was sagten die Fachleute?

Ein Sportarzt: »Es ist nicht schlimm, mit einer Frau ins Bett zu gehen. Aber der Unsinn, der darüber erzählt wird, das Gequatsche und die Lobhudelei – das nimmt einen stundenlang in Beschlag, erst das zehrt einen auf.«

Ein anderer Sportarzt: »Das bisschen Eiweißverlust spielt keine Rolle, entscheidend ist die Entspannung.«

Wiederum ein anderer: »Männliche Athleten sollten es nicht vor dem Rennen tun, sondern danach. Bei Frauen wiederum ist es genau umgekehrt.«

Dem medizinischen Handbuch entnehme ich, dass nicht Geld die Welt in Bewegung hält, sondern Testosteron.

Ich bat meinen Mannschaftsarzt um Aufschluss. Er grinste kurz, zuckte mit den Schultern und sagte nüchtern: »Im Prinzip ist jeder auf der Suche nach Unsterblichkeit.«

Das erlösende Wort kam von der Ungarin Haich, einer Frau also, die sich intensiv mit der Frage beschäftigt hatte. Sie schreibt: »Erfahrene Sportler sind längst zu der Erkenntnis gekommen, dass sie mit einem Leben in Maßen und Enthaltsamkeit viel Kraft sammeln können. Aber (das Aber fehlt auch hier nicht) die unreife Seele, die zwanghaft enthaltsam lebt, wird krank werden.

In den meisten Fällen wird zunächst die Schilddrüse überreizt werden, was dann möglicherweise zu Herzstörungen, in jedem Fall (in jedem Fall!) aber zu einem unerträglichen Strom von Gedanken, Angstzuständen und noch anderen, viel schlimmeren Störungen führt. (...) Das alles kann einen schweren Nervenzusammenbruch, vielleicht sogar eine noch schlimmere Situation hervorrufen, die man heutzutage mit Begriffen wie Bewusstseinsspaltung, Wahnsinn oder Schizophrenie umschreibt. (...) Zwischen Tobsuchtsanfällen und aufgestauter sexueller Spannung besteht ein nicht zu leugnender Zusammenhang.«

Wie war ich froh, dass ich, gerade aus der Schweiz zurückgekehrt, die Säge zum Singen gebracht hatte wie nie zuvor. Meine Intuition stimmte. Man kann mit seinem Anhängsel pinkeln. Man kann damit Zuneigung ausdrücken, aber wenn nötig auch alles verschlingende

Geilheit. Und in letzter Instanz ist es ein gewöhnliches Sicherheitsventil. Die Natur verschwendet und spart.

Wenn ich die Ungarin richtig verstanden habe, ist die unreife Seele in Gefahr. Ich zähle mich selbst zu den unreifen Seelen. Eine reife Seele würde wohl zumindest zögern, bevor sie sich selbst zum Beispiel in der Königsetappe der Tour de France so abrackert, dass es ihr schwarz vor Augen wird, die Leber sich irgendwo zwischen den Schulterblättern befindet und die Nieren hinter den Augen liegen.

Ist das Peloton denn eine einzige riesige unreife Seele? Es würde mich nicht wundern. Nur einer einzigen Sache bin ich mir sicher: Die roten Blutkörperchen, die ich in Font-Romeu antrainiert habe, beginnen ordentlich zu reifen. Zur Tour de France wurde meine Form von Tag zu Tag besser. Bei der Landesmeisterschaft vorgestern wurde ich Zweiter.

In der Schweiz passierte mir noch etwas Merkwürdiges. In meinem Radrennfahrerleben bin ich schon durch vieles überholt worden: durch Radrennfahrer natürlich, durch Hunde, Schmeißfliegen, durch Steine und Pferdeäpfel, die gelangweilte Kinder geworfen hatten, durch einen Schuss Schrot aus einem Jagdgewehr sogar. Aber noch nie wurde ich durch einen über die Straße rutschenden Radrennfahrer überholt – zuerst das Rad, dann der Fahrer. Es geschah auf der Etappe nach Locarno, in vollem Tempo bei der Abfahrt vom Lukmanier. Breite Betonbahn, strömender Regen, eisige Kälte. Wie der Bursche zu Sturz kam, weiß ich nicht; es passierte hinter meinem Rücken.

Die Erinnerung an meine Schuhputzmaschine kam mir, als Jomme mir beim Massieren genüsslich die Geschichte erzählte, wie er irgendwo auf dem Flur eines Autobahnhotels vor solch einer Maschine kniete und seine Eichel versuchsweise zwischen die rotierenden Bürsten gesteckt hatte. Außer einer Brandblase hatte ihm das einen Tritt in den Hintern vom zufällig vorbeikommenden Hotelmanager eingebracht. Ich konnte nicht mehr. Dieser Mann wird mich eines Tages noch von allem Bösen erlösen.

Übrigens, was die Enthaltsamkeit angeht, liegt Jomme mit der Ungarin auf einer Linie. Er drückt sich nur etwas kerniger aus:
»Es ist etwas für den Narren wie für den Champion.« Von Dankbarkeit erfüllt bin ich, weder Narr noch Champion, dein

P.

Basel, 1. Juli 1982

Lieber Hans,

vor etwa einem Monat rief mich ein Redakteur von einem Wochenblatt an. Ob ich ein Tagebuch schriebe und falls ja, ob dieses Wochenblatt mein Tagebuch der Tour de France 1982 hinterher in einer Sonderausgabe veröffentlichen dürfe.
»Nein«, sagte ich: »Ich habe zwar mal versucht, ein Tagebuch zu führen, lang ist's her, doch als ich nach einer Weile darin zurückblätterte, schämte ich mich für mein eigenes Geschreibsel.«
»Fantastisch!«
»Ganz und gar nicht. Ich schämte mich vor allem für meine Gefühle. Meine Gefühle gehen niemand etwas an. Ich quelle über vor Gefühlen. Manchmal gleiche ich einem Topf Milchreis, der überkocht. Außerdem ist kein Gefühl wie das andere. Gefühle haben eine Hierarchie. Bis zum heutigen Tage habe ich den Finger nicht in diese Wunde legen können.«
»Überlass das ruhig uns!«
»Wie bitte?«
»Aha, du machst also mit!«
»Es tut mir schrecklich Leid, ich müsste das erst mal ein Jahr zur Probe machen.«
Also, Hans, du erhältst von mir einen einzigen Brief von dieser Tour: mein Hotelzimmertagebuch. Beginn: auf der Stelle.

Basel am Vorabend der Tour de France 1982

Die Tour ist drei Tage zu Gast in der Schweiz. Das ist nicht schlecht. In der Schweiz sind die Straßen gut, in der Schweiz sind die Hotels gut, in der Schweiz ist das Essen gut. Die Schweiz ist ein Radsportparadies. Voll froher Erwartung sehe ich den kommenden Ereignissen entgegen – wie ein Kommunionkind vor Empfang des Sakramentes. Die schlechte Nachricht habe ich verarbeitet: Jomme liegt danieder. Kaputter Rücken, »total im Arsch«, wie er selbst sagt. Die nächsten drei Wochen werde ich es ohne seine mächtigen Hände und seine befreienden Geschichten schaffen müssen. Ein schwerer Schlag.

Das Stadtzentrum von Basel vor etwa zwei Stunden: Auf dem Bürgersteig vor dem Eingang eines Hotels sitzt ein Radrennfahrer auf einem schwarzen Hartschalenkoffer mit aufgedrucktem Sponsorenlogo. Um ihn herum liegen einige Sporttaschen und Plastiktüten auf der Erde. Er trägt den rot-anthrazitfarbenen Trainingsanzug seines Teams. Der Junge gilt als großes Schweizer Nachwuchstalent. Mutterseelenallein sitzt er da. Vorn übergebeugt. Er weint.

Das Bild erinnert mich an eine Szene aus einer alten Westernserie. Bonanza oder Rawhide. Jedenfalls noch in Schwarzweiß. Eine Prügelei im Saloon. Der Revolverheld zieht den Kürzeren und landet im Staub auf der Hauptstraße des Wildweststädtchens. Der Revolverheld richtet sich auf den Knien auf, zieht die Augenbrauen in Großaufnahme zusammen und starrt gedankenverloren auf die nachschwingenden Saloon-Türen. Aus seinem Mundwinkel rinnt ein schmaler Streifen Blut in seinen Dreitagebart. Ende der Szene.

Warum saß das junge Schweizer Talent heute Nachmittag, ausgerechnet in seinem eigenen Land, vor dem Eingang eines Hotels auf der Straße? Und vor allem: Warum weinte er? Durfte er nicht ins Hotel oder kam er gerade von dort? Es beschäftigt mich.

Cycles Eddy Merckx lieferte ein prima Zeitfahrrad. Leichter Rahmen, 28-Speichen-Laufräder, superleichte Reifen auf den Felgen, 220 Gramm, orange-rote Lauffläche. Der Rahmen ist jungfräulich weiß lackiert.

Freitag, 2. Juli: Prologzeitfahren Basel (7,4 km)

»Er schaut den Weibern hinterher«, rief er: »Zu meiner Zeit gab's das nicht, dass ich den Weibern am Straßenrand hinterher geschaut hätte!« Merckx verstand die Welt nicht mehr. Ich stand da, hustete, japste und röchelte nach der Kraftexplosion auf der Kurzstrecke. Ich war mir nicht bewusst, unterwegs auch nur ein einziges »Weib« gesehen zu haben. Es war schon schlimm genug, den Größten aller Zeiten im Begleitfahrzeug hinter sich gehabt zu haben. Ein Zwerg, der von einem Riesen verfolgt wird – ein ungleicher Kampf.

Ich muss die Sache aufklären. Zu meinem eigenen Seelenfrieden. Ich muss es zumindest versuchen.

Herbst 1981. Ein bekannter Sportfotograf schickt mir eine Serie von Fotos zu. Sie waren von einem Pressemotorrad aus am Schlussanstieg nach Alpe d'Huez aufgenommen worden. Zusammen bildeten sie eine Art Fotoroman. Und dieser Fotoroman brachte ein Kindheitsleiden ans Licht: das Schielauge, in meinem Fall das rechte. Oder genauer gesagt: den Einfluss schwerer physischer Anstrengung auf meinen Hang, rechts zu schielen.

Der Fotoroman in Kürze: am Fuße des Berges, kurz bevor der Anstieg beginnt. Ich befinde mich in einer Spitzengruppe von ungefähr fünfzehn Mann. Meine Augen sehen besorgt, aber symmetrisch aus.

Vier Kilometer weiter. Von den fünfzehn Mann sind nur noch fünf übrig. Mein Blick ist ernst. Ansonsten keine Besonderheiten.

Auf halber Strecke des Anstiegs. Ich liege alleine an der Spitze, mit grimmigem Blick. Noch immer nichts Auffälliges.

Vier Kilometer vor dem Gipfel. Das rechte Auge kullert etwas. Nicht weiter beunruhigend.

Noch drei Kilometer. Links kämpft verbissen, Rechts scheint den Straßenrand nach verlorenen Geldscheinen abzusuchen.

Zwei Kilometer vor dem Ziel. Links in Verzweiflung, Rechts hängt abseits und ausdruckslos in der Augenhöhle.

Der letzte Kilometer. Von der rechten Iris ist nun nichts mehr zu sehen.

Ziellinie. Keine Information mehr über das Schielauge verfügbar: beide Augen geschlossen.

Also muss heute Nachmittag das Folgende passiert sein: Merckx steigt neben Godefroot ins Auto, um die Bemühungen von Startnummer 31 seinem fachkundigen Blick zu unterziehen. (Die 3 steht für die Nummer des Teams, die 1 steht für die Position des Mannschaftskapitäns). Die Rückennummer 31, das bin ich. Auf halber Strecke des Prologzeitfahrens fährt Godefroot in seinem Teamfahrzeug zur Rechten neben mich. Merckx erschrickt. Er sieht ein Auge, mein rechtes Schielauge, über Reihen weiblicher Schönheiten hinter Absperrgittern gleiten. Er denkt: Das kann nicht gut gehen, aus dem Kerl wird nichts, der kommt niemals bis nach Paris.

Merckx kam fünf Mal im Gelben Trikot nach Paris. Und ein Merckx gibt sich nicht mit einem Nicht-Merckx zufrieden, das ist mir jetzt klar.

Hinault gewann den Prolog. Ich wurde Siebenundzwanzigster mit vierunddreißig Sekunden Rückstand. Nicht gerade berauschend, aber für jemanden, der vor Anstrengung fast zwischen den Rohren seines Rahmens hing, als sich sein Teamfahrzeug kurz an seine Seite setzte, wiederum auch nicht sonderlich schlecht.

Das Rätsel um das junge Schweizer Talent ist gelöst. Sein Teamchef sagt, das letzte Wort wäre noch nicht gesprochen. Es begann mit vagen physischen Beschwerden. Sie schleiften ihn sofort zu einer Reihe von Ärzten, die jedoch erklärten, dass der Junge kerngesund sei. Schließlich rückte er mit der Sprache heraus: Er traute sich nicht zur Tour. Er packte seine Habseligkeiten zusammen, postierte sich draußen auf der Straße vor dem Hotel und wartete, bis seine Mutter ihn erlöste.

Ein Opfer des Tourfiebers, lautet meine bescheidene Diagnose.

Samstag, 3. Juli
1. Etappe: Rundkurs Schupfart-Möhlin (207 km)

Obwohl es genauso ansteckend wie Masern ist, ist das Tourfieber offiziell nicht als Krankheit anerkannt. Das ist auch nicht nötig. Tourfieber ist ein vorübergehender Zustand aus Aufregung, Ausgelassenheit und Realitätsverlust, der sich am besten mit einem übersteigerten Feriengefühl vergleichen lässt. Jeder kann ihm zum Opfer fallen: Radrennfahrer und Teamchefs, Sponsoren und Publikum, die Organisatoren und die Journalisten von Presse, Hörfunk und Fernsehen, die Jury-Funktionäre und die Schweizer Kühe, die heute Nachmittag bei der Vorbeifahrt der Karawane in größter Verwirrung über ihre Weide spurteten.

Der Rundkurs von Schupfart-Möhlin war neun Mal zu absolvieren. Bis anderthalb Runden vor dem Ende passierte nichts. Zumindest nicht für den Laien. Ein Peloton, in das keine Bewegung zu kriegen ist, muss für den Laien wie ein zusammengebundener Stapel alter Zeitungen aussehen. Wenn es doch nur so wäre. Ein Feld von frischen, tatkräftigen Radrennfahrern, von denen mindestens drei Viertel die Illusion hegen, etwas Großes zustande bringen zu können, gleicht vielmehr einem Eimer voller Aale.

Solch ein Peloton kann sich niemals weiter auffächern, als die Breite der Straße erlaubt. Und da beginnt alles Elend. Jeder will einen Platz an der Spitze des Pulks ergattern. Denn wenn das Feld irgendwann auseinanderreißen wird, muss man unbedingt vorne dabei sein. Niemand weiß, wann es passiert. Wo es passiert, weiß jeder: hinten.

Es ist nicht schön, sich mit hundertundsiebzig Bruderaalen in einem Eimer zu tummeln. So sah mein Tag aus: von-vorne-nach-hinten-von-links-nach-rechts, »Luctor et Emergo« – ringen und auftauchen, pumpen oder absaufen, kurz an der Oberfläche Luft schnappen, um gleich wieder auf den Boden zu sinken.

Jetzt, Stunden später, fühlt sich mein Kopf noch immer an wie eine Schüssel voller Eidotter, die von einem Mixer bearbeitet wurden. Tourfieber? Ich fröstle tatsächlich etwas. Bereits vor dem Start der Etappe habe ich etwas gefröstelt.

Gegenüber einem Vertreter der heimischen Presse hörte ich mich selbst hinausposaunen: »Ich kämpfe um eine Bergetappe. Und um einen Platz auf dem Podium in Paris!« Letzteres platzte einfach so aus mir heraus.

Sonntag, 4. Juli
2. Etappe: Basel – Nancy (250 km)

Jetzt also ist auch Frankreich erreicht. Das Tourfieber hat mich nun endgültig gepackt. Im Finale einer langen Fahrt durch die Vogesen schleuderte ich mit meinen Kräften verschwenderisch um mich, als ich in einer kleinen Spitzengruppe um wenige Sekunden Vorsprung kämpfte.

Als ob ich noch nicht wüsste, wie man eine Tour angehen muss: sparsam und mit Bedacht. Ungefähr so wie ein Kind, das mit einem etwas zu schmalen Geldbeutel einen Rummelplatz betritt. Mein Nettogewinn heute: gut neun Sekunden!

Über einen französischen Fernsehkanal erschallte gerade eben ein deprimierendes Echo aus der Schweiz: »Sie haben die Blinden bestohlen!« »Sie«, damit waren offenbar die Horden von Schweizern gemeint, die zwei Tage lang durch Wälder und Wiesen geschlichen waren und so die Kassenhäuschen entlang der Strecke umgangen hatten. Das Plus des Schweizer Wochenendes, das komplett einer Blindenorganisation zugute kommen sollte, fiel magerer aus als erwartet. Da bin ich doch sehr enttäuscht von den Schweizern, dass sie ihre Blinden beklauen.

Hinault steht mit der französischen Presse auf Kriegsfuß. Beide Lager beschuldigen sich gegenseitig der Arroganz und des Parasitentums. Die ersten Schüsse sind gefallen. Hinault wird sowieso gewinnen. Gegen die Presse und gegen uns, die wir um den ersten Platz fahren, den ersten Platz hinter Hinault.

Erst heute erfuhr ich, dass das französische Team Coöp-Mercier gestern mit einem Fahrerstreik gedroht hat. Ihr Geldgeber hatte Tacheles geredet: Wenn die Jungs keine Ergebnisse liefern würden, bliebe ihm nichts anderes übrig, als mit hartem Besen zu kehren und das Team auszusortieren. Eine hastige Zusicherung vonseiten des Sponsors erstickte den Streit jedoch im Keim. Das war nicht sonderlich klug von ihm. Radrennfahrer streiken niemals. Außer wenn Hinault es befiehlt.

Montag, 5. Juli
3. Etappe: Nancy – Longwy (134 km)

Wieder brachten Zusicherungen etwas Gutes mit sich. Diesmal waren es die von Entlassung bedrohten Stahlarbeiter aus Pompey in der Nähe von Longwy, die Tacheles redeten. Die Botschaft war unvermissverständlich: Die Karawane zieht über ihr Fabrikgelände, die Kameras halten die brenzlige Lage fest und senden die Bilder in alle Welt. Falls nicht, wird die Tour halt einen Tag lang lahm gelegt! Dass das Peloton tatsächlich im vollen Finale über das Fabrikgelände gerast ist, sah ich erst in einer Zusammenfassung im Fernsehen. Unterwegs habe ich nichts davon gemerkt.

Jetzt zu einer verrückten Erfindung: die so genannten Rushes Talbot, wie sie hier die Bonifikationssprints nennen. Vier oder fünf Mal pro Etappe ist irgendwo ein Strich quer über die Straße gezogen. Wer diesen als Erster überquert oder als Zweiter oder Dritter, gewinnt Sekunden, die von der realen Gesamtzeit abgezogen werden. Auf diese Weise holte sich Hinault heute rund vierzig Sekunden – ich null. Nun sah ich soeben in der Zusammenfassung dieses Bild: Ich fahre an Hinault vorbei, ich kann ihn anfassen, aber eigentlich auch wieder nicht. Meine Frage: Fährt Hinault nun vierzig Sekunden vor mir oder fährt er vierzig Sekunden hinter mir?

Fast hätte ich geschrieben, dass es auch heute zum Glück einfach einen Gewinner gegeben hatte. Aber das trifft nicht zu. Der heutige Etappensieger war ein angriffslustiger Belgier, der eine überraschende Erklärung für seine Angriffslust fand. Er habe einfach etwas unternehmen müssen, denn er war wild, ja fuchsteufelswild auf diesen Freddy. Dieser Freddy, sein Teamkamerad, voriges Jahr noch Gewinner von wohlgemerkt fünf Tour-Etappen, jetzt jedoch wegen Krankheit zu Hause geblieben, hatte in diversen Interviews erklärt, dass das Team ohne ihn nicht dazu in der Lage sei, auch nur einen einzigen Etappensieg zu ergattern. Noch lieber hätte der angriffslustige Belgier sein Heldenstück einen Tag später, wenn es nach Moeskroen geht, vollbracht. Auf vaterländischem Boden. Doch ein

Sieg in Longwy, so nahe an der französisch-belgischen Grenze, war ihm auch eine Genugtuung.

Auch diese Information erfuhr ich aus der TV-Zusammenfassung. Zu spät also. So etwas müsste man schon während des Rennens wissen.

Ich bin müde. Ich muss jetzt schlafen gehen. Es ist ruhig in unserem Hotel vor den Toren der Stadt Luxemburg. Und für Tour-de-France-Verhältnisse ist es hier ungewöhnlich luxuriös. Es heißt »Holiday-Inn«.

Dienstag, 6. Juli 1982
4. Etappe: Beauraing – Moeskroen (207 km)

Die Karte, in die sie die Route der Tour eingezeichnet haben, lässt sich noch am besten als ein Teller beschreiben, auf dem ein Rest Tagliatelle zurückgeblieben ist: Hier ein kleines Band, da ein kleines Band. Die Lücken zwischen den Nudeln werden per Zug, Auto oder Flugzeug überbrückt.

Es ist absurd, ein Rennen zu entwerfen, bei dem genauso viele Reise- wie Rennkilometer zurückgelegt werden müssen. Die Tour-Direktion ist dafür schon heftig kritisiert worden. Dennoch bin ich nicht grundsätzlich gegen die Transfers. Im Gegenteil, für jemanden wie mich, der jeden Morgen zwei bis drei Stunden braucht, bis der Bezug zur Realität hergestellt ist, kann solch ein Ortswechsel die Rettung bedeuten. Lieber in einem leise brummenden Auto zum Leben erwachen so wie heute Morgen, als mit vollgefressenem Wanst wieder zurück ins Hotelbett zu sinken.

Die kolossalen Frühstücksportionen – der Brennstoff muss getankt werden – machen mich schwer und leblos. Eine gemästete Gans würde verstehen, was ich meine. Es ist eine wahre Qual, kurz vor dem Start die üblichen Rituale hinter sich zu bringen, als da wären: kacken, Startnummer anheften, Koffer packen, Koffer schließen, Koffer auf den Flur stellen, kontrollieren, ob alles eingepackt ist – und falls nicht, den Koffer wieder vom Flur holen, öffnen, schließen, warten bis der Pfleger mit dem Muskelbalsam auftaucht, dessen scharfer Geruch sich mit dem Geruch von Scheiße und Aftershave vermischt, der bereits seit geraumer Zeit im Zimmer hängt und mir noch mehr jedwede Unternehmungslust raubt.

Die Autofahrt von Luxemburg nach Beauraing war für mich ein Balsam für die Seele. Wenn es nach mir gegangen wäre, hätten die dunkelgrün bewaldeten Ardennen-Hügel noch viel länger an uns vorbeigleiten dürfen. Die wohlige Wehmut, die in mir aufkam, war mir viel lieber als ein stinkendes Hotelzimmer, das mir doch nichts mehr zu bieten hatte. Schmerzloses Erwachen, so würde ich es nennen wollen.

Die Etappe war weniger schmerzlos. Zu Beginn gab es heftige Sprints um die Rushes Talbot, doch was noch schlimmer war: Man hörte gar nicht auf zu sprinten. Es folgte ein Ausreißversuch nach dem anderen. Nichts ist ansteckender als ein Ausreißversuch. In Rennberichten hört man schon mal: »Da geht die Post ab.« Nun, es war vielmehr ein Eiltelegramm, das heute abging. Unruhe im Feld, Panik, Pause, Rush Talbot, wieder ein Ausreißversuch. Und alles unter dem Motto: Wer mir weh tut, dem füge ich noch viel schlimmere Schmerzen zu!

Das Peloton veränderte ständig seine Gestalt: ein Lindwurm, dann wiederum ein Regenwurm, dann eine Rauchwurst in schräg geschnittenen Scheiben, dann wiederum ein Eimer Aale. Zuletzt, als es sich Moeskroen näherte, präsentierte es sich als Rammbock.

In Moeskroen herrschte Chaos. Der Ort war überfüllt von Zuschauern. Entlang der viel zu schmalen Sträßchen stand das Publikum zusammengepresst zwischen den Fassaden und Absperrgittern. Wenigstens befand es sich entlang der Strecke noch hinter den Barrieren, denn jenseits der Ziellinie störte sich niemand mehr an irgendwelchen Absperrungen.

Ich blieb in einem Pulk hängen, in dem Panik ausbrach, nachdem jemand von der Hitze benommen ohnmächtig wurde. Ich sah, wie ein Vater sein Kind über seinen Kopf hob, um es davor zu bewahren, tot getrampelt zu werden. Auf die gleiche Weise rettete jemand sein Schoßhündchen. Ein französischer Kollege von mir hob sein Rennrad in die Höhe und begann, damit wild um sich zu schlagen. In Moeskroen erlebte ich die Tour de France aus einer völlig anderen Perspektive.

Morgen steht das Mannschaftszeitfahren auf dem Programm. Wir bringen unsere Geheimwaffe ins Spiel, die deutsche Zuglokomotive Braun. Heute hielt er sich zurück, um morgen das zu tun, was von ihm verlangt wird: lange und oft an der Spitze fahren.

Mittwoch, 7. Juli
5. Etappe: Orchies – Fontaine-au-Pire (73 km)

Die Körper kamen langsam auf Renntemperatur. Wir fuhren im allergrößten Gang, alles Blut wurde in die Beine gezogen, wodurch unsere Köpfe jene merkwürdige Blässe zeigten, wie sie der Hingabe an die größtmögliche Anstrengung zu Eigen ist. Braun sorgte für lange, für sehr lange Ablösungen an der Spitze. Sein Tritt war verdammt elegant und kräftig. Nein, so einfach wurden sie uns heute nicht los. Dann kam uns plötzlich das vollzählige Team Wickes-Splendor entgegen, das zu diesem Zeitpunkt mindestens zwanzig Kilometer weiter vorne über die Piste hätte rasen müssen. Sie strampelten ruhig, die Hände am Oberlenker. Eine Meuterei, weil die Zahlungen des Sponsors ausgeblieben waren? War ein Flugzeug auf der Piste abgestürzt? Der dritte Weltkrieg ausgebrochen? Kurz darauf, in Denain, fuhren wir in eine Wegblockade. Wir kamen zum Stillstand. Das Rennen war vorbei.

Was ich davon hielt, fragte ein Journalist.

»Was ist denn los?«

»Die Tour ist lahm gelegt.«

»Wieso?«

Ich hörte, dass Arbeiter des Stahlgiganten Usinoir das Rennen blockiert hatten. Sie flehten um Kameras, also um Aufmerksamkeit. Zehn Jahre lang hatte man sie systematisch belogen, zehn Jahre lang hatte man sie systematisch kaputt gespart. Von den ursprünglich 10.000 Arbeitern waren nur noch 1.300 übrig. Und für diese 1.300 war es nun ebenfalls aus. Also, was hielt ich davon?

Durch die Anstrengung war nicht mehr besonders viel Blut in meinem Kopf, doch ich erinnerte mich, dass wir heute Morgen irgendwann zwischen neun und elf Uhr durch Denain gekommen waren. Wir hatten auf dem Rad die Strecke des Mannschaftszeitfahrens erkundet. Bereits da herrschte strahlendes Wetter, und es war warm. In meiner Erinnerung war Denain eine einzige Aneinanderreihung von Arbeiterhäusern. Ein paar Kilometer lang. Bei nahezu allen Häusern stand die Haustür offen, und an nahezu jedem Türpfosten lehnte gleichgültig der Hausherr: Unterhemd, Bierbauch über der speckigen Hose, verschlissene Puschen, Haare auf den Schultern, freudloser Gesichtsausdruck, den kein Sonnenstrahl mehr aufzuhellen vermochte. Nordfranzösische Tristesse an jeder Haustür.

Als wir an all den grimmigen Männern vorbeifuhren, versuchte ich, nicht daran zu denken, was sich wohl hinter ihrem Rücken abspielte. Vergeblich. Vor mir tauchten hässliche, ermattete Frauen mit strähnigen Haaren auf. Kinder mit großen, schwarzen, stupiden Stielaugen. Küchentische, auf denen Brotkrusten lagen. Benutzte Teebeutel und Cervelatwurstpellen. Kanarienvogelkäfige. Sich fortlaufend kratzende Hunde. Rissige Hornhautränder an roten Füßen. Wäscheleinen mit schlapp herunterhängender Unterwäsche. All diese Dinge sah ich, ohne sie wirklich gesehen zu haben, außer in einer Fotoreportage.

»Es ist ärgerlich, wir waren gerade so gut in Fahrt«, antwortete ich dem Journalisten, um die trüben Gedanken zu vertreiben.

Donnerstag, 8. Juli
6. Etappe: Lille – Lille (221,5 km)

Wie hatte ich dem heutigen Tage entgegengefiebert! Meine erste Bekanntschaft mit dem nordfranzösischen Kopfsteinpflaster machte ich bei der Tour des Vorjahres. Groß war meine Verwirrung damals, als es auf die erste Kopfsteinpflasterpassage ging: Ich hatte das Gefühl, wie ein hüpfender Flummi machtlos von links nach rechts geworfen zu werden. Mit Entsetzen musste ich feststellen, dass alle Versuche von Sportfotografen und Kamerateams, die »Hölle des Nordens« in

Bilder zu fassen, völlig vergeblich gewesen waren. Diese Hölle war schlichtweg unbefahrbar. Die Schlaglöcher waren genauso groß wie die Pflastersteine. Meine leichte Statur spielte mir einen Streich. Die Teamkameraden hinter mir, gestandene flämische Kerle, riefen: Links fahren! Auf dem Sandweg. Jetzt auf dem Buckel in der Mitte. Pass auf die Kuhle auf! Patsch, Reifen platt, Felge entzwei. Fünf Platten hatte ich an diesem Tag, einmal sogar gleichzeitig vorne und hinten.

Die anderen traten mir ihre Räder ab, warteten selbst auf Reservematerial aus dem Teamfahrzeug und tauchten wenig später wieder hinter mir auf wie Geister aus dem Nebel. Denn im Sommer bedeutet die »Hölle«: Staubwolken, in denen die Sichtweite manchmal weniger als zehn Meter beträgt. Staub, der sich rund um die Augäpfel ansammelt. Staub, der die Zunge und die Kehle bedeckt. Staub, den man noch drei Tage später aushustet – eingefasst in den Schleim, den man zur Begutachtung ins Waschbecken spuckt.

Ich dachte daran, wie ich langsam zu Grunde gegangen war. Wie ich die letzten zehn Kilometer wieder auf Asphalt furchtbar leidend am Hinterrad des alten Hasen und Wasserträgers Delcroix hing. Wie ich im Ziel in Roubaix erfuhr, knapp vier Minuten eingebüßt zu haben, was eigentlich noch ganz in Ordnung war, aber gehörige Konsequenzen für meine Position in der Gesamtwertung hatte.

Dagegen zeigte die »Hölle« heute ein menschlicheres Gesicht. Der Staub war wieder da. Ebenso das Chaos im Peloton und in der Verfolgerkarawane. Auch das langsame Zugrundegehen. Aber ich fuhr mir keinen einzigen Reifen platt. Die Mannschaftskameraden, die mich mit dem Argwohn von Anstandsdamen umringten, dirigierten mich von Anfang bis Ende über die besten Stücke der Steine.

Nur habe ich jetzt zwei enorme Blasen, in jeder Handfläche eine.

Freitag, 9. Juli: Ruhetag in der Bretagne

Ich muss sagen, die Operation verlief wie geschmiert. Die Tour-Direktion hatte alles daran gesetzt, um von diesem Reisetag einen halben Ruhetag für unsere müden Leiber übrig zu behalten. Ruhetag, das heißt: Zeit zur Erholung. Um der Geschmeidigkeit willen zwei Stunden mit kleinen Übersetzungen strampeln. Langer Mittagsschlaf, ausgiebige Massage, Infusion mit einem Nährwert von zwei Beefsteaks, Abendessen und dann Gute Nacht.

Die Natur gönnte sich auch am Ruhetag keine Ruhe. Während des Mittagsschlafs wurde ich von einer Dame besucht, die ungefähr in meinem Alter war und die ich flüchtig kannte. Ich war wehrlos, ich lag auf meinem Rücken und aus irgendeinem Grund konnte ich mich nicht bewegen. Sie hingegen bewegte sich sehr wohl – und wie! Ich wurde in dem Moment wach, als die Feuchtigkeit aus den Lenden ins Laken floss. Wohl noch fünf Minuten starrte ich, nach einem Namen suchend, an die Decke.

Für Braun, unseren deutschen Stützpfeiler, sieht es schlecht aus. Gestern kam er auf dem Kopfsteinpflaster übel zu Fall. Auf den Röntgenbildern zeigte sich, dass er einen angebrochenen Handwurzelknochen hat. Das kenne ich, das ist mir im Alter von fünfzehn auch einmal passiert. Damit kann man nicht weiterfahren. Doch Braun will von einer Aufgabe nichts wissen, sagt er. Er will bis zum Mannschaftszeitfahren dabei bleiben. Denn das ausgefallene Teamzeitfahren von vorgestern wird in zwei Tagen nachgeholt. Dafür hat man eine bestehende Etappe geteilt. Ich befürchte das Schlimmste.

Samstag, 10. Juli
7. Etappe: Cancale – Concarneau (234,5 km)

Quer durch die Bretagne, von Küste zu Küste. Die beklemmende Schwüle von gestern war heute Morgen wieder verschwunden. Stattdessen stieg vom Asphalt eine trockene Hitze auf, die meine Fußsohlen in Brand setzte. Die erste Hälfte des Rennens – und das war ein ganzes Stück – fuhr ich in einem Zustand äußerster Müdigkeit und Bewusstseinsverengung. Es hatte schon morgens beim Aufstehen angefangen. Das heißt, bevor ich es überhaupt schaffte, endlich aufzustehen, saß ich bestimmt eine Viertelstunde auf der Kante meines Bettes und starrte vor mich hin – zu nichts anderem fähig, als den Schluss zu ziehen: Es ist ja schön und gut, sich an einem Ruhetag ausruhen zu können, man müsste danach nur wieder zu sich kommen.

Der Ruhetag hatte nicht nur mich, sondern auch den Rest des Pelotons durcheinander gebracht. Jedenfalls hatte es sich beruhigt. Man war wieder nett zueinander. Es wurde nicht mehr um jeden Quadratzentimeter Boden gekämpft. Sogar die Talbot-Sprints sorgten höchstens noch eine halbe Minute lang für Aufregung. Gleich im Anschluss fiel das Tempo wieder auf ungefähr fünfundzwanzig Kilometer pro Stunde, was angenehm ist, aber auch tödlich enden kann. Kurz, nur ganz kurz, es dauerte kaum länger als zwei Sekunden, schlief ich auf dem Rennrad ein. Ich erschrak. Die hastig geschluckten Koffeinpillen halfen etwas, aber die Schwere in meinen Beinen konnten sie nicht vertreiben.

Es ist verrückt: Nur ein Tag ohne Rennen, und schon schlägt die Müdigkeit zu. Nur ein Tag ohne Obsession, und man bekommt die Rechnung dieser Obsession präsentiert. Wie dem auch sei, es brechen nun ein paar kritische Tage an. Entweder der Körper fügt sich der Anstrengung oder er versinkt in blankem Unvermögen. Die kommenden drei, vier Tage werden ein Tanz auf dem Drahtseil.

Ein Kollege von mir kennt einen Trick, um überspannte Nerven zu beruhigen. Es ist ein täglich wiederkehrendes Ritual. Er betritt sein Hotelzimmer, reißt sofort das Fenster auf und stößt einen schaurigen Schrei auf die Straße, den Platz oder Innenhof hinunter: Das wäre erledigt, alles klar, wir können zur Tagesordnung übergehen. Ich wünschte, ich wäre auch so praktisch veranlagt.

Achtzig Kilometer vor dem Ende tauchten heute Fische auf der Straße auf – gemalte Fische in einem stilisierten Linienmuster. Was hatte das zu bedeuten? Ein heimlicher Gruß von Christenmenschen? Der Protest einer bretonischen Separatistenbewegung? Das Finale des Rennens war gerade eröffnet. Erst als eine Spitzengruppe, in der auch ein Bretone namens Poisson fuhr, außer Sichtweite entschwand, begriff ich, dass die Fische ihn anfeuern sollten (Poisson = Fisch, poison = Gift, Lehrstoff des allgemeinbildenden Sekundarstufenunterrichts). Achtzig Kilometer Fische! Sie müssen einen ganzen Tag und eine ganze Nacht lang daran gearbeitet haben, vielleicht noch viel länger.

Doch all die Mühe hat Poisson nicht zum Sieg verholfen. Er wurde Vierter. Nun ja, Vierter werden ist auch schön. Ich wäre dazu heute nicht fähig gewesen.

Braun hat aufgegeben. Fünfundzwanzig Kilometer pro Stunde waren noch zu schnell für ihn. Er sah kreidebleich aus vor Schmerz.

Sonntag, 11. Juli
8. Etappe: Concarneau – Châteaulin (200 km)

Heute gab es Gewitterschauer, die keine Abkühlung brachten – es blieben dreißig Grad – und im Zielort einen Rundkurs mit einem Anstieg, der insgesamt zwölf Mal passiert werden musste. Was für eine Masse von Menschen sich oben auf dem Hügel befand und was für einen müden, schwerfälligen Körper ich zwölf Mal dort hinaufschleppen musste! Es war, als ob ich einen Sack Kartoffeln auf dem Rücken trug. Zwölf Mal erreichte ich den Punkt, an dem sich der Schließmuskel beinahe spontan geöffnet hätte. Und natürlich denkt man dabei, dass man der Einzige ist. Wenn es schwierig wird, verengt sich der Kreis der Gedanken. Die Steigung riss die Gruppe etwas auseinander. Zehn Mann setzten sich an die Spitze. Sie gewannen mit vier Sekunden Vorsprung vor dem Rest.

Im Auto ging es gut hundert Kilometer weiter nach Lorient. Im Hotel angekommen, suchte ich sofort den Mannschaftsarzt auf.

»Mir fehlt etwas«, sagte ich: »Aber ich weiß nicht was. Ich fühle mich ausgepumpt und schwer. Ich habe schon größte Mühe, Treppen zu steigen.«

Der Mannschaftsarzt untersuchte mich. Seiner Meinung nach war alles in bester Ordnung. Ein Blutdruck wie ein Sonnenbadender und ein Puls wie eine grasende Kuh, so ruhig. Alles schien normal, sogar perfekt.

Ich bin doch nicht verrückt. Ich fühle doch, was ich fühle. Ist es etwa üblich, dass Puls und Blutdruck nach einer guten Woche Tour de France normal sind? Lass mich nicht verrückt werden. Zumindest nicht, bevor die Berge anfangen.

Montag, 12. Juli
Etappe 9a: Mannschaftszeitfahren Lorient – Plumelec (69 km)
Etappe 9b: Plumelec – Nantes (132 km)

Weckruf um sechs Uhr. Bin ich etwa nachts noch eine zusätzliche Etappe gefahren? Ich fühlte mich jedenfalls noch schlechter als gestern Abend, als ich zu Bett gegangen bin. Mit meinem Kopf auf dem Kissen und mit noch geschlossenen Augen begann ich, in langen Sätzen die Tour-Direktion zu verfluchen. Ich wünschte ihr die Hölle und ewige Verdammnis. Sie sollten sich das Mannschaftszeitfahren in den Arsch schieben.

Eine Viertelstunde später war ich soweit, dass ich aufstehen konnte. Und wiederum eine Viertelstunde später wankte ich angezogen, gekämmt und rasiert zum Speisesaal. Spaghetti und Beefsteak zum Frühstück. Darauf war der Verdauungstrakt noch nicht vorbereitet. Die Spaghetti aß ich zögerlich, das Beefsteak ließ ich unangerührt liegen. Ich flehte den Mannschaftsarzt an, mir eine hohe Dosis Koffein zu geben – französischer Kaffee ist ja kein richtiger Kaffee. Kurz darauf schmiss ich mich in die Rennkluft. Das Team machte sich auf zum Warmfahren.

Wir hätten auch genauso gut darauf verzichten können. Unser Auftritt war ein Ausrutscher: achter Platz mit 3:58 Minuten Rückstand. Wir kamen die ganze Zeit nicht auf Geschwindigkeit, und die Ablösungen verliefen zäh. Nicht ein Sandkorn, sondern eine ganze Schubkarre voll Sand hatten wir im Getriebe. Der Verlust unseres deutschen Zugpferdes Braun hatte schwere Folgen – obwohl allein dieser Verlust noch keine ausreichende Erklärung für den großen Rückstand liefert. Diese Mannschaft besteht offenbar nicht gerade aus Frühaufstehern. Belassen wir es mal dabei.

Die Turnhalle von Plumelec hatte sich in ein Feldlazarett verwandelt. Jede Mannschaft verfügte über einen provisorisch mit Wandschirmen abgegrenzten Raum. Darin standen zehn olivgrüne Feldbetten, auf denen wir uns ausruhen konnten. Nach dem Mittagessen – schon wieder Spaghetti mit Beefsteak – legte ich mich hin und versank sofort in einer Art Koma. Aber nicht für lange. Schon bald wurde die Meute für Teil zwei des Tages wieder zusammengetrommelt. Erneut verwünschte ich die Rennleitung. Wie betäubt heftete ich mir die Rückennummer ans Renntrikot. Mein Gesicht fühlte sich an wie Plastik.

Plumelec–Nantes wurde ein Rennen der Verrückten. Hatte denn gar niemand beim Mannschaftszeitfahren gelitten? Vom Start weg ging es los mit den Ausreißversuchen. Und es hörte gar nicht mehr auf. Wie von einem Katapult abgeschossen, ballerte einer nach dem anderen los. Ich war mit nur einer einzigen Sache beschäftigt: Ich musste mich irgendwie festbeißen. Nicht nur mein Gesicht hatte sich in Plastik verwandelt, auch meine Beine. Ich bin noch gut davongekommen.

Ein schwarzer Tag. Ich bin müde, müde und nochmals müde. Ich fühle nichts als Müdigkeit. Der Doktor behauptet weiterhin hartnäckig, dass alles so funktioniert, wie es funktionieren sollte, und sich in einem perfekten Zustand befindet. Doch ich will nur noch schlafen. Hundert Jahre lang.

Dienstag, 13. Juli
10. Etappe: Saintes – Bordeaux (147 km)

In aller Frühe wurde das Vieh auf dem Bahnhof von Nantes zusammengetrieben. Vor der Etappe mussten wir schon wieder einen Transfer absolvieren. Ziel unseres Zuges war Saintes, zweihundert Kilometer weiter südlich.

Geschwindigkeit steckt an, selbst dann, wenn es die Geschwindigkeit eines Zuges ist. In Saintes schoss das Peloton aus den Startblöcken, um erst wieder in Bordeaux zum Stillstand zu kommen. Doch über Geschwindigkeit will ich jetzt nicht reden. Ich will dir lieber von dem Wunder erzählen.

Denn im Laufe der Etappe begann ich, mich allmählich besser zu fühlen. Irgendwann fühlte ich mich sogar gut. Eine Zeit lang gab ich selbst in einer Spitzengruppe mit den Ton an. Leider konnte sich unsere Gruppe nicht bis zum Ende vorne halten. Doch es war wieder Leben in meinen Beinen. Und in meinem Kopf, was sicherlich genauso wichtig ist.

Nicht alles lässt sich erklären. Wie es dazu kam, dass der Sack Kartoffeln, der schon seit ein paar Tagen auf meinem Rücken mitgefahren war, von mir abgefallen ist, weiß ich nicht und muss ich auch nicht wissen. Was zählt, ist, dass ich wieder dabei bin. Dass dieses kraftlose Schwanken um den toten Punkt jetzt hinter mir liegt. Dass der Körper sich anpasst und nicht endgültig dem Leiden verfällt. Dass der Körper sich mit der Tour de France versöhnt hat und ab heute nur noch stärker wird. Halleluja!

Nach dem Rennen folgte noch eine Autofahrt von erneut zweihundert Kilometern nach Valence d'Agen. Wir kamen zur Abendbrotzeit an. Schnell duschen und sofort an den Tisch. Erst gegen zehn Uhr war Zeit für eine kurze Massage. Gestern hätte ich mich darüber noch schrecklich geärgert. Jetzt nicht mehr.

Mittwoch, 14. Juli
11. Etappe: Zeitfahren Valence d'Agen (57,3 km)

Zu früh gefreut, ich habe mich zu früh gefreut. Ich habe es noch lange nicht geschafft. Fünf Minuten und fünfundzwanzig Sekunden bekam ich im Zeitfahren aufgebrummt. Und dabei hatte ich alles getan: früh aufgestanden, die ganze Strecke auf dem Rad erkundet, die schwierigen Kurven in Augenschein genommen, Windrichtung und Windgeschwindigkeit verinnerlicht, peinlich genau die zu montierenden Übersetzungen ausgesucht, mich gut entspannt, mich ausgewogen ernährt, ein raffiniertes Aufwärmprogramm absolviert, Scheuklappen angelegt beziehungsweise ein Brett vor dem Kopf angebracht... Wirklich alles habe ich getan. Ebenso der Doktor. Den Doktor trifft keine Schuld.

»Eine Infusion, leg mir bitte eine Infusion«, flehte ich, als ich ins Hotel zurückgekehrt war: »Ich bin ausgetrocknet, geplättet, zerfleddert, zerknittert, vernagelt, kaputt.«

Zehn Kilometer vor dem Ende hatte ich die Grenze überschritten, hinter der keine Rede mehr von Willenskraft sein konnte. Der Wille war vielleicht noch da, aber das Miststück reagierte nicht. Was folgte, war ein Slapstick-artiges Gestümper, damit ich überhaupt noch einen Fuß vor den anderen kriegte – und das bei einer Geschwindigkeit, die mich zutiefst nachdenklich stimmte. Doch auch das Grübeln verstummte zum Glück schnell. Was übrig blieb, war ein Pfeifton in meinen Ohren.

»Geduld, Geduld«, sagte der Doktor: »Geduld.«

Noch immer hatte ich einen Puls, der so ruhig war wie der eines Elefanten, und einen Blutdruck, für den sogar der Doktor seine Hand ins Feuer legen würde. Doch wie passte das mit meiner schwachen Leistung zusammen? Intravenös wurden mir zwanzig Kubikzentimeter reine Muskelnährlösung und ein starker Vitamin-B-Komplex verabreicht.

»Danke, Doktor! Danke!«, sagte ich und verließ daraufhin sein Zimmer.

Nein, unseren Doktor trifft keine Schuld. Unser Mannschaftsarzt ist ein guter Mensch. Wie er immerzu beschäftigt ist. Wie er ständig nach neuen Wegen sucht, um unsere tauben Rennfahrerkörper auf Trab zu bringen und zu halten. Wie er andauernd zwischen den Dopingvorschriften und dem Eid des Hippokrates balancieren muss. Und wie er unaufhörlich wie ein Wahnsinniger nach Alternativen zu den zerrüttenden Hormonpräparaten sucht, damit wir den Schauplatz nicht als eingefallene Apfelkuchen verlassen müssen.

Man nehme die deutsche 40-Tage-Kur Revital Energen: äußerst wertvoll. Unser Doktor brachte sie ins Spiel. Die Kur besteht aus einem nicht-chemischen, relativ niedrig, aber ausgewogen dosierten Cocktail, der alle grundlegenden Zellbaustoffe enthält. Der Beipackzettel – ein ganzes Buch – verspricht »Revitalisierung und Regeneration« an der Basis: der Körperzelle.

Es ist eine komplizierte Geschichte. Kurz zusammengefasst lässt es sich als großes Reinemachen beschreiben: Jede Zelle wird repariert und wieder aufgebaut. Und zwar so, dass jede Zelle als Miniaturfabrik den Schornstein rauchen lässt wie nie zuvor. Für so etwas habe ich offene Ohren. Als Indikationen sind angegeben: körperliche und geistige Schwäche, Alters- und Verschleißerscheinungen, Rekonvaleszenz nach Krankheiten oder Operationen, Wechseljahrsbeschwerden, Herz- und Kreislaufstörungen, psycho-soziale Stresssymptome und sogar »Existenzkampf«. Was für einen niedergeschlagenen Mitmenschen heilsam ist, kann auch für den geschundenen Radprofi nur heilsam sein.

Seit dem Beginn der Tour de Suisse mache ich bereits eine Kur mit diesem Produkt – auf Anraten unseres Doktors mit der doppelten Dosis. Es besteht aus Kapseln und Trinkampullen. Übrigens nehme ich schon seit Januar homöopathische Medikamente und Organextrakte, um die Entgiftungszentrale, also die Leber, in Schwung zu bringen. Berücksichtigt man noch die Blutkörperchenproduktion im hoch gelegenen Font-Romeu, bleibt nur der Schluss, dass eigentlich nichts mehr schief gehen dürfte. Die 5:25 Minuten kann ich mir absolut nicht erklären. Und morgen erreichen wir bereits die Pyrenäen!

Ich bin gewiss nie ein Zeitfahrwunder gewesen. Es mangelt mir einfach an Statur und Masse, an dem Kreuz eines Rindviehs und an einem Zwölf-Zylinder-Motor in meinem Brustkasten. Mir fehlt alles, was einem Hinault zum Beispiel nicht fehlt. Aber trotzdem: fünfeinhalb Minuten! Die französische Presse wirft Hinault eine defensive und deshalb langweilige Fahrweise vor. Er schlage lediglich beim Zeitfahren zu und ziehe ansonsten als sparsamer Stratege durch Frankreich.

Aber wie Hinault heute Nachmittag wieder zugeschlagen hat! Und wie ich mich jetzt auf dem vierundzwanzigsten Platz der Gesamtwertung wiederfinde: »24-ième á 8.18 min.«

Die langweilige Fahrweise ist schlichtweg beneidens- und nachahmenswert.

Donnerstag, 15. Juli
12. Etappe: Fleurance – Pau (234,5 km)

Gegen Liebeskummer lässt sich nicht ankämpfen. Wilman hat heute versucht anzugreifen. Doch sein Brandpfeil erlosch, noch bevor er auch nur zwei Meter in die Höhe gestiegen war, und plumpste auf den Boden. Ich sehe noch immer das erschütterte Gesicht meines Mannschaftskameraden vor mir, als er den kurzen, aber prägnanten Brief übersetzte, den ihm seine norwegische Freundin geschickt hatte: »Ich habe einen anderen gefunden. Tschüss, Öse.«

Das war vor gut einem Monat, während des Blutpraktikums in Font-Romeu. Die Erschütterung machte schnell einem anderen Gefühl Platz: der Lust auf Rache. Er würde dieser Öse zeigen, woran es dem anderen Kerl mangelte: Kraft. Potenz. Sie würde schon noch dahinter kommen, was sie an ihm hatte. Gesenkten Hauptes und von Kummer gebrochen würde sie zu ihm zurückkehren und sich ihm zu Füßen niederwerfen. Und so weiter.

Heute ist es ihm also nicht gelungen. Aber morgen, morgen beginnt dann der große Angriff auf das Gelbe Trikot! Es klang wie eine Drohung.

Düstere Pyrenäen. Nebel auf dem Soulor und Nebel auf dem Aubisque. Es war wenig Bewegung im Rennen. Offenbar waren die Beine noch nicht auf den Kletterrhythmus umgestellt. Alle, die irgendwie konnten, gruppierten sich um Hinault – Napoleon geht seiner Armee voran. Die große Auslese hat begonnen. Radrennen in den Bergen sind eigentlich rührend simpel. Ein riesiges, unsichtbares Hackmesser saust einige Male nieder und schon ist die Gruppe wie ein Thunfisch zerstückelt.

Dieser Tag wird als lang und eintönig in die Geschichtsbücher eingehen. Der Herr sei dafür gepriesen. Nach dem Rückschlag von gestern hatte ich da so meine Zweifel. Ich hielt mich bedeckt, rührte mich nicht mehr als nötig und beendete das Rennen in einer großen Spitzengruppe von achtzehn Fahrern als Siebter. Das war nicht schlecht.

185

Freitag, 16. Juli
13. Etappe: Pau – Pla d'Adet (121 km)

»Wer eine breite Lunge hat, kann kein guter Kletterer sein. Ein zart gebauter Typ hingegen hat eher eine lange Lunge. Man sieht, wie der Körper beim Klettern länger wird. Das ist das Entscheidende«, so ein Veteran in einem Interview, das ich gerade gelesen habe.

Es war ein kurzes, hartes Rennen heute, mit Zielankunft auf dem Pla d'Adet. Ich hätte so gerne ein Kunststückchen zum Besten gegeben, doch genau wie im Vorjahr ging es schon auf den ersten steilen Kilometern schief. Der eindeutig langlungige Schweizer Breu preschte schrecklich schnell weg. Wie gut sie diesen Kerl doch wieder zusammengeflickt haben! Ich sehe es noch genau vor mir, wie er vor drei Monaten mit einem erbärmlich zugerichteten Gesicht, röchelnd und Blut spuckend, ins Krankenhaus von Huy hineingetragen wurde. Das war während des Wallonischen Pfeils. Da war meine Schulterfraktur nichts gegen. Kompliment auch an seinen Zahnarzt.

Ich reagierte sofort auf Breus Ausreißversuch und schlich bis an sein Hinterrad heran. Wie lange dauerte es, bis ich wieder abgehängt wurde? Zweihundert Meter, zweihundertfünfzig Meter? Wurde mein Körper denn gar nicht länger durch das Klettern? Nein, im Gegenteil, er schrumpfte. Und dann explodierte er. Als ob ich eine Handgranate verschluckt hätte. Ich war völlig fertig. Sicherlich zwanzig Mann fuhren an mir vorbei. Die Wut, die diese Demütigung in mir weckte, schnürte mir noch stärker den Atem ab.

Auf halbem Wege zum Gipfel erholte ich mich. Ich bekam wieder Luft und rückte sogar auf den zehnten Platz vor. Aber dass meine Lungen davon länger wurden? Nein. Nur mein Gesicht wurde immer länger. Oben auf dem Pla d'Adet habe ich jemandem auf sein Maul gehauen. Das letzte Mal, das ich jemandem die Fresse poliert habe, war auf der Schule. Irgendwann in der Orientierungsstufe.

Chaos auf dem Gipfel. Umziehen an der frischen Luft. Presse und Publikum zwischen nackten Rennfahrerhintern. Auf einem kleinen

Feld standen ein paar Armeehubschrauber bereit, um uns Fahrer zum Flughafen von Tarbes zu evakuieren. Kapazität pro Hubschrauber: fünfzehn Mann. Pendelverkehr. Also: Wer fliegt zuerst, wer zuletzt? Dumme Frage. Jeder fliegt zuerst. Im unvermeidlichen Gedränge – ein Massensprint verläuft geordneter – gelang es mir schließlich, einen der Hubschrauber zu erreichen. Ich setzte meinen Fuß auf das Trittbrett, ein Soldat reichte mir die Hand. Da spürte ich einen Stoß in meinem Rücken. Der Fuß rutschte vom Trittbrett ab. Das Schienbein schlug auf die stählerne Kante. Der Schmerz schoss mir vom Schienbein über die Wirbelsäule bis unter den Scheitel. Blindlings holte ich nach hinten aus. Volltreffer auf den Kiefer. Jemand sagte: »Schreib mal auf, Winnen macht in den Alpen sein Rennen.« Wir konnten abheben.

Ich liege auf einem Bett mit gelben Kissen im Rücken. Die Wut ist abgeebbt, meine rechte Faust geschwollen. Ab Tarbes flog uns ein Airbus von Air France nach Marseille hinüber. Platz satt in diesem Airbus, es musste nicht geprügelt werden beim Einsteigen. Ich setzte mich neben Wilman. Er schwieg. Ich sah in seine großen, leicht traurigen Augen. Der Angriff auf das Gelbe Trikot, den er angekündigt hatte, war erneut verschoben. Kurz vor dem Gipfel des Pla d'Adet hatte ich ihn überholt. Er sah ganz scheel aus vor lauter Elend.

In Marseille warteten die Teamfahrzeuge auf uns. Das Peloton verteilte sich auf die Region. Eine halbe Stunde dauerte die Fahrt zu unserem Hotel rund fünfzehn Kilometer nördlich von Martigues. Stickig heiß ist es hier, tiefblau der Himmel. Tiefblau und hoch. Zu viel des Guten. Unter solch einem Himmel fühle ich mich wie ein nichtiges Insekt, das über die Erde krabbelt – bedroht von Tausenden von Fußsohlen und dem Urin von Betrunkenen.

Lange Lungen, breite Lungen, verdammt hübsch formuliert, aber was habe ich davon?

Samstag, 17. Juli, Ruhetag unweit von Martigues

Heute war Ruhetag Nummer zwei. Diesmal ein echter. Ohne Zug-, Flugzeug- oder Auto-Trip, meine ich. Jetzt, nach zwei Wochen Rennen, ist der Ruhetag am gefährlichsten. Es ist ein Tag zum Kaputtgehen. Der Körper ist jetzt so an seine tägliche Abreibung gewöhnt, dass er nicht mehr ohne auskommt. Und das Miststück bekam, was es verlangte – wenn auch in Maßen.

Heute Morgen erkundeten wir die Strecke für das Zeitfahren, das morgen auf dem Programm steht. Zwei Mal mit dem Rennrad herum, das macht zwei Stunden körperliche Anspannung. Nur ein verausgabter Körper bedarf keiner Abreibung. Mein Körper ist nicht verausgabt, der Mannschaftsarzt bleibt optimistisch. Dann wird er wohl dickköpfig sein, oder widerborstig. Die Chemie des Körpers stört sich nicht an Ruhetagen.

Das System läuft weiter, ob du nun willst oder nicht. Vor allem das Essen muss diszipliniert ablaufen. Ist der Hunger auch kaum noch zu ertragen und hast du den ganzen Tag Verlangen danach, zu stopfen, stopfen, stopfen: Verzichte darauf, leiste Widerstand, die Muskeln würden sonst geradezu von innen zugemauert. Deshalb ist es auch so wichtig, am Ruhetag zu trainieren. Ein Körper, dessen Chemie durcheinander geraten ist, lässt sich sofort erkennen. Es ist ein träger, gegen sich selbst kämpfender, heftig schwitzender Körper. Vor allem Schweißtropfen auf den Beinen deuten auf ein gestörtes System hin. Es kostet drei, vier Stunden, bis sich der Zustand normalisiert hat. Nur ein verausgabter Körper schafft es ohne Essdisziplin.

Auch Schlaf ist am Ruhetag wichtig. Schlaf bringt überreizte Nerven zur Ruhe – sagt man. Der Mittagsschlaf ist das Verräterischste, was es gibt. Nichts ist betäubender, ruinöser und lähmender als ein Schläfchen zwischen drei und fünf. Die Traumgestalten, die mich um diese Zeit besuchen kommen – immer vage Bekannte weiblichen Geschlechts – haben sehr reale Züge. Sie beunruhigen das Gemüt, sie stören die Konzentration und sie sind noch eine geraume Zeit nach dem Aufwachen im Zimmer präsent. Ich habe darüber schon berichtet. Der Mittagsschlaf ist ein unergründlicher Vorgang.

Das chemische System läuft am Ruhetag also weiter. Zugleich macht sich kolossale, unabwendbare Müdigkeit breit. Der Mittagsschlaf liebäugelt, sie dagegen verführt, es gibt kein Entkommen.

Ob der Mittagsschlaf eine heilende Wirkung auf den Körper hat? Ich wage es zu bezweifeln. Heute Nachmittag stellte ich nach dem Aufwachen fest: Was da jetzt in meinen Adern steckt, ist kein Blut, sondern erstarrtes Frittenfett. Der Zustand hielt stundenlang an. Bis jetzt. Ein Tag Ausgang aus dem Irrenhaus des Rennens scheint mir der einzige Vorteil zu sein, den ein Ruhetag zu bieten hat.

Nicht weit von diesem Hotel liegt ein Cowboystädtchen zwischen den Felsen. Ein Faltblatt auf meinem Zimmer berichtet, dass dort manchmal Western gedreht werden. (Lass es bitte keine französischsprachigen Western sein.) Heute Morgen kamen wir mit dem Rad an dem Dorf vorbei. Auf einmal musste ich an den jungen Schweizer Revolverhelden denken, der sich vor nunmehr zwei Wochen auf dem Bürgersteig im Stadtzentrum von Basel postiert hatte. Wie mag es ihm wohl gehen?

Sonntag, 18. Juli
14. Etappe: Zeitfahren Martigues (32,5 km)

Du denkst, dass es Tuttifrutti ist, worauf du kaust, doch es ist deine Zunge. Du denkst, dass du deinen Kopf in einen Ofen gesteckt hast, doch es ist nur die mediterrane Hitze, die du einatmest. Du denkst, dass du nackt auf dem Rennrad sitzt, doch es ist dein hautenger Zeitfahranzug, der schwitzt. Du denkst, dass dein Herzmuskel abreißt, doch es sind deine Gedanken. Du denkst, nein, du weißt es sicher, du stellst es fröhlich fest: Ich komme keinen Zentimeter mehr vorwärts, dieses Zeitfahren ist der endgültige Genickschlag. Du starrst auf den Polizisten, der auf seinem Motorrad im Abstand von hundert Metern vor dir her fährt. Sein Helm sprüht Funken und sein blaues Hemd bläht sich auf in dem Wind, der durch die kurzen Hemdsärmel eindringt. Du denkst: Woran mag dieser Mann in diesem Moment wohl denken?

Der Doktor sagt, dass ich ein gutes Rennen gefahren bin. Er sagt, dass ich den Ruhetag gut überstanden habe. »Noch lange nicht verausgabt«, sagt er. Und: »Alles wird gut.«

Ich bin heute Siebzehnter geworden. Mit nur 1:46 Minuten Rückstand auf Hinault. Das Ergebnis stimmt nicht mit dem Erlebten überein. Mit mindestens vier bis sechs Minuten hatte ich gerechnet. Ich verstehe sie nicht mehr, diese Chemie. »Na denn, auf geht's«, antworte ich dem Arzt: »Bonjour tristesse.«

Ich sitze auf meinem Bett mit einer Landkarte auf dem Schoß. Es gibt noch etwas, das ich nicht begreife. Martigues müsste von Wasser umgeben sein. Martigues liegt auf einer Landzunge. Die Landzunge schneidet die »Étang de Berre« vom Mittelmeer ab. Doch ich sah unterwegs nicht einmal Wasser. Ich sah nur Zypressen zwischen Felsblöcken stehen. Die Menge am Ziel lief hauptsächlich in Badehosen und Bikinis herum. Wo in Gottes Namen war das Wasser? Ich sehe aus dem Fenster meines Zimmers. Kein Wasser. Nur knochentrockene Erde und das unbedeutende zitternde Grün einiger junger Olivenbäume.

Wäre Jomme doch hier, um mich mit einer seiner unsinnigen Geschichten aufzuheitern! Jomme, der wüsste wohl etwas mit mir anzufangen.

Montag, 19. Juli
15. Etappe: Manosque – Orcières Merlette

Jetzt wird es brenzlig. Der Geschäftsführer von unserem Sponsor Capri-Sonne ist angekommen. In seiner Gesellschaft befand sich der PR-Manager der Firma. Es folgten zwei kurze Ansprachen. Die rhetorischen Fähigkeiten der beiden überraschten mich. Es fiel nicht ein ungehöriges Wort. Die Freundlichkeit höchst selbst strahlte uns aus ihren Gesichtern entgegen. Dennoch war die Botschaft, die sie überbrachten, unmissverständlich.

Sie lautete ungefähr so: Es hat noch keinen Sieg gegeben – das stimmt. Es wird höchste Zeit, dass es endlich einen Sieg gibt – fanden wir auch. Eine Investition in eine Mannschaft, die nicht gewinnt, ist eine Fehlinvestition – ganz meine Meinung. Eine unzufriedene Geschäftsführung des Sponsors ist eine unberechenbare Geschäftsführung – liegt auf der Hand. Ende dieses Jahres laufen die Verträge aus – ist bekannt. Die Geschäftsführung bleibt drei Tage lang bei der Tour, um der Mannschaft auf Schritt und Tritt zu folgen – Unruhe, Unruhe, Unruhe. Jedem wurde für die kommende Zeit viel Erfolg gewünscht.

Ich dachte nach über Investitionen in Beine. Über die clevere Höflichkeit. Über meine Position als bestplatzierter Fahrer im Team. Über die Verantwortung als Mannschaftskapitän. Ich fragte mich, inwieweit ich gegenüber dem Geldgeber zu Dankbarkeit verpflichtet sein sollte. Ich versuchte zu prüfen, ob ich mir während des Rennens der Bedeutung der Buchstaben auf meiner Brust bewusst war und ob es mir etwas ausmachen würde, wenn dort anstelle einer Getränkemarke vielleicht »Popla Toilettenpapier« auf meinem Hemd stehen würde.

Letztendlich zog ich folgenden Schluss: Konzentration oder Autismus, Motivation oder Besessenheit, Instinkt oder Scheuklappen, dies sind die einzigen Voraussetzungen, unter denen sich die Tour de France meistern lässt. Das ist alles. Ansprachen ändern daran nichts. Selbst dann nicht, wenn sie aus dem Munde der Königin kämen. Es gibt nur eine einzige Frage, die mich weiter verfolgt: Wo bleibt bloß die großartige Form des Vorjahres?

Zum Rennen: Erste Alpenetappe, sechs Anstiege, Zielankunft oben in Orcières Merlette. Eine Autofahrt von hundert Kilometern ging dem Start voraus. Morgens um neun Uhr herrschten schon dreißig Grad. Im Laufe des Tages stiegen die Temperaturen noch weiter. Hinault hatte einen schlechten Tag. Es war das erste Mal, dass ich dies erlebte. Es bedeutete aber keineswegs, dass er das Feld nicht weiterhin teilte und beherrschte. Er ließ einfach fahren, was keine Bedrohung für sein Gelbes Trikot bedeutete. Zwei Franzosen in diesem Fall. Auf halber Strecke hatten sie schon fast sieben Minuten Vorsprung gegenüber unserem kleinen Peloton, das genauso stark fuhr wie Hinault schlecht. Sie hielten durch bis zum Schluss, auch wenn ihr Vorsprung beträchtlich schrumpfte. Den Jungen, der Zweiter wurde, Mentheour, haben sie erst mit Hilfe eines Sauerstoffgerätes wieder auf die Beine helfen können.

191

Schlängelwege durch Nadelwälder, Grillenzirpen, Kopfschmerzen von der Hitze, pro halbe Stunde ein Bidon Flüssigkeit, es fehlte nicht viel, und sie hätten auch mich an das Sauerstoffgerät anschließen müssen. Vierzig Kilometer vor dem Ende und mit noch zwei Anstiegen vor mir setzte ich zum Gegenangriff an, in Gesellschaft von Breu, dem Schweizer, einem Franzosen und einem Italiener mit Toupet (der muss umgekommen sein vor Hitze). Wenn die Topform nicht zu dir kommt, dann musst du sie eben suchen.

Ich fand sie nicht. Dennoch machte ich meine Sache gut. Auf einmal stehe ich an sechster Stelle der Gesamtwertung. Der Preis, den ich dafür zahlen musste? Nun, drei Stunden nach dem Rennen sitze ich auf meinem Bett und zittere vor Kälte, obwohl hier oben in Orcières Merlette noch immer über dreißig Grad herrschen. Krank? Nein, nicht krank. Nur frisst ein solcher Tag mehr Energie, als vorhanden ist.

Hinault gerät immer stärker ins Kreuzfeuer der französischen Presse. Sie werfen ihm schon seit längerem vor, öde und berechnend zu fahren, nun jedoch auch noch zusätzlich, dass er seine physischen Probleme verbergen würde. Er sei auf dem Weg zu einem glanzlosen Tour-Sieg. Heute gab Hinault seine Antwort. In Gegenwart einer Schar von Journalisten ließ er zeternd seine Hose herunter, drehte sich um und bückte sich. Was für ein Luxus, einen schweren, heißen Tag so beenden zu können. (Den Vorhersagen zufolge wird die Hitze noch zunehmen. Das Hochdruckgebiet über den Alpen ist sehr stabil. Das wird mir noch ein schönes Gemetzel werden.)

Meine Freundin rief an. Sie fand, dass ich gut gefahren war.

»Geht so«, sagte ich: »Was schreiben die niederländischen Zeitungen denn alles so?«

»Winnen ist gewiss ein guter Fahrer ...«

»Aha?«

»Ich war noch nicht fertig. Aber du solltest dir selbst mehr Schmerz zumuten.«

»Wer sagt das?«

»Merckx.«

»Immer dieser Merckx!«

Bevor ich mich mit dem richtigen Schmerz beschäftigen kann, werde ich es auf den Schmerz absehen müssen, der erforderlich ist, um die Barriere niederzureißen, die noch zwischen mir und der Topform steht. Merckx befand sich immer in Topform. Er hatte mehr Body. Und mehr Schmerz. Ich erinnere mich noch, wie ich voriges Jahr in den Alpen die Schmerzgrenze frontal durchbrach und den kleinen Radrennfahrerwahnsinn kennen lernte. Diesen Zustand fand ich doch ein ganzes Stück akzeptabler als den jetzigen. Gib mir nur den richtigen Schmerz, Merckx! Schmerz!

Morgen geht es hinauf nach Alpe d'Huez, Gott behüte. Rücksichtslos werde ich dahinfliegen. Die Barriere muss und wird niedergerissen werden.

Dienstag, 20. Juli
16. Etappe: Orcières Merlette – Alpe d'Huez (123 km)

Die Schmerzgrenze, gibt es sie überhaupt? Wer hat das Wort eigentlich erfunden? Durch irgendetwas bin ich heute hindurch gestoßen – aber ob das nun die Schmerzgrenze war? Oh weh, was habe ich nur für einen Scheißberuf. Ich liege auf meinem Bett. Das Zittern der Gliedmaßen hat zum Glück endlich aufgehört. Was bleibt, sind Übelkeit und Gänsehaut. Ich vermute, dass der langlungige Schweizer Breu nichts von alldem spürt. Der Kerl hat heute schon wieder gewonnen.

Kurz und hart war die Etappe, eine Kopie der Pyrenäen-Etappe zum Pla d'Adet. Zwei Anstiege, Bergankunft, das gleiche Rennszenario, der gleiche Gewinner. Identisch auch mein Auftritt: Auf den ersten Kilometern des letzten Anstiegs erwiderte ich Breus Attacke, es folgte die Explosion in meinem Körper und das anschließende Gefühl, abgestellt zu sein. Dann, auf halbem Wege, erholte ich mich allmählich und rückte wieder zur Spitze vor. Bei meiner Aufholjagd ging ich so rigoros zur Sache, dass in meinem Körper ein Vakuum entstand.

Was mir das brachte? Nicht den Sieg, dem ich so vehement hintergejagt war. Ich kam als Sechster oben an, in Gesellschaft von Hinault und Zoetemelk. Aber ich rückte auf Platz vier in der

Gesamtwertung vor. Es ist ein Fortschritt, doch ich fühle ihn nicht. Der Mannschaftsarzt sagt: Es gibt überhaupt keinen Grund zur Panik.

Die Etappe begann mit einer Stunde Verspätung. Demonstrierende Bauern blockierten die Strecke mit Traktoren und Jauchefässern. Sie verteilten Pamphlete, in denen sie ihr Problem schilderten: Kaufte man vor zehn Jahren für ein Ei noch vier Briefmarken, so muss man heutzutage für eine Briefmarke vier Eier hinlegen. Alles die Schuld von Brüssel.

Es war eine gemütliche Demonstration. Während das Rennen still stand, schlug ich im Auto des Teamchefs eine französische Zeitung auf. Ich las einen Artikel über den Jungen, der gestern an das Sauerstoffgerät angeschlossen werden musste. Anfang des Jahres hatte er von seinem Sponsor zu verstehen bekommen: Wenn die Erfolge weiterhin ausbleiben, ist die Entlassung unvermeidbar. Daraufhin gab er seiner Freundin den Laufpass, enthielt sich des Geschlechtsverkehrs und lebte wie ein Einsiedler. Zitat:»Ich musste doch etwas unternehmen, um ein guter Radprofi zu werden!«

Nach einer Stunde fuhren die Bauern ihre Traktoren an die Seite. Das Peloton stob davon, als ob es galt, die Verspätung wieder wettzumachen.

Etwas unternehmen, um ein guter Radprofi zu werden – ja, das möchte ich auch. Aber was? Letzte Alpenetappe morgen, letzte Chance. Ein Rennen mit fünf Anstiegen über mehr als zweihundertfünfzig Kilometer. Es wird große Hitze erwartet. Ein Glutofen.

Der deutschen Geschäftsführung gehe ich soweit wie möglich aus dem Weg.

Mittwoch, 21. Juli
17. Etappe: Alpe d'Huez – Morzine (251 km)

Fotoapparate, Notizblöcke, Mikrofone. Hinter der Ziellinie in Morzine stürzte sich eine Armee von Fotografen und Journalisten auf mich. Ich erkannte eine Stimme wieder: »Die Königsetappe, genau wie voriges Jahr! Und wieder nach einem heldenhaften Kampf! Wieder nach einem mutigen Alleingang! Und dann auch noch aufgerückt auf Platz drei der Gesamtwertung! Wie finden Sie das?«

Ich wusste es nicht. Es brauste in meinem Kopf. Meine Beine konnten mich kaum noch tragen. Dummer, dummer Körper, der sich nicht mehr begreifen ließ. Zugleich Jubel und Freude in meinem Inneren. Es war mindestens fünfzehn Jahre her, dass ich zuletzt solch eine kindliche Freude empfunden hatte. Ich hatte verdammt viel Lust, erstmal eine Runde zu flennen. Ich tat es nicht. Ich gab ihnen ein paar sachliche Informationen. Etwas in der Art von: letzte Chance heute, wir hatten noch nichts gewonnen, unzufriedener Sponsor und so weiter. Erschöpfung verändert das Denken und Fühlen. Irgendwo hebt sich ein Deckel, und an anderer Stelle schließt sich einer.

Ich befinde mich in einer Spitzengruppe von acht Mann. Hinault ist nicht dabei. Hinault fährt wieder defensiv. Er lässt alles fahren, was mehr als sechs Minuten hat. Und sechs Minuten haben wir alle. Außer Zoetemelk.

Die Hitze ist genauso angenehm, wie sie schlaucht. Meine Nasenschleimhäute sind ausgetrocknet und brennen. Ebenso meine Augen. Ebenso meine Muskeln. Ebenso meine Haut. Es ist schon ein paar Stunden her, dass ich zuletzt feste Nahrung aus meiner Trikottasche zu mir genommen habe. Was aus der Folie kam, war kein mit Süßigkeit gefülltes Brötchen, sondern warmer Fensterkitt. Ich bekam es nicht herunter und spuckte es aus. Die Reste davon kleben als steinharte Klumpen am Oberrohr meines Rades. Ich schwitze auch nicht mehr. Trinken geht zwar, aber die Flüssigkeit wird offensichtlich nicht aufgenommen. Sie schwappt andauernd gegen die Magenwand. Rennfahren unter diesen Umständen kommt einem Mumifizierungsprozess gleich.

Côte du Mont Perché, Col d'Aravis, Col de la Colombière, Côte du Châtillon, all das liegt hinter uns. Wir sind auf dem Weg zum Fuße des Col du Joux-Plane. Den kenne ich noch aus meiner Amateurzeit und von der Tour des Vorjahres. Der Gedanke an die zehn Kilometer mit im Durchschnitt zehn Prozent Steigung lässt blanke Panik in mir ausbrechen. Wir müssten jetzt in seiner Nähe sein.

Entlang der Strecke steht knapp bekleidetes, sehr braun gebranntes Publikum. Ich sehe die Menschen an. Sie lachen und sie rufen, sie tragen komische weiße Hütchen und Reklamemützen. Auf einmal habe ich Verlangen nach einem ehrsamen, nutzbringenden Leben in der Gesellschaft – Arbeit im Schichtdienst, an Weihnachten frei und jedes Jahr drei Wochen Urlaub auf einem Campingplatz am Fuße des Joux-Plane. Warum habe ich mich für die schwerste Alternative entschieden? Warum bin ich Radrennfahrer geworden? Warum drehe ich mich selbst so durch die Mangel? Ich kann wirklich nicht mehr. Nichts ist von mir übrig. Nichts. Würde jemand von diesen Leuten vielleicht so freundlich sein und mir sagen, wie man über den Joux-Plane kommt?

Ich fahre an einem Mann vorbei, der eine Zigarettenkippe auf den Straßenrand wirft. Er stellt seinen Turnschuh darauf und macht damit eine Drehbewegung. Oh, wenn ich das tun könnte: absteigen, diesen Mann um eine Zigarette und um Feuer bitten, mich an den Straßenrand setzen und auf den Besenwagen warten. Wie lange ist es schon her, dass ich zuletzt geraucht habe?

»Wann haben Sie sich entschieden, Johan davonzufahren?«

Das war die nächste Frage, die sie mir dort im Ziel stellten. Ich kam wieder etwas zu mir. Nun, da ich gewonnen hatte, konnte ich genauso gut versuchen, die Wirklichkeit etwas nach meiner Fasson zu frisieren.

»Als ich sah, dass er in Schwierigkeiten kam.«

Unverschämt langsam kriecht die Spitzengruppe den schmalen Schlängelweg hinauf. In den Kurven pflügen wir durch einen Matsch aus geschmolzenem Asphalt und Kieselsteinchen. Um uns herum schwirren Motorräder mit Kameraleuten und Fotografen. Die Hitze ist überall. Sie kommt von oben und von unten. Sie kommt auch aus meinem Innern. Ich fahre im allerkleinsten Gang. Die Spitzengruppe hat ungefähr die Hälfte bis zum Gipfel des Joux-Plane geschafftt. Sie besteht lediglich noch aus Johan van der Velde und mir.

Holländisches Duell am Col de Joux-Plane: Johan van der Velde und Peter Winnen auf der 17. Etappe der Tour de France 1982.

Und die anderen, wo sind die anderen geblieben? Seit wir bei Samoëns das Tal verlassen haben, ist einer nach dem anderen abgefallen. Ungefähr so wie Fliegen, die sich an einer Lampe verbrennen und auf den Tisch niedertaumeln. Johan und ich sind einander ebenbürtig. Wir kraxeln Seite an Seite. Unsere Spitzengeschwindigkeit ist genau gleich. Solange wir die Pedale nur rund getreten bekommen, fallen wir nicht runter vom Berg.

Ich erwarte, dass jeden Augenblick Hinault vorbeimarschiert – mit Zoetemelk im Schlepptau. Der eine verteidigt das Gelbe Trikot, der andere verteidigt Platz zwei. Zoetemelk fährt wie der Kassenwart eines klammen Skatvereins: sparsam. Da kann man noch viel von lernen. Es ist jedoch Godefroot, der mit seinem Teamchefauto längs neben mich fährt.

»Hinault, Zoetemelk, Breu mit gut drei Minuten Rückstand. Der Rest ist abgeschlagen!«

Ich bin geschockt. Drei Minuten, das bedeutet, dass ich weiter muss. Ich habe keine Wahl. Auf dem Beifahrersitz neben Godefroot sitzt unser deutscher Geschäftsführer. Er nickt beifällig.

Dann fällt Johan neben mir zurück. Es überrascht mich. Als ich mich umsehe, beträgt der Abstand schon zwanzig Meter. Ich beschleunige etwas. Das hätte ich besser bleiben lassen: ein Krampf vom Nabel bis zu den Hacken. Ich muss das Tempo zurücknehmen bis knapp unter die Krampfgrenze. Es sind noch drei Kilometer bis nach oben.

Zum Gipfel hin wird es enger. Die Gasse, welche die Leute frei lassen, wird immer schmaler. Wie zu hören ist, sind auch Landsleute darunter. Ich höre meinen Vornamen, meinen Nachnamen und Anfeuerungsrufe in verschiedenen Dialekten. Was ich ebenfalls höre, aber nicht einordnen kann, ist ein rhythmisches Gebrüll in einer fremden Sprache. Es kommt von ganz nahe hinter mir und es bewegt sich mit der gleichen Geschwindigkeit voran. Ich sehe mich um. Hinter mir fährt das rote Auto der Rennleitung. Dahinter fährt Godefroots Teamfahrzeug. Aus dem rechten Seitenfenster ragt der Oberkörper des deutschen Geschäftsführers unseres Sponsors. Er wedelt wild mit einem Arm. »Eins, zwei, eins, zwei!« Plötzlich ist es sehr deutlich zu verstehen.

Auf dem letzten Kilometer des Anstiegs weicht die Masse erst im allerletzten Moment auseinander. Sie erzeugt ein Düsenjägerheulen, das jedes andere Geräusch verschluckt, einschließlich des deutschen Gebrülls. Die Masse überragt mich. Das Bergpreis-Banner, mit dem der Gipfel markiert ist, kann ich nicht sehen. Ich stampfe wie ein Tier voran. Der Krampf ist nicht mehr aufzuhalten. Soll er doch kommen. Aus dem Hohlraum meiner Brust ertönt ein Echo: eins, zwei, eins, zwei!

»Johan hat den Ruf, ein ausgezeichneter Abfahrer zu sein. Hatten Sie nicht Angst, dass der Vorsprung von dreißig Sekunden am Gipfel zu klein sein könnte?«

»Heute bin ich rasend schnell abgefahren.«

Das war nicht gelogen, sondern nur eine sehr knappe Zusammenfassung. Die Abfahrt behielt ich lieber für mich.

Die letzten hundert Meter auf dem Joux-Plane lege ich mit zuckenden Gliedern zurück. Ich fahre unter dem Banner hindurch und stürze mich in die Tiefe – gleichgültig, gedankenverloren, frei von Angst, high vor Erschöpfung.

Genau wie der Aufstieg ist die Abfahrt steil und eng. In den Kurven liegt eine breiige Masse aus Kieselsteinchen und geschmolzenem Teer. Nur stehen hier keine Zuschauermassen mehr. Mit hoher Geschwindigkeit schieße ich an einem einzelnen Menschen vorbei. Stille. Auch das Rauschen des Windes an meinen Ohren erfahre ich nun als Stille. Ich habe die Ideallinie gefunden. Als ob mit einem langen roten Farbstrich die perfekte Linie auf die Straße gemalt ist, schwinge ich durch die Kurven. Genau zur richtigen Zeit bremse ich ab und genau zur richtigen Zeit lasse ich wieder los. Der Körper lenkt. Ganz sicher. Ich liege flach auf der Maschine. Der Wind ist heiß. Ich habe keine Angst.

Einen kurzen Moment lang droht es in einer scharfen Rechtskurve schief zu gehen. Vor mir taucht ein Gitter auf, hoch und galvanisiert. Dahinter befindet sich ein Abgrund, dessen Boden nicht in Sicht ist. Was für eine sonderbare Absperrung für einen Abgrund dies doch ist, denke ich, vielleicht ist es doch eher die Brüstung einer Brücke. Ich schließe meine Augen und warte auf den Aufprall. Als dieser ausbleibt, öffne ich sie wieder: Ich folge noch immer der Ideallinie. Die Ideallinie leitet mich weiter bis ganz nach unten in Morzine.

Über die Alpen hat sich die Nacht gesenkt. Es ist ruhig in Morzine und kühl. Seit die Sonne hinter den Bergkämmen versunken ist, ist die Temperatur auf ein erträgliches Niveau zurückgegangen. Ich habe gut gegessen, bin sauber und habe meine Massage bekommen. Der Doktor hat mich wieder hergerichtet. Er meinte: »Was habe ich dir gesagt: Alles wird gut.« Ich musste ihm beipflichten.

Als ich nach allen Formalitäten – Siegerehrung, Auftritt im französischen Fernsehen, Dopingkontrolle – im Hotel ankam, war die Delegation unseres deutschen Sponsors schon abgeflogen. Sie mussten sich beeilen, um noch ein Flugzeug zu erreichen. Doch laut Godefroot war der große Boss zufrieden und voll des Lobes. Godefroot lächelnd: Während der Abfahrt habe er sich vor Angst in die Hosen geschissen.

Der alte Hase Delcroix berichtete, dass er von dem Sieg erfuhr, als er noch mit dem Aufstieg zum Joux-Plane beschäftigt war. Jemand am Straßenrand mit Transistorradio am Ohr hatte ihm die Nachricht zugebrüllt. Den restlichen Weg bis zum Gipfel legte er in Euphorie zurück: Auch im nächsten Jahr ist das tägliche Brot gesichert. Ich war überwältigt, so viel Glück zuwege gebracht zu haben.

Wilman ist der Einzige, der in Sack und Asche geht. Er hat heute aufgegeben und ist für niemanden zu sprechen. Zu seinem Liebeskummer gesellte sich auch noch eine Bronchitis.

Soeben rief Yvonne an: »Ich versuche schon den ganzen Abend, dich zu erreichen!«, sagte sie.

»Ich dich auch.«

Es stimmte. Dieses Hotel besitzt nur eine einzige Telefonleitung, die permanent besetzt ist.

Donnerstag, 22. Juli
18. Etappe: Morzine – St. Priëst (233 km)

Habe ich nun geschlafen oder nicht? Ich muss geschlafen haben, denn heute Morgen kam mich der Pfleger wecken. Die Nacht kam mir ehrlich gesagt wie eine durchwachte vor. Und das nach einer Schlaftablette, für die ich um ein Uhr nachts den Teamarzt geweckt hatte. Eine verwirrte Freude hielt mich wach. Wäre mein Bettnachbar De Rooy nicht längst in einen tiefen Schlaf versunken gewesen, so wäre ich alle fünf Minuten in laut schallendes Gelächter ausgebrochen. Es war auch nicht mehr zu begreifen. Zwischen dem Moment, in dem ich mit einer Zigarette zwischen den Lippen auf den

Besenwagen hatte warten wollen, und dem Moment, in dem ich in Morzine als Sieger die Ziellinie überquerte, lag kaum eine Dreiviertelstunde. Schon voriges Jahr habe ich erfahren, dass fünfundvierzig Minuten über ein ganzes Jahr entscheiden können. Ich wage nun, es noch schärfer zu formulieren: Dieses Jahr wurde auf der Abfahrt vom Joux-Plane entschieden. Wie lang dauerte diese Abfahrt? Zehn Kilometer bei einer Durchschnittsgeschwindigkeit von vielleicht siebzig Stundenkilometern, da komme ich grob auf achteinhalb Minuten. Diese achteinhalb Minuten gehören zu den strahlendsten und glücklichsten Augenblicken meines Lebens. Weil ich nichts mehr wusste. Weil ich mich nur noch nach unten fallen zu lassen brauchte. Weil alle Angst verflogen war.

Heute wurde langsam, sehr langsam gefahren. Die Alpen haben offensichtlich alle geschwächt. Außerdem herrscht eine Durchfallepidemie. Gestern gab eine ganze Reihe von Fahrern auf. Und während der Etappe sah ich regelmäßig Kollegen längs der Strecke in den Büschen verschwinden. Nun ja, in Anbetracht des Tempos konnten sie sich das durchaus erlauben. Die Schuld für den Durchfall wird den Bidons zugeschrieben, die morgens durch die Organisation ausgegeben werden und deren Gebrauch wegen des Sponsoren-Aufdrucks Pflicht ist: Contrex. Das gestellte Mineralwasser würde nach Dieselöl schmecken, hieß es. Das stimmte. Man ordnete eine Untersuchung an.

Mit Durchfall hatte ich unterwegs zum Glück kein Problem. Wohl aber mit meiner Müdigkeit, einem wund gesessenen Hintern, brennenden Fußsohlen, der Eigendynamik meines Schielauges, einem schmerzenden Schädel und einem steifen Rückgrat. Aber es ließ sich alles aushalten. Dank der Melodie des Siegesrausches, die während der ganzen sechseinhalb Stunden im Hintergrund klimperte.

Einmal im Hotel angekommen, schlug ich die »l'Equipe« auf und fand darin einen offenen Brief, der an Hinault adressiert war. Absender: die Tour-Direktion. Es lief auf Folgendes hinaus: Hinault solle sich was schämen. Das Gelbe Trikot hätte er in zwei Zeitfahren zusammengeklaubt und gestern die letzte Chance verpasst, das blasse Gelb mit einem krachenden Sieg bei einer Bergetappe aufzupolieren. Die Grande Nation ist bitter enttäuscht!

Ich war auch enttäuscht über so viel Trara und rief Yvonne an.

»Was schreiben die Tageszeitungen?«, fragte ich.

»Merckx stimmt ein Loblied an. Er sagt: Winnen hat eine große Zukunft vor sich.«

»Aha?«

»Ein Kind, das Hinault um ein Autogramm bat, hat eine Ohrfeige kassiert.«

»Och.«

»Er sagt auch: Ehemalige Radrennfahrer sind Schwätzer und alte Säcke – mit ihren Sprüchen und Kommentaren, die sie jetzt schon drei Wochen lang in die Runde werfen.«

»Und über die Etappe? Was schreiben sie über die Etappe?«

»Geschichten über Geschichten. Warte, ich suche ein paar schöne Zeilen aus. Hör zu: ›Die wunderbare Flucht von Winnen und Van der Velde. – Der Pakt vom Joux-Plane bleibt unvergesslich. – Die Leidenschaft in den Körpern erhielt gestern zwischen Alpe d'Huez und Morzine viel Raum.«

»Sehr schön, ja. Aber ich glaube, dass es für alle höchste Zeit wird, dass es endlich vorbei ist.«

»Morgen Zeitfahren ...«

»Morgen Zeitfahren. Der Platz auf dem Treppchen ist mir sicher. Ich liege dreiundfünfzig Sekunden vor Van der Velde. Und wir sind beide gleich miserable Zeitfahrer.«

»Liebst du mich noch?«

»Yep.«

Freitag, 23. Juli
19. Etappe: Zeitfahren St. Priëst (48 km)

Großartig, wirklich großartig habe ich beim Zeitfahren gekämpft. Bis auf den letzten Tropfen habe ich mich ausgepresst. Aber bei der ersten Zeitnahme lag ich schon neunzehn Sekunden hinter Johan, bei der zweiten dreißig und auf der Ziellinie achtundfünfzig. Das waren fünf Sekunden zuviel. Heute bin ich vom Siegertreppchen gepurzelt.

Ich werde hier nicht wiederholen, welche Worte mir herausgerutscht sind, als ich die Hotelzimmertür hinter mir zuwarf. Ich werde auch nicht schreiben, welche Objekte alle von meinen umherfliegenden Rennschuhen getroffen wurden (den Schaden bin ich bereit, wieder gutzumachen). Ich verschweige auch, wie viel Zeit verstrichen war, als ich vom Bett aufstand, um mich zu duschen. Obwohl es ein Unfall war – ich rutschte aus und musste mich am Duschvorhang festhalten – werde ich auch für den Schaden im Badezimmer aufkommen.

Die Durchfall-Epidemie hat sich weiter ausgebreitet. Hinaults gesamtes Team ist betroffen – außer er selbst, er gewann heute Nachmittag. Hätte ich mir doch den Durchfall eingefangen. Dann hätte ich wenigstens einen Grund, vom Siegertreppchen gepurzelt zu sein.

Als Yvonne mich anrief, hatte ich mich zum Glück wieder etwas beruhigt. Sie wusste mir noch etwas von einem Tauschhandel zu erzählen. Es stand heute Morgen in der Zeitung. Am kommenden Montagabend würde ich im Kriterium von Boxmeer fahren. Jedenfalls habe ich dafür einen Vertrag unterschrieben. Also, Hinaults Manager schlägt Folgendes vor: Hinault darf nach Boxmeer, Winnen und Van der Velde müssen dafür irgendwo in der Bretagne Rennen fahren. Boxmeer hat vorerst keine Lust darauf. Ich auch nicht. Ich habe zu nichts mehr Lust. Nicht mehr auf die Tour, nicht mehr auf das Tagebuchschreiben. Ganz zu schweigen davon, Kriterien zu fahren. Ich bin nur schrecklich müde.

Samstag, 24. Juli
20. Etappe: Sens – Aulnay-Sous-Bois (161 km)

Waren wir heute Morgen noch fünfhundert Kilometer südlich in St. Priëst, so haben wir jetzt bereits Paris erreicht. Um genau zu sein: das Hotel Sofitel Sèvres. Aber die Tour ist noch nicht zu Ende. Morgen steht noch eine Etappe an. Das Pariser Panorama, das ich von meinem

Zimmer im zwanzigsten Stock aus überblicke, betrachte ich als eine der letzten Schikanen der Tour-Organisation.

Die fünfhundert Kilometer haben wir natürlich nicht sämtlich auf dem Rennrad hinter uns gebracht. Die Tour erlebte heute eine Premiere. Die Strecke Lyon–Sens wurde mit dem TGV zurückgelegt. Uns wurde eine Spitzengeschwindigkeit von ungefähr dreihundert Kilometer pro Stunde in Aussicht gestellt, Mittagessen an Bord inklusive. Hierzu später mehr.

Die Etappe hatte wenig Bedeutung. Die Gesamtwertung stand ohnehin so gut wie fest, es gab keine Hürden mehr zu überwinden. Hinault fuhr wie ein Großfürst an der Spitze des Pulks. Er war derjenige, der bestimmte, wann das richtige Rennen beginnen durfte. Das war während der letzten Stunde. Die Stunden zuvor hatte ich die Hosen gestrichen voll. Ich musste ständig gähnen und hatte heftiges Verlangen nach Yvonne, die zum selben Zeitpunkt in meinem Auto über die Autobahnen in Richtung Paris raste. Ich versuchte, sie mir hinter dem Steuer vorzustellen, wie sie zweifellos unserer Musik lauschte: »From the lion's mouth«, The Sound.

In Aulnay-Sous-Bois, einer Vorstadt von Paris, fingen mich Fans aus meinem Heimatdorf ab. Nach dem Format ihres Spruchbandes zu urteilen – ich schätzte es auf vier mal zwei Meter – waren sie äußerst zufrieden mit meiner Leistung. Meine Mutter war mit ihnen im Bus angereist. Sie meinte, dass ich wesentlich besser aussah als voriges Jahr um diese Zeit.

»Ich weiß es nicht«, sagte ich: »Ich weiß es nicht.«

Unser Doktor behauptet weiterhin hartnäckig, dass ich noch nicht verausgabt bin, aber ich weiß es nicht. Ausgebrannt, so würde ich meinen Zustand nennen wollen.

Yvonne hat keine Ahnung, wie ich letztes Jahr um diese Zeit ausgesehen habe, denn damals kannte sie mich noch nicht. Jetzt erkannte sie mich zum Glück, als sie mich im Hotel Sofitel erwartete. Sie meinte nur, dass ich ein bisschen mager geworden bin. Mit den Knöcheln ihrer Finger fuhr sie über meine Rippen. Kurz darauf merkte sie an, dass die Tour de France jedenfalls nicht die Leidenschaft zum Erlöschen gebracht hatte. Ach, ein jeder traf seine Frau oder Freundin. Allseits ein fröhliches Wiedersehen. Die Atmosphäre in diesem Hotel – alle Teams sind hier untergebracht – ließ sich heute Nachmittag am besten als hitzig und explosiv umschreiben. Ich erinnerte mich, wie Wilman im Vorjahr bei dieser Gelegenheit seine Öse wiedergesehen hatte. Er schmolz dahin, sie verschlang ihn mit Haut und Haar. Es sah schön aus. In diesem Jahr hat leider keiner von beiden Paris erreicht.

Heute Morgen, zur unchristlichen Zeit von 6:30 Uhr, zieht jemand verdammt lästig an meinen Beinen. Ich komme zu Bewusstsein und erkenne die Stimme von einem der Pfleger: »Aufstehen, Winnen! Es sitzen schon alle am Tisch, der Bus kann jeden Augenblick kommen!«
»Aufstehen, Bus, welcher Bus?« Der Bus, der uns von St. Priëst zum Bahnhof Lyon-Brotteaux befördern wird, natürlich. Denn dort steht bereits ein TGV bereit, um uns nach Sens zu transportieren.

Was folgt, ist ein wildes Herumirren im Zimmer und ein tastendes Suchen nach Rasierapparat, Klamotten, Kamm und Toilette. Nach Letzterer zuerst. Ich muss sofort den Druck auf der Blase loswerden, der zudem für eine schmerzhafte Morgenerektion verantwortlich ist. Das erleichtert. Arme Zimmermädchen! Ich beschließe, für die Schlabberei neben dem Topf ein Trinkgeld zu hinterlassen.

Ich bemerke, dass die Gardinen bereits zur Seite gezogen sind. Dies muss vor einer halben Stunde mein Bettnachbar getan haben. Ich habe nichts davon gemerkt. Je weiter die Tour voranschreitet, desto problematischer wird das Aufstehen. Die letzten paar Tage sind unglückselig. Wer mich wecken kommt, hat Glück. Wenn ein Gewehr neben meinem Bett läge, würde ich sofort anlegen und abdrücken. Gibt es denn keine Morgen-danach-Pille für Radrennfahrer, die das Aufwachen etwas erleichtert? Doch, die gibt es. Aber ich meine eine Pille, mit der man ungeschoren durch die Dopingkontrolle kommt. Nein, die gibt es noch nicht.

Zwanzig Minuten später sitze ich im Bus. Es ist ein Abholservice. Der Bus stoppt noch drei, vier Mal an anderen Hotels. Mannschaften mit mehr oder weniger gestutzten Flügeln steigen ein. Bei jedem Stopp zieht Dieselruß durch die Türöffnung hinein. Mir wird davon schlecht, und ich spüre das Bedürfnis, mein Frühstück wieder auszukotzen. Aber das wäre unklug. Was intus ist, muss intus bleiben. Treibstoff, darauf kommt es in diesen Tagen an.

Ich suche Ablenkung bei einer Zeitung: »Le Dauphiné«, die Sportberichte. Etwas anderes wird schon seit drei Wochen nicht mehr gebracht. Mein Blick fällt auf die Überschrift eines kleinen Artikels: »Le Tour en deuil« – Die Tour in Trauer. »Zwei Mitarbeiter der Société du Tour de France werden die Champs-Elysées nicht mehr erreichen«, lautete die erste Zeile. Es folgte eine plastische Beschreibung eines Frontalzusammenstoßes zwischen einem Lieferwagen und einem Laster. Dann zwei Namen, dahinter das Alter in Klammern. Es wurde berichtet, wer von den beiden umgekommen und wer in ein »ziemlich tiefes« Koma gefallen war. Es ging um zwei »Flécheurs«. Ein Flécheur reist der Karawane einen Tag voraus. Er befestigt Richtungspfeile an Bäumen und Laternenpfählen. Er weist der Karawane im wahrsten Sinne des Wortes den Weg.

Der Bericht lähmt mich noch mehr. Warum? Ich weiß es nicht. Wegen des Leids, das über zwei Familien gebracht wurde? Wegen der Sinnlosigkeit des Unglücks? Weil dieses Unglück mir sinnloser erscheint als andere Unglücke? Warum sinnloser? Weil diese zwei mir völlig Unbekannten die vergangenen drei Wochen exakt dieselbe Strecke wie ich zurückgelegt haben, wenn auch mit einem Tag Vorsprung? Unvermeidlich erreicht das Peloton bald die Unfallstelle. Was geschieht dann dort? Wird es dort vorbeischwirren und sich verirren, weil Pfeile fehlen? Oder wird es anhalten? Wird die Tour de France in diesem Augenblick einfach aufhören zu existieren? Beide Möglichkeiten kommen mir gleich verlockend vor. Dann schlage ich die Zeitung zu. Jedenfalls kommt der Brechreiz durch die Gedanken und Emotionen zur Ruhe. Bleibt nur die vertraute körperliche Taubheit.

Der Bahnhof Lyon-Brotteaux liegt verlassen da. Der Bus wird von einer Hand voll Pressefotografen und einem Kamerateam erwartet.

Ein einzelner Autogrammjäger schlendert, mit einem Album voller Klebebilder bewaffnet, von Radrennfahrer zu Radrennfahrer – ich stehe auch darin. Noch einige Autobusse kommen an. Schnell ist das Peloton vollzählig.

Mit meiner Sporttasche in der Hand trotte ich über den Bahnsteig zum wartenden TGV. Hinter die Abteilfenster sind Pappschildchen geklebt, auf denen die Namen der verschiedenen Teams stehen. Ich steige beim Schildchen »Capri-Sonne« ein und setze mich in einen sehr komfortablen Sessel am Fenster. Das Interieur überrascht mich. Dies ist kein Zug mehr, dies ist eine vornehme Hotel-Lounge. Komfortabel, sauber und geräumig.

Dann setzt sich der TGV in Bewegung. Er schiebt sich unter dem Bahnhofsdach hervor. Die hässlichsten Betonwohnblöcke, die ich je gesehen habe, ziehen vorbei. Die Bewohner schlafen noch. Gardinen verdecken die kleinen Fenster. Starre ist das passende Wort für diese Wohnblöcke. Grelles, schrecklich grelles Morgenlicht scheint auf die Giebel. Doch schnell liegt Lyon hinter uns. Der TGV beschleunigt. Das Verblüffende ist, dass es keine Geräusche gibt und auch das rhythmische Rattern einer Zugfahrt fehlt. Ein Steward in einem blütenweißen Jackett serviert das angekündigte Mittagessen an Bord: Hacksteak mit Reis.

»De l'eau ou du vin, monsieur?«

»De l'eau, s'il vous plait.« Das Essen ist etwas eingefallen, wahrscheinlich weil sie es in Behältern aufbewahrt haben. Es ist nur ein Detail.

»Yaourt?«

»Yaourt.«

»Du café, monsieur?«

»Deux café, s'il vous plait. Noir.« Es ist französischer Kaffee.

Der TGV rauscht vorwärts, von Süd nach Nord, durch Ebenen und Täler. Unablässig sehe ich nach draußen. Ab und zu schießen wir an einem Kleinstadtbahnsteig vorbei, auf dem eine verlorene Seele den so entstehenden Luftzug genießt. Es gibt viel zu sehen. Wilde Müllkippen zum Beispiel, ein rostiges Traktorgerippe auf einem brachliegenden Feld, Weingärten, Weideflächen, die Rückseiten von Speditionsfirmen und Fabriken, Burgruinen, Idylle, schwelende Komposthaufen. Ich bemerke, dass das Grün der Landschaft, je weiter wir nach Norden vorrücken, von einem überwiegend fahlen Hellgrün stufenlos in ein tiefes, sattes Sommergrün übergeht. Ich bemerke auch, dass das Licht weicher wird. Ich könnte auf der Stelle einschlummern, tue es aber nicht.

Irgendwann wird es unruhig im Abteil. Pfleger mit Töpfen voll Sitzlederfett machen ihre Runde. Man beginnt allmählich damit, in die Rennkleidung zu schlüpfen. Endstation Sens kommt bestimmt bald in Sicht. Es stehen schon einige mit ihren nackten Hintern da. Einen bleichen, nackten Radrennfahrerhintern halte ich nicht für einen inspirierenden Anblick. Ich beschließe, das Umkleiden bis zum allerletzten Moment aufzuschieben und drücke meine Stirn gegen das Fenster. Mit Blick auf den Horizont scheint es, als ob der TGV still steht. Ein schräg nach unten gerichteter Blick ergibt ein unruhiges Streifenmuster. Ich fühle mich wie Gott in Frankreich – klimatisiert und kaputt. Möge diese Hotel-Lounge auf Schienen doch defekte Bremsen haben, sodass wir durch Sens hindurch bis in die Normandie rauschen. Melancholie bei einer Geschwindigkeit von dreihundert Kilometer pro Stunde ist von vorzüglicher Qualität, merke ich.

Sonntag, 25. Juli
21. Etappe: Fontenay-Sous-Bois – Paris (187 km)

Lévitan, die zweite Hälfte der Tour-Direktion neben Goddet, war heute einfach wieder mit dabei. Das Ziel gestern in Aulnay-Sous-Bois hatte er nicht erreicht. Unterwegs musste er seinen Fahrer anweisen, mit vollem Tempo Kurs in Richtung seines Leibarztes in Paris zu nehmen. Er fühlte sich nicht wohl. Er fühlte sich sogar außerordentlich elend. Herzprobleme? Nein, seinem Leibarzt zufolge nichts mit dem Herzen. Vermutlich ein Schwächeanfall als Folge von Übermüdung.

Ich nehme an, dass Lévitan ein paar Pillen mit auf den Weg bekommen hat, um die Tour zu Ende bringen zu können.

Eine Formalität, die letzte Etappe. Es ist ein Spaziergang ins Herz von Paris. Einmal dort angekommen, fliegen wir noch ein paar Mal in aller Heftigkeit auf der Rennbahn der Champs-Elysées um die Kurven. Es folgen die Siegerehrungen, und danach löst sich die Tour in ein Nichts auf. Es ist dann so, als ob eine Glasglocke von einem Knäuel Mäusen weggezogen wird. Die Mäuse schießen husch, husch in alle vier Himmelsrichtungen davon. Ein paar bleiben noch einen kurzen Augenblick benommen stehen, doch dann nehmen auch sie die Beine in die Hand. Eine Stunde nach der Zieleinfahrt brummt der Verkehr wieder vierspurig über die Champs-Elysées, als ob es dort nie eine Tour de France gegeben hätte. Obwohl ich diesen Moment schon seit Tagen herbeigesehnt hatte, überfiel mich ein Gefühl von großer Einsamkeit.

»Im letzten Jahr Fünfter, dieses Jahr Vierter, und wieder steht Ihr Name für eine herrliche Alpenetappe. Zufrieden?«, so die Frage eines Journalisten nach der Ankunft.

»Zufrieden«, antwortete ich.

Den Sieg in Morzine schätzte ich selbst hoch ein. Denn es war die letzte Chance gewesen, etwas zu gewinnen. Denn ich hatte die Hoffnung auf einen Sieg schon aufgegeben. Und die Umstände waren unmenschlich gewesen. Lediglich der Verlust des Podiumplatzes beim Zeitfahren in St. Priest machte mir noch immer zu schaffen.

»Sehen wir Sie nächstes Jahr auf dem Siegertreppchen?«

»Gewiss.«

Nächstes Jahr war für mich noch weit weg. Der Schweiß auf meinem Rücken war noch nicht einmal getrocknet.

Während des Spazierstücks der Schlussetappe kommt ein Teamkollege neben mich gefahren. Er sagt: »Ich frage mich, ob ich noch normal bin.«

»Erzähl!«

»Ich bin fast bei jedem gewesen. Bis hierher bin ich offenbar der Einzige, der es gestern Abend nicht gemacht hat. Hast du es gemacht gestern Abend?«

»Bist du schon bei Hinault gewesen?«
»Das noch nicht.«
»Frag ihn!«
Die Tour tut merkwürdige Dinge mit den Menschen.
Hinault zog heute sein Clownskostüm an. Ganz gegen seine Gewohnheit beteiligte er sich am Massensprint. Und gewann. All der Kritik überdrüssig, gewiss. Er gewann auch seine vierte Tour de France. Seine vierte! Was für ein Tier. Heute Morgen sah ich seine Frau aus dem Aufzug steigen. Es war eine schöne, kleine, zierliche Frau. Auf ihren Lippen lag das Lächeln von Mona Lisa. So sehen Frauen aus, kurz nachdem sie feurig geliebt wurden.
Yvonne und ich haben beschlossen, in Paris zu übernachten. Wir hatten beide keine Lust mehr, noch das ganze Stück nach Hause zu rasen. Ich bin genug Rennen gefahren in der letzten Zeit, meine ich. Es bleiben noch ein paar aus der Mannschaft da. Godefroot bleibt auch. Machen wir es uns bequem! Lassen wir es ruhig spät werden! Was mich betrifft, können wir jetzt die Korken knallen lassen. Von einem Rausch in den nächsten.

Venray, 27. Juli

Das Tour-Tagebuch 1982 ist fertig. Wenn ich darin zurückblättere, kann ich kaum glauben, dass alles erst so kurz her ist. Man liest so darüber hinweg, doch mich hat die Tour mehr als ein halbes Jahr in Beschlag genommen. Bei einigen Passagen kann ich mir kaum vorstellen, dass ich sie geschrieben habe. Doch ich erkenne meine Handschrift wieder, also wird es wohl stimmen. Tourfieber erleuchtet, Tourfieber benebelt, damit ist alles kurz und bündig zusammengefasst. Ruhe werde ich vorläufig wohl nicht finden. Gestern Abend fuhr ich schon wieder beim Kriterium von Boxmeer. Ich musste mich beeilen, um pünktlich anzukommen. Natürlich haben wir viel zu lange in Paris herumgetrödelt.
In Boxmeer waren viele Leute auf den Beinen. Vor dem Rennen wurde den Etappensiegern der Tour gehuldigt. Der Sprecher machte

wieder enorm viel Rabatz. Ich begreife, dass ich vorläufig als »Monsieur Morzine« durchs Leben gehen werde.

Nach der Huldigung flogen wir wieder wahnsinnig schnell auf einem Rundkurs um die Kurven. Ich fühlte mich gar nicht mal mehr so müde. Vielleicht behält unser Mannschaftsarzt Recht, und ich habe mich tatsächlich noch nicht verausgabt. Gegen zehn gingen die Flutlichter entlang des Parcours an, und gegen elf war es schon vorbei.

Die Nacht verbrachte ich in der pseudo-ehelichen Lagerstatt bei Yvonne. Heute Morgen war ich schon gegen acht Uhr wach. Ich ging die Treppe hinunter, um von unten einen Stapel Zeitungen hinaufzuholen. Wieder im Bett begann ich, mich in die Berichte der letzten Tour-Tage zu vertiefen. Es war ein ganz ordentlicher Stapel Lektüre. Gerade als ich beginnen wollte, ein langes Interview mit Van der Velde zu lesen, ertönte hinter mir eine Stimme. Yvonne.

»Das ist ja sehr gemütlich. Habe ich dich endlich da, wo ich dich haben will, da kehrst du mir schon wieder den Rücken zu.«

Unheimische Grüße

P.

Venray, 6. April 1991

Lieber Hans,

angenehm oder unangenehm überrascht musst du sein, nach so vielen Jahren wieder mal einen Brief von mir zu bekommen. Ich habe es ausgerechnet: 1991 minus 1982 gleich neun. Okay, noch nicht ganz neun Jahre, denn es ist ja erst April.

Juli 1982, das war mein letztes Lebenszeichen. Danach verloren wir einander aus den Augen, wie es heißt. Ich gebe es ohne zu zögern zu: Ich fing damit an. Menschen, die in die besten Jahre kommen, verlieren vieles aus den Augen. Es ist ein Naturgesetz. Bei Sportlern kommt noch hinzu, dass sie begierig nach Isolation suchen.

Nichtsdestotrotz liegt jetzt wieder ein Brief vor dir. Wie es dazu kommt? Nun, gestern bin ich zufällig Karel an einer Tankstelle begegnet. Karel – auch ihn hatte ich eine Ewigkeit nicht mehr gesehen – tankte seinen rostigen Ford voll. Den kannte ich noch.

»Ein braver Esel«, sagte Karel zu seinen Ford: »Pfeift zwar aus dem letzten Loch, ist aber ein braver Esel.« Dann warf er einen Blick auf meinen Esel. Ein Mercedes. Das war für ihn ein Auto für alte Säcke. Ein Auto für einen pensionierten Schweinezüchter. Er rümpfte die Nase. Dieser Mercedes wird mich mit Sicherheit überleben, habe ich ihm geantwortet, und meinte den Radrennfahrer in mir.

»Ich heirate in zwei Wochen«, sagte Karel auf einmal: »Du bist hiermit eingeladen.« Er zog eine Hochzeitskarte aus der Innentasche seiner Jacke und reichte sie mir mit den Worten: »Hans kommt auch.« Ich betrachtete die Karte.

»Da sage ich nicht Nein«, sagte ich und stieg in mein Auto.

»Bis in zwei Wochen, also. Mensch, was siehst du mitgenommen aus.«

Dein mitgenommen aussehender, dissidenter Freund erwartet sehnsüchtig den Tag in zwei Wochen.

Peter

Venray, 26. April 1991

Lieber Hans,

was war das für ein geselliges Fest vorige Woche! Und ich weiß nun, dass es dir gut geht. Mathematiklehrer für die gymnasiale Oberstufe – du bist nicht stehen geblieben. Ein Beruf, der zufrieden macht, wie mir scheint, auch wenn du darüber klagst, dass die abstrakte Wirklichkeit schwer in die Köpfe der Kinder zu kriegen ist. Wusstest du, dass auch ich eine Ader für die Mathematik habe? Das haben früher einmal diverse Tests gezeigt. Der Mathematiker in mir hat sich jedoch nie richtig durchgesetzt. Er muss eingeschlafen sein.

Eine solch rigorose Entscheidung, wie du sie gefällt hast, als du von einem Tag auf den anderen dem Rock'n'Roll den Rücken kehrtest, habe ich nie zu treffen gewagt. Ich habe höchstens die sportlichen Ambitionen etwas heruntergeschraubt. Gezwungenermaßen. Wegen Unvermögen, Unfällen oder irgendetwas anderem. Doch in Kürze muss eine Entscheidung fallen. Der Wurm ist im Gebälk. Schon seit fast einem Jahr.

Es war ein alberner Zusammenstoß. Das Auto war vom niederländischen Rundfunk. In einem Kreisverkehr wurde ich von der Seite erfasst und zu Boden geworfen. Ich richtete mich auf. Ein paar blaue Flecken und ein paar Schürfwunden, das war alles. Ein ganz gewöhnlicher Sturz. Nicht mal ein Lackschaden am Auto.

Es passierte vorigen Sommer in einem Vergnügungspark namens Futuroscope – einen Tag, bevor die Tour '90 losging. Doch seit diesem Tag war ich nicht mehr richtig zu gebrauchen. Zwei Wochen später gab ich die Tour auf. Alpe d'Huez erreichte ich auf dem Sitz eines Autos. Keine angenehme Erfahrung als frisch gebackener Landesmeister.

Die Verletzung war genauso lächerlich. Sie stellten einen winzigen Zwischenraum an der Verbindung zwischen rechtem Becken und Kreuzbein fest. Jemand, der ein ruhiges Leben führt, hätte noch nicht einmal etwas davon gemerkt. Aber jemand, der sich über Gebirgspässe schleppen muss, erlebt mit einer solchen Verletzung bald Folgendes: Das rechte Bein humpelt und strauchelt fortan, das linke indes nicht.

Es gibt keine Alternative zur Behandlung. Intensive Physiotherapie, Krafttraining, die Wiederherstellung des Gleichgewichts. Die Gesäßmuskeln mussten die Funktion der gedehnten Bänder übernehmen. Den ganzen Winter verbrachte ich also in Krafträumen und auf Behandlungstischen.

Die ersten Frühjahrsrennen gaben sogar Grund zur Hoffnung. Doch dann tauchte bei der Murcia-Rundfahrt der erste echte Col auf. Links marschierte voran, Rechts blieb kraftlos zurück. Es war noch immer der Wurm darin und wahrscheinlich werde ich ihn auch nicht mehr los.

Aber du hattest meine Karriere ja über die Jahre ein bisschen mitverfolgt, sagtest du. Über die Medien. Du warst offensichtlich nicht der Einzige. Für mich hatte Karels Hochzeit etwas von einem fröhlichen Wiedersehen. Wie geht es dir, und dir und dir?

Ich hatte niemands Karriere mitverfolgt. Doch mich bräuchten sie ja nicht zu fragen, was aus mir geworden war, sagten sie. Sie wüssten bereits alles. Zum Beispiel, dass ich schon einmal ganz nahe dran gewesen bin.

»Ja, einmal bin ich wirklich sehr nahe dran gewesen«, antwortete ich. 1983 war das. Mein bestes Jahr. Der Höhepunkt meiner Karriere. Ein Niveau, das ich danach nie wieder erreichte.

Du fragtest: »Was ging schief im Winter '83?«

Ich halte mein Versprechen. Auf deine Bitte hin werde ich wieder einige Radsporterlebnisse festhalten. In ein paar Tagen reise ich ab zur Spanien-Rundfahrt. Es passt also gut. Und ich werde dir antworten.

Peter

Mérida, Spanien, 29. April 1991

Lieber Hans,

das Klima ist wunderbar mild. Die portugiesische Grenze ist nah. Heute Nachmittag wurde hier der Prolog ausgefahren, ein kurzes Einzelzeitfahren. Mein Ergebnis: sehr schwach. Lass mich darüber schweigen und sogleich zur Beantwortung deiner Frage kommen.
    Was also ging in jenem Winter schief? Die Antwort: nichts. Es lief bereits viel früher etwas schief. Mein Höhepunkt ging schief. An die Saison '83 werde ich nicht gerne erinnert. Denn dieser Karrierehöhepunkt ist nur ein Höhepunkt auf dem Papier. Ich habe beschlossen, es im Laufe dieser Vuelta für dich aufzuschreiben. Schon jetzt ist sicher, dass es viel Anstrengung kosten wird, etwas Ordnung in dieses Chaos zu bringen.

Am 5. September 1982 feierte ich meinen fünfundzwanzigsten Geburtstag. An diesem Tag wurde im englischen Goodwood die Weltmeisterschaft ausgefahren. Außer damit, Rennen zu bestreiten, war ich in dieser Zeit auch intensiv mit anderen Dingen beschäftigt. In Goodwood verhandelte ich mit verschiedenen Teamchefs über einen Vertrag für das nächste Jahr. Was war geschehen? Die Geschäftsführung meines damaligen Sponsors Capri-Sonne hatte eine Woche zuvor erklärt, keinen Nutzen mehr im Radrennsponsoring zu sehen. Sie nannten bestimmt zwanzig Gründe für ihre Entscheidung. Doch alle ließen sich im Prinzip auf einen einzigen zurückführen: Das Radsportmilieu sei zu negativ und zu undurchsichtig (womit sie gar nicht mal so Unrecht hatten) und damit nicht vereinbar mit dem frischen Image ihres Produktes, dem Fruchtgetränk.
    Dort in England sprach ich unter anderem mit Post, damals Teamchef der gefürchteten, berühmt-berüchtigten Raleigh-Formation. In einer französischen Zeitschrift hatte ich für dieses Team einmal die Umschreibung »Les jeunes loupes« gelesen: »Die jungen Wölfe«. Im Peloton wurde mit Erfurcht über das »System Post« gesprochen. Dieses

System war klar und einfach: Jeder gab alles für die Firma Raleigh. Wer gewinnt ist egal, solange nur die Firma gewinnt. Alles im Rennen war nur eine Frage, ob der richtige Fahrer zur richtigen Zeit am richtigen Ort war. Wenn es nicht so schwierig wäre, eine Gruppe von Individuen von der Stärke des Kollektivs zu überzeugen, dann hätte sich jedes Team dieses System zu Eigen gemacht.

Post versprach, einen anderen Radrennfahrer aus mir zu machen: einen Rennfahrer, der in die Disziplin passen würde. Ich hatte schon Lust auf das eine oder andere. Meine Erfolgsaussichten sah ich dadurch nur wachsen. Das Team war bereits jahrelang unschlagbar im Mannschaftszeitfahren. Schon allein das würde mir bei einer Tour de France zu einem beträchtlichen Vorteil verhelfen.

Wer fuhr seinerzeit so alles in dieser Formation? Raas, Knetemann, Priem, Oosterbosch, Van Vliet, Hanegraaf, Lubberding, Peeters, De Keulenaer – alles Rennfahrer also, die mit gebündelten Kräften umso schneller fuhren. Doch auch Johan van der Velde fuhr für Post. Es war angedacht, dass Johan und ich im Hochgebirge zusammenarbeiten sollten. Das Team Raleigh war einfach bei weitem die beste Wahl. Obwohl Godefroot inzwischen mit einem anderen Geldgeber im Gespräch war und mich gebeten hatte, mit der Unterschrift zu warten, wurde ich mit Post einig.

Nicht nur die Geschäftsführung von Capri-Sonne zog sich 1982 aus dem Radsport zurück. In diesem Jahr zog sich auch jemand zurück, den ich noch sehr vermissen sollte.

In den Wochen nach Goodwood reifte in mir ein Plan. Es war nicht unüblich, dass ein Radrennfahrer bei einem Teamwechsel einen Pfleger mitbrachte oder mitnahm. Der, den ich mitbringen wollte, war der Mann, der mir im Profi-Peloton vom allerersten Tag an den Weg durch den Dschungel von Medikamenten und Ergänzungsstoffen gewiesen hatte und der bereits nach einem kurzen Abtasten meiner Muskeln meinen körperlichen Gesamtzustand kannte. Ich habe früher schon einmal über ihn geschrieben: Jomme.

Würde er sich dafür begeistern können, mit mir zu »den 'Olländern« zu wechseln? Es war auch fraglich, ob Post sich dafür würde begeistern können. Ich musste zuerst Jommes Antwort wissen. Ich rief ihn an.

»Hallo, mit wem spreche ich?«

»Winnen.«

»Verdammt, Winnen. Ha, verdammt. Was gibt's?«

Ich erzählte ihm von meinem Plan. Doch, gottverdammt, hatte ich es denn nicht gehört? Er würde aufhören. Sein Rücken, nicht wahr. Hatte er sich doch in all den Jahren seinen Rücken an den Radrennfahrerkoffern kaputt gehoben. Totalschaden. Aber ich müsse ihn unbedingt besuchen kommen. Er habe noch etwas für mich aufbewahrt.

Und so besuchte ich ihn. An einem schönen Herbsttag fuhr ich in das Dorf K in der Nähe von Leuven. Unterwegs dorthin dachte ich an all die Geschichten, die er mir im Laufe der Zeit beim Massieren aufgetischt hatte. Blöde, spannende, schweinische Geschichten, Geschichten zum Kranklachen meistens.

Zu einer besonderen Kategorie gehörten die Kriegserzählungen. Jomme war während des Krieges in einem Arbeitslager interniert. Traumatisiert ist er dort wieder herausgekommen. Aber er beugte sich nicht dem Druck seiner Traumata. Er machte das Beste daraus und erzählte geschmackvoll darüber.

Da war die Geschichte von dem deutschen Lagerkommandanten mit Potenzproblemen. An irgendeiner Front war ihm nicht nur ein Bein, sondern auch sein Hoden weggeschossen worden. Der Mann war von Jommes breiter, kräftiger Gestalt angetan. Eines Tages nahm der Kommandant ihn mit zu einer Baracke. Und in dieser Baracke lag hinter einem Wandschirm ein nacktes Mädchen auf einer Matratze. Jomme erhielt den Auftrag, das Mädchen »zu ficken«. Das war noch nicht alles. Er musste sie ficken, während der Kommandant durch einen Spalt im Wandschirm lugte.

Zur Belohnung bekam er große Stücke Fleisch zu essen. Das Schauspiel wiederholte sich beinahe täglich. Jomme fickte, und der Kommandant sah dabei zu. So war Jomme einigermaßen unbeschadet durch den Krieg gekommen.

Doch noch bevor er in das Lager kam, hatte er einen deutschen Soldaten getötet. Mit einem Ziegelstein. Ein gezielter Wurf und zack, hatte er da gelegen. Sie waren zu zweit gewesen, die Deutschen. Der andere war Jomme noch eine Weile auf den Fersen. Vergeblich.

Jomme blickte nicht im Groll zurück. Bolten, einem deutschen Radrennfahrer im Team, rief er immer zu: »Der beste Deutsche ist ein toter Deutscher.« Anschließend bekam Bolten eine Massage, wie er sie sich besser nicht hätte wünschen können. Fachmännisches Können machte nicht Halt vor der deutsch-belgischen Grenze.

Und dann Dietrich Thurau, ebenfalls ein Deutscher. Didi war so etwas wie Jommes Liebling. Thurau ist einmal eine verflixt gute Saison gefahren. Zu zweit klapperten sie danach die Kriterien ab. Jomme saß am Steuer von Didis Sportwagen. Einmal rammten sie mitten in der Nacht um ein Haar eine Leitplanke. Thurau war starr vor Schreck: »Mensch, dann fahr doch gefälligst nicht schneller als 180!«

»Ein fantastisches Maschinchen, dieser Motor und dieser Sportwagen.« Jomme genoss es noch im Nachhinein.

Ich war noch nie vorher bei ihm zu Hause gewesen. Hausnummern fehlten größtenteils in der Straße. Ich erkannte das Haus jedoch an dem Mercedes, der vor der Tür stand. Es war jener Mercedes, den er sich ein Jahr zuvor zugelegt hatte, weil dieser es sicherlich länger als er selbst tun würde. Ich parkte an der Straße und ging auf den Hof. Eine kleine Frau mit verschmitzten Augen kam heraus, und ein kleiner schwarzer Kläffer tanzte belfernd und knurrend um mich herum.

»Ich hatte mich mit ihm für heute verabredet«, sagte ich.

»Was soll ich ihm sagen, wer da ist?«

»Sagen Sie einfach: der 'Olländer.«

Sie verschwand nach drinnen. Der kleine Kläffer schnüffelte an meinen Hosenbeinen. Sobald ich mich auch nur ein Stück bewegte, knurrte er grimmig. Ich könne durchgehen, rief die kleine Frau, um danach unmittelbar wieder zu verschwinden. Die Hintertür hatte sie für mich offen gelassen. Ich ging hinein, ging durch eine weitere Tür und da saß er in einem Sessel. Mit roten Wangen und einem Grinsen.

Ich müsse mich hinsetzen und gottverdammt ein Bier mit ihm trinken. Das beste Bier Belgiens hätte er im Haus, ein Bier aus der Gegend, Naturbier. Genau das Richtige für einen Radrennfahrer.

Man hätte nicht meinen können, dass da jemand saß, der unlängst für schwerbehindert erklärt worden war. Jomme richtete sich mühsam auf und schlurfte vorsichtig aus dem Zimmer. Sein Schlurfen erschreckte mich. Ich kannte ihn nur als einen Mann, der stets rüstig drauflosstiefelte. Er kam zurück mit zwei bauchigen Gläsern mit Stiel und zwei dunkelbraunen Flaschen ohne Etikett.

»Schenk mal ein«, sagte er.

Ich schenkte ein. Na, wie ich das fand. Er meinte die Farbe. Und das Bier war tatsächlich von wunderbarer, transparenter Rostbräune.

»Und jetzt probieren!«

Ich probierte.

»Großartig«, sagte ich: »Das ist Wein. Prost, Jomme! Auf deinen kaputten Rücken!«

»Und auf deine Beine.«

Wir begannen ernsthaft, über Rennfahrerei zu schwätzen. Es ging ums Soignieren und um die medizinische Vorbereitung. Mehrere Radsportlergenerationen, die Jomme unter seinen Fittichen gehabt hatte, zogen vor meinem inneren Auge vorüber. Klassefahrer und Stümper, kleine Lichter und Champions. Jomme geriet richtig in Fahrt. Zwischendurch holte er noch mal frisches Naturbier. Dann schilderte ich ihm das Problem, das ich schon lange mit mir herumtrug.

»Jomme«, begann ich, »schon zwei Mal ist es gut gelaufen bei der Tour de France. Zwei Jahre hintereinander gewinne ich eine Alpenetappe, und zwei Mal komme ich unter die ersten fünf der Gesamtwertung. Aber es ist nicht so, dass ich sagen könnte, warum. Es passierte einfach. Ich hätte gerne etwas mehr Kontrolle darüber.«

Ich wäre eine merkwürdige Person, sagte er. Klasse satt, aber eben kein Champion. Schmächtig, aber zäh. Eine Uhr für den Kaminsims, aber keine Turmuhr.

»Weißt du, worin deine Klasse besteht, Winnen? Nach zwei Wochen Rennen kommt dein kleiner Körper erst richtig in Gang.«

Ich schwieg und wartete ab. Ich hatte das Gefühl, dass noch etwas kommen müsse.

Wenn ich auch nur ein einziges Mal etwas zu lange im roten Bereich fahren würde, wäre es vorbei mit mir, dann wäre es für eine ganze Weile mit mir vorbei.

Doch wie könnte ich dieses Problem während der Rennen lösen, wollte ich wissen. Es wäre ja nun einmal unabdinglich, mitunter lange im roten Bereich zu fahren.

Geduld müsse ich haben, sagte Jomme, Geduld: »Warten, warten, warten, bis es dich verrückt macht.«

Das sei dann der richtige Moment, zu attackieren, meinte Jomme und gab mir noch einen strengen Rat: »Sei vorsichtig mit den Hormonen, dein Uhrwerk kommt schnell aus dem Takt.«

»Vor den Hormonen habe ich sowieso viel zu viel Schiss«, sagte ich. Aber eine andere Frage brannte mir auf den Lippen. Soweit ich wusste, gab es im Team Raleigh keinen großen, offen sichtbaren Koffer mit Medikamenten oder etwas dergleichen. Es wurde in einer geheimnisvollen Atmosphäre gearbeitet, die auf gegenseitigem Vertrauen beruhte. Es gab dort noch nicht einmal einen Mannschaftsarzt. Was wusste Jomme von der Herangehensweise dieses Teams?

Er dachte kurz nach und sagte dann: »Sie fahren gut und sie bleiben gut.« Was genau sie dort taten, konnte er mir auch nicht sagen. Doch ich würde dort mit Sicherheit nicht kaputtgespritzt. Es stimmte. Die Radrennfahrer, die in diesem Team fuhren, blieben auf dem Damm. Jahrelang.

»Komm mal mit«, sagte Jomme.

Er richtete sich erneut mühsam auf. Ich schlurfte hinter ihm her. Wir überquerten den Hof hinter dem Haus und gingen in etwas hinein, das von außen aussah wie ein Taubenschlag. Es war seine Massagepraxis.

»Der Laden wird dichtgemacht, aber ich habe hier was für dich aufbewahrt, Winnen.«

Er zog eine Plastiktüte aus einer Schublade und hielt sie mir offen entgegen. Die Tüte war fast bis zum Rand mit Vitaminpräparaten,

Spritzen und Nadeln gefüllt. Ein kleines Vermögen steckte in der Tragetasche. Durfte ich das denn einfach so mitnehmen? Er habe doch gesagt, dass er etwas für mich aufbewahrt habe. Mir steckte ein Kloß im Hals.

»Wie kann ich dir dafür danken?«, fragte ich.

»Indem du noch ein Bier mit mir trinkst.«

Kurze Zeit später standen wir wieder auf dem Hof. Wie spät am Nachmittag mag es gewesen sein? Drei Uhr vielleicht? Der Himmel färbte sich schon leicht türkis. Unsere Blicke wanderten über den Horizont.

»Jomme«, sagte ich, »wie kann ich dir nur dafür danken. Nicht nur für diese Tüte mit Sachen, sondern auch für...« Einen kurzen Moment suchte ich nach den passenden Worten. »Du hast mir die beste Droge zukommen lassen, die es gibt.«

»Na, hör mal, Winnen!«

Ich erzählte es ihm einfach geradeheraus. Dass ich immer so hatte lachen müssen über seine verrückten Geschichten. Dass ich vor Lachen fast über seinen Massagetisch pinkelte und mich am Rand festhalten musste, um nicht herunterzufallen. Dass ich während seiner Geschichten vergaß, wie kaputt ich eigentlich war. Doch wer würde sie mir jetzt erzählen, nun, da er sich zurückgezogen hatte, wer?

Jomme starrte einige Zeit in die Ferne.

»Siehst du da meinen Hof?«, fragte er.

Ich nickte. Hinter dem Haus lag der Gemüsegarten.

»Und siehst du meine Veranda?«

Ich sah die Veranda. Seine Frau saß dort. Dahin hatte sie sich also die ganze Zeit zurückgezogen. Sie häkelte oder strickte, das konnte ich nicht genau erkennen.

»Hör zu«, sagte Jomme.

Er erzählte mir die Geschichte von seinem Nachbarn. Mindestens fünf Jahre war es nun her. An einem Sonntagmorgen saß Jomme auf demselben Platz, an dem nun seine Frau saß. Er las die Zeitung. Ab und zu ließ er die Zeitung sinken, um in seinen Hof zu blicken. Was sah er da? Sein kleiner schwarzer Kläffer schnupperte in seinem Hof herum. In dem angrenzenden Hof arbeitete sein Nachbar mit einer Hacke. Was sah er weiter? Sein kleiner Kläffer kroch unter dem Zaun hindurch, um im Hof des Nachbarn herumzuschnuppern. Der Nachbar griff nach einem Stock und warf. Es war ein Volltreffer, der Hund jagte heulend davon. Jomme stand ruhig auf, faltete die Zeitung zusammen und ging in den Hof hinaus. Im Vorbeigehen hatte er die Mistgabel gepackt, die an der Veranda lehnte.

Er spießte den Nachbarn mit einer Zinke der Forke quer durch den Fuß am Boden fest. Jomme machte vor, wie der Nachbar wie eine Ziege an der Kette rund um die eigene Achse getanzt war.

»Pass auf deinen Rücken auf!«, rief ich, mich wieder einmal vor Lachen krümmend.

»Noch ein Bier?«, fragte Jomme, als ich mich wieder einkriegte.

»Okay, eins noch, ich habe noch eine weite Fahrt vor mir.«

Während wir beim letzten Bier zusammensaßen, sah ich immer wieder den Nachbarn vor mir, wie er herumgetanzt war wie eine zum Leben erweckte Vogelscheuche. Und als ich bei Yvonne ankam – an diesem Abend sollte ich bei ihr essen – sah ich ihn noch immer vor mir.

»Wie war es bei ihm?«, fragte sie.

»Schrecklich«, sagte ich: »Schrecklich nett.«

Peter

Badajoz, 30. April 1991

Lieber Hans,

das Rennrad, auf dem ich fahre, ist nagelneu. Vor, nach und sogar während des Rennens schraube ich daran herum. Die richtige Sattelhöhe ist einfach nicht zu finden. Es hat den Anschein, als seien die Muskeln des rechten Beines gekürzt worden. Ich sitze schon einen

Zentimeter tiefer als normalerweise, wodurch es sich auch links nicht mehr gut anfühlt.

Das war im Frühjahr '83 ein wenig anders. Im Januar hatte ich ein wunderbar leichtes Raleigh-Rad bekommen. Der Rahmen war maßgefertigt und bestand aus den damals revolutionären Reynolds-753-Rohren. Das Rad war wie ein Teil meiner selbst. Ich merkte es schon bei der ersten Trainingsfahrt. Das Teil war schlichtweg entzückend.

In dieser Zeit, im Frühjahr 1983 also, wohnte ich in einem möblierten Seniorenappartement in Gendt an der Waal. Die Villa, von der ich einen Flügel gemietet hatte, lag direkt am Fluss. Von ihren Booten aus konnten die Schiffer zu mir hereinlugen. Diesen Ort hatte ich mit Sorgfalt ausgewählt. Dort in Gendt, ganz am Ende der Welt, konnte ich zu mir selbst kommen, mich von dem Trubel der Radrennen erholen und Ruhe finden.

Im Herbst '82, nach den letzten Rennen der Saison, kam ich dort mit meinem voll gepackten Auto an. Ich schloss meinen Verstärker und den Plattenspieler an, stellte die Bücher auf die Fensterbank und packte die Koffer aus. Nachdem ich das Rennmaterial in einem kleinen Holzschuppen untergebracht hatte, setzte ich mich in einen bequemen Sessel und spähte durch die großen Fenster auf den Schiffsverkehr auf dem Fluss.

Es war ruhig in Gendt. Tagsüber schallten das Schlagen und Hämmern von der nahe gelegenen Schiffswerft herüber, doch abends herrschte Stille. Wenn die Dunkelheit hereingebrochen war, sah man von den Schiffen auf dem Fluss nur die hellen Flächen der Kajütenfenster vorüberziehen.

So kurz nach der Saison trainierte ich nicht oder nur wenig. Du kannst dir wohl vorstellen, wie viele Stunden ich einfach nur da gesessen und auf den Fluss gespäht habe. Es war Luxus pur, der Platz war wie für mich geschaffen. Bücher lesen, Platten hören und ab und zu einen Journalisten empfangen. An den Wochenenden kamen Yvonne und die Kinder zu Besuch. Die Woche über verbrachte ich manchmal eine Nacht bei ihnen in Venray. So vergingen einige Wochen.

Es war ein nasser Dezember. Ich trainierte wieder ordentlich. Oft kam ich frierend und durchnässt nach Hause. Nach einer heißen Dusche setzte ich mich dann wieder in meinen Sessel und betrachtete die Regentropfen, die gegen die Fenster schlugen. Die Waal strömte wie gewohnt gen Westen. Ab und zu drang das Tuten eines Schiffshorns an mein Ohr. Die Situation begann mich zu langweilen. Immer öfter pendelte ich zwischen Gendt und Venray hin und her. Nach und nach wurde aus meinem Appartement eine Nebenwohnung.

Weihnachten feierten wir zusammen im Haus in der Pettenmakerstraat. Ich blieb dort bis über Sylvester. Der Rest ging von alleine. An einem Abend zwei Wochen später machten wir Nägel mit Köpfen. Alles deutete darauf hin, dass Gott uns füreinander geschaffen hatte. Warum sollten wir weiterhin unter verschiedenen Dächern wohnen? Ich war sowieso schon öfter bei ihr als in meiner eigenen Wohnung. Am nächsten Tag holte ich in Gendt meine Sachen ab. Mit einer großzügigen Geste bezahlte ich die paar tausend Gulden für die Verletzung der Kündigungsfrist – »Entschuldigen Sie die Eile, es ist wegen einer Frau, wissen Sie.«

Noch vor zwölf Uhr Mittag residierte ich unter einem Dach mit der Frau, die die schönsten Augen besaß, die ich kannte. Zusammen mit zwei blonden Jungen und mit einem Hund. Die folgenden Monate lassen sich am besten als heftige, aber häusliche Leidenschaft beschreiben. Es war unglaublich. Ich wohnte in demselben Viertel, das ich zehn Jahre zuvor täglich mit einer Büchertasche hinten auf dem Gepäckträger durchquert hatte – meistens schnell, denn jede Minute Training zählte. Damals wusste ich es schon: Hinter einer dieser Haustüren würde ich später einmal wohnen.

Auch mein Debüt bei der Raleigh-Formation vollzog sich in intimer Atmosphäre. Anfang Februar zog das Team in die Ardèche, um an den ersten Frühjahrsrennen teilzunehmen. Es herrschte noch strenger Frost. Sowohl nachts als auch tagsüber war die Luft ungemein klar.

Post hatte ein kleines Hotel gebucht: »Le Relais de la Vignasse«. Es lag inmitten von Weingärten und war nur über einen sehr schmalen, steilen Weg zu erreichen. Das Team fuhr schon jahrelang hierher. Die Chefin, ein dickes Mannsweib, bekam einen Begrüßungskuss von einem der Mechaniker. Lieber er als ich, dachte ich. Ihr Ehemann, der Patron, hatte ein Herzleiden und sah sehr zerbrechlich aus. Die Hand, die er mir entgegenstreckte, fühlte sich an wie Balsaholz. Ich habe weiter nicht entdecken können, dass er irgendeiner Tätigkeit nachging. Ich nahm an, dass er sich mit ruhigen Dingen wie mit der Buchhaltung beschäftigte. Wie dem auch sei, Le Relais war die Sorte von Hotel, die in Reiseführern als »Familienhotel« angepriesen wird. Die Zimmer der Fahrer lagen im ersten Stock. Sie waren schlicht, aber sauber.

Abends, nach einem Tag in der Eiseskälte, setzten wir uns in dem kleinen Restaurant im Erdgeschoss zu Tisch. In dem Raum fand genau ein komplettes Radrennteam Platz. Die lange Tafel bestand aus einigen aneinander geschobenen Tischen. Unterstützt von einer hübschen, dunkelhaarigen Mieze schleppte die Chefin große Mengen Essen heran. Es durfte der Equipe an nichts fehlen. Und es fehlte der Equipe an nichts. Das Restaurant wurde auch gut geheizt.

Von den Tafelrunden erinnere ich mich vor allem an das Spektakel. Geschichten wurden erzählt. Die Equipe brüllte unablässig vor Lachen.

Yvonne rief mich nach einigen Tagen an. Hinter dem Tresen der Rezeption nahm ich den Hörer von der dunkelhaarigen Mieze entgegen. Was sie da im Hintergrund hörte, war das ein Dorffest oder so?

»Du kannst es morgen in der Zeitung lesen«, sagte ich: »Sie haben heute schon wieder gewonnen.« Es wurde überhaupt viel gewonnen in der Ardèche. Die zwei Eröffnungsrennen waren »für die Firma«. Im anschließenden Etoile de Bessèges gewann die Firma vier der fünf Etappen und die Gesamtwertung. Einmal weitergezogen an die Côte d'Azur gab es in Antibes den nächsten Sieg. Nicht dass ich in taktischer oder sportlicher Hinsicht etwas zu diesem Erfolg beigetragen hätte – das war auch gar nicht nötig, mein Beitrag war erst im Sommer gefragt. Doch erstaunt verfolgte ich die Ereignisse.

Der herzkranke Patron musste einmal noch einen schweren Moment durchstehen. Eines Nachmittags sollte er uns etwas zeigen. Er verschwand hinter der Tür mit dem Schildchen »privé« und kehrte mit vier prächtig verzierten, pizzagroßen Esstellern zurück: der ganze Stolz seiner Sammlung, allerfeinstes Porzellan, von Hand bemalt, sein kostbarster Besitz. Wer damit anfing, weiß ich nicht mehr, aber auf einmal flog einer der Teller durch die Luft. Er wurde aufgefangen und erneut in die Luft geschmissen. Spontan bildete sich ein Kreis. Der Teller durchschnitt die Luft. Und wieder wurde gelacht. Das Mannsweib girrte, und der längst kreidebleiche Patron hielt sich an einem Schrank fest.

In diesem Augenblick durchschaute ich das Erfolgsgeheimnis dieses Teams. Besser gesagt, ich sah den Zement, der es zusammenhielt: Kalbern sowohl in den Rennen als auch abseits der Rennen. Nur: Im Rennen wurde ernsthaft und taktisch mit der Konkurrenz gekalbert, – mit Leidenschaft sogar. Genial und zugleich amüsant fand ich die Regie, die Post vertrat. Genauso amüsant war, wie Raas, das Genie im Rennsattel, das eine oder andere im Feld organisierte. Den Kapitänsposten traute ich ihm fraglos zu.

Zum Glück des Patrons blieb der kostbare Teller heil. Er eilte mit seinem Besitz nach hinten und hielt sich mindestens eine Stunde lang versteckt.

Das Oberhaupt der Pfleger hieß Ruud. Er sah Potenzial in mir. Oder sollte ich besser sagen: Er roch es? Meine Hemden verströmten nach den Rennen den beißenden Geruch von Ammoniak. Mein Schweiß hat immer schon beißend gerochen. Ich bin nie glücklich darüber gewesen. Doch nun wusste Ruud mir zu berichten, dass dies der »Geruch der Champions« war. Hatte ich denn diesen und jenen Fahrer noch nie gerochen? Alles Champions. Die perfekte Entgiftung. Die neue Sichtweise amüsierte mich.

»Lass ihn sich erst mal ein bisschen abarbeiten, deinen Körper, lass ihn sich erst mal setzen. Wir machen noch nichts, keine Vitamine, gar nichts.«

Mit dem neuen Chef: Peter Winnen, Peter Post und Johan van der Velde.

Während sich mein Körper abarbeitete und setzte, kümmerte sich Ruud um die Körper der Kollegen, die mit voller Kraft in die Frühjahrsklassiker geschickt wurden. Er wurde auf Händen getragen, wie sich bald herausstellte. Knetemann hatte ihn einst zum »Weltmeister der Pfleger« gekürt. Es war nicht anders möglich, dass Ruud einen ansehnlichen Anteil an der Erfolgsgeschichte hatte. Auch Post trug ihn auf Händen. Er schätzte ihn als engagiert und gewissenhaft. »Vielseitig« ließe sich dem noch hinzufügen, wenn es nach mir ginge. Ruud konnte nämlich »knacken«. In England hatte er eine Ausbildung zum Chiropraktiker gemacht, erzählte er. Das war Gold wert. Nach einem Sturz verschiebt sich immer mal wieder ein Wirbel. Je schneller der Fehler behoben wird, desto besser.

Über die medizinischen Rezepturen verlor er kein Wort. Ein Chefkoch plauderte seine Rezepte schließlich auch nicht auf der Straße aus. Nur in kryptischen Sätzen wollte er etwas über die Zusammensetzung seiner Mischungen verraten: »Ein Radrennfahrer darf mit Hilfe bestimmter Mittel durchaus Anleihen bei der Natur machen. Hinterher aber muss der Schlag aufgefangen werden. Die meisten Pfleger versäumen Letzteres.«

Obwohl es zu diesem Moment noch nicht zur Diskussion stand, konnte ich mich nur schwer mit der Idee anfreunden, später im Jahr Rennen zu fahren, ohne zu wissen, was da in mich hineingespritzt wurde.

Sevilla, 1. Mai 1991. Ich werde froh sein, wenn endlich der 30. Juni gekommen ist. Das ist der Tag, an dem in ganz Europa die nationalen Meisterschaften ausgefahren werden. Dann werde ich endlich das rot-weiß-blaue Trikot los. Um das Leiden komplett zu machen, hat dieses Hemd nicht einmal Taschen. Wenn es nicht Pflicht wäre, das Teil zu tragen, dann würde ich schon längst im Trikot der Firma für alkoholfreies Buckler-Bier Reklame fahren.

Eine beträchtliche Gruppe konnte sich heute vom Rest der Meute absetzen und schnell einen gehörigen Vorsprung herausfahren. Auch wenn ich auf der Stelle von meiner Verletzung geheilt würde, so ist diese Vuelta doch schon jetzt eine aussichtslose Vuelta.

Ich habe heute trotzdem schon gelacht. Wir hockten zusammen auf einem Hotelzimmer, ein paar Jungs von der Firma und ich. Wir tischten uns gegenseitig ein paar Zoten auf. Ein Mitglied des Mannschaftsstabes kam herein. Er erklärte, er habe einmal mit Goedele Liekens gepoppt, der Sex-Expertin aus dem belgischen Fernsehen. Es folgte eine Diskussion. Oh, ja? Ja, wo, wann, wie? Ja, wie? Niemand glaubte ihm. Ich bin der Veteran unter den Jungs. Ich entschied im Zweifelsfall zu seinen Gunsten.

Die Südfrankreich-Kampagne ging zu Ende. Die Raleigh-Formation kehrte in die Niederlande zurück. Ich trainierte Stunde um Stunde und fuhr meine Rennen. Stets zurückhaltend, immer auf der Hut vor sinnloser Kraftmeierei. Erst im Juli durfte die Topform da sein, nicht eher. Ich machte eine merkwürdige Entdeckung: Morgens, direkt nach dem Aufwachen, maß ich wie gewohnt meinen Puls. Auf die Uhr gucken, fünfzehn Sekunden lang die Pulsschläge zählen und die Zahl mit vier multiplizieren. Das Ergebnis war immer wieder zweiunddreißig, einmal sogar nur achtundzwanzig. Ein Sportlerherz hatte ich schon lange, doch so langsam wie jetzt hatte es noch nie geschlagen. Ich bat Yvonne, mal ihr Ohr auf meine Brust zu legen und zu lauschen. Sie fragte, ob ich es nicht unheimlich fände. Es schien, als wollte das Herz seine Arbeit einstellen.

Unheimlich fand ich es nicht, ein vergrößertes Herz war eine gute Sache. Je größer das Volumen, desto mehr Leistung. Zumindest wenn die Klappen zwischen den Kammern und Vorkammern gut schlossen. Ich hatte nie Probleme damit gehabt. Das Beunruhigende war, dass das Herz sich schon so zeitig im Frühjahr so gut angepasst hatte. Das deutete auf eine Superform hin, die ich absolut noch nicht gebrauchen konnte.

Auf unserer Personenwaage kontrollierte ich mein Gewicht. Es fiel schnell auf sechzig Kilogramm, mein Idealgewicht. Auch dieses hatte ich viel zu früh erreicht. Die Verdauung stand dem in nichts nach. Die Verdauung lief auf Hochtouren. Brot, Spaghetti, Kartoffeln, grüne Bohnen, Fleisch, Teller voll Pommes frites – es spielte keine Rolle mehr, was ich aß oder fraß und in welchen Mengen. Der Magen und die Därme verdauten die Nahrung in einem unwahrscheinlichen Tempo. Ich war immer hungrig. Eine Stunde nach dem Abendessen stand ich schon wieder in der Küche, um mir Butterbrote zu schmieren. Ohne es zu wollen und ohne den Körper auszubeuten, war ich in perfekter physischer Verfassung. Nach vollen zwei Jahren Schufterei im Profipeloton hatte der Körper sich offenbar vollständig der Idiotie der Anstrengung gebeugt. Doch mit der Perfektion kam auch die Verwundbarkeit.

Ende März flog eine Abordnung des Teams nach Barcelona. Die Katalanische Woche stand auf dem Programm. Ich hatte beschlossen, in dieser Rundfahrt aufs Ganze zu gehen. Die Kondition war schließlich da. Das Flugzeug landete und hielt in der Nähe der Ankunftshalle. Ich schnallte den Gurt los und stand auf. Da kippelte die Maschine. Ich ließ mich schnell in den Sitz zurückfallen. Das Kippeln hörte auf. Die anderen standen noch aufrecht und waren damit beschäftigt, ihr Handgepäck aus den Ablagen über ihren Köpfen zu ziehen. Sie hatten keine Probleme mit ihrem Gleichgewichtssinn gehabt. Ich unternahm einen zweiten Versuch aufzustehen. Es ging gut. Auch im Bus, der uns zur Ankunftshalle brachte, blieb ich aufrecht stehen. Ich vergaß die ganze Sache.

Der katalanische Frühling war kühl und nass. Es herrschten niederländische Temperaturen. Die glänzende Superform war auf mysteriöse Weise verschwunden. Mattigkeit hatte sich in das System eingeschlichen. Vier Tage lang suchte ich vergebens nach den Ursachen für das Verschwinden. Am fünften Tag, während der Schlussetappe, kam die Antwort. Ich fand sogar den Zusammenhang zwischen den Gleichgewichtsstörungen und der Mattigkeit: eine Ohrenentzündung, die sich gewaschen hatte. Auf der rechten Seite. Sofort nach meiner Ankunft zu Hause kroch ich ins Bett. Einige Tage und Nächte verbrachte ich heftig schwitzend in einem Dämmerzustand. Yvonne schleppte schmerzlindernde und fiebersenkende Mittel heran. Das Essen, das sie mir brachte, blieb unangerührt. Sie rief den Hausarzt. Das Bett stank nach Krankheit, als er kam. Mir wurde eine Kur mit Breitband-Antibiotika verschrieben. Dadurch erholte ich mich.

Am Ostermontag fuhr ich in Hannuit. Es zeigte sich, dass mein Körper definitiv keinen Biss mehr hatte. Ich musste wieder bei null anfangen. Und während der Rückreise im Auto begann das Ohr erneut, mir übel mitzuspielen. Als ich mich Venray näherte, brannte das Fieber mir fast die Augen aus dem Kopf. Ich kroch sofort wieder ins Bett. Es folgte noch einmal das gleiche Szenario. Das gleiche Szenario mit einem kleinen Unterschied: Post rief mich an. Es ging nicht recht voran, fand er. Die Uhr tickte weiter. Ehe ich mich versah, würde es Juli sein. Wurde es nicht Zeit, zu einem richtigen Arzt zu gehen? Post gab mir eine Telefonnummer. Der Einzige im ganzen Land, der Ahnung von Sport hat, versicherte er mir. Der Rest könnte bestenfalls ein Pferd zum Lachen bringen.

Die Uhr tickte weiter, es musste etwas geschehen. Ich wählte die Nummer und erfuhr, dass ich schon am nächsten Tag hingehen konnte. Doktor R. betrieb eine Hausarztpraxis in Velsen. Ich meldete mich am nächsten Tag bei ihm. Die Niederlande lagen unter einer gleichmäßig grauen Wolkendecke. Der Mann hatte verschmitzte Augen, in Sprache und Gestik ähnelte er dem ausgeschiedenen Jomme. Er führte mich ins Sprechzimmer.

»So, ich sehe es schon«, sagte er. Sah er es schon?

»Fiebriger, herunterhängender Kopf, eingefallene Wangen, nennen wir es mal: tote Hose.«

Doktor R. saß auf der Kante seines Schreibtischs. Er hatte seine Arme vor der Brust verschränkt.

»Gewicht?«

»Vier Kilo unter meinem Idealgewicht. Also für diese Jahreszeit etwa sechs Kilo zu leicht.«

»Nächtliches Schwitzen?«

»Wie ein Affe. Meine Freundin bezieht fast jeden Morgen das Bett neu.«

»Ah, das funktioniert zumindest noch, die Ausscheidung meine ich.«

Doktor R. schlug mir unvermittelt auf die Schulter. Ich musste mich bis auf die Unterhose ausziehen. Er stellte sich vor mich und kniff mir in die Oberschenkel.

»Tote Hose, aber das sagte ich ja schon.«

Meinen Muskeln fehlte jede Spur von Spannung, und sie hatten ziemlich an Volumen verloren.

»Die Mattigkeit hat sich sogar in meinem Kopf breit gemacht«, sagte ich.

Der Doktor hielt offenbar nicht viel von elektrischem Licht. Es war vielleicht elf Uhr morgens, doch im Sprechzimmer war es bereits dämmrig. Ich vermutete, dass das Sprechzimmer früher einmal als Wohnzimmer gedient hatte.

»Es fing mit einer Ohrenentzündung auf der rechten Seite an«, sagte ich.

»Was sich zwischen den Ohren befindet, ist sonst spannender. Welche Seite war es nochmal?«

»Rechts.«

Er griff nach einem Otoskop und lugte in mein rechtes Ohr.

»Schon lange Ärger damit?«

Ich erzählte ihm, was mir am Flughafen von Barcelona zugestoßen war und wie sich die Geschichte weiterentwickelt hatte.

»Tut das hier weh?«

Er packte meinen Kopf fest mit zwei Händen und drückte mit beiden Daumen auf den Knochen hinter dem rechten Ohr. Der auflodernde Schmerz ließ mich meinen Kopf aus seinen Händen losreißen.

»Aha. Hoffentlich können wir noch rechtzeitig etwas dagegen tun.«

Ich fragte ihn, was genau er meinte.

»Die Entzündung hat sich in den Knochen gefressen. Es kann sich lange hinziehen, wenn wir nicht massiv eingreifen. Und dann heißt es abwarten.«

Doktor R. zog eine Spritze mit einem Medikament auf.

»Was ist das?«, fragte ich.

»Spülmittel. Umdrehen und runter mit der Unterhose.«

Es war eine dickflüssige, sirupartige Injektionsflüssigkeit. Die Spritze in die Hinterbacke tat weh. Er verriet, dass es sich um ein Antibiotikum handelte.

Ich machte Anstalten, mich anzuziehen.

»He, he, da kommt noch etwas«, rief R.

Eine zweite Injektionsspritze wurde aufgezogen. Wieder fragte ich nach dem Inhalt.

»Etwas gegen die Mattigkeit in den Oberschenkeln und auch im Kopf.«

»Doch wohl keine Hormone?«, sagte ich.

»Hör mal, wer von uns beiden hat hier Medizin studiert?«

»Wenn es Hormone sind, dann lassen sie die Spritze mal stecken.«

Ich wusste schon lange, dass ein Radrennfahrer allein an seiner Leistung gemessen wird. Aber der Sport, egal ob als Beruf ausgeübt oder nicht, hörte für mich da auf, wo die Bio-Industrie beginnt. Ich hatte keine Lust darauf, ein Fremder im eigenen Haus zu werden. Ohne Hormone war es ohnehin schon schwer genug, sich nicht in diesem Haus zu verirren. Hormone? Nein danke.

Doktor R. sah mich belustigt an, während ich ihm meinen Standpunkt deutlich machte.

»Wir werden doch wohl nicht den frommen Messdiener heraushängen lassen?«, antwortete er lachend.

Was hatte das damit zu tun?

»Dein Teamchef wird sich freuen.«

Dann setzte er sich wieder auf die Kante seines Schreibtisches, verschränkte seine Arme vor der Brust und setzte zu einer kurzen Erklärung an. Beim Verlassen des Velsertunnels hatte ich doch sicherlich die Hochöfen gesehen. Nun, täglich kamen abgeschundene Menschen, die in den Fabriken arbeiteten, zu ihm in die Sprechstunde. Diese Leute müssten sich eigentlich ein ganzes Jahr lang auf dem Arsch ausruhen. Aber das wollen sie nicht. Sie wollen so schnell wie möglich wieder in die Fabrik. Warum? Um ihre eigene Tragik zu vergessen. Um ihre Ängste zu vergessen. Weil sie sich weiter fortpflanzen möchten und weil sie finden, dass dazu Butter und Brot zu Hause auf den Tisch gehören. Weil sie keine Wahl haben und weil sie wissen, dass es jeden Morgen wieder hell wird. Diese ganz gewöhnlichen Menschen kamen zu ihm, und er gab ihnen, was sie von ihm verlangten. Und wenn er es für notwendig hielt, dann bekamen sie das: anabole Steroide. (Der Doktor hielt die zweite aufgezogene Spritze hoch.) Und jetzt sollte ich mal versuchen zu erklären, warum ich dachte, dass er denke, dass er ein Mastschwein vor sich habe. Einen Patienten hatte er vor sich, einen zur Ruhe verdammten Radrennfahrer, der wollte, dass man ihm so schnell wie möglich wieder in den Rennsattel half. Oder wüsste ich vielleicht etwas Besseres, als mir in drei Monaten bei der Tour de France den Hintern aufzureißen? Na also.

An diese Worte von Doktor R. dachte ich, als ich kurze Zeit später in den Velsertunnel hineinfuhr. Ich dachte über die Grauzone nach, in der das Doping nicht ohne Weiteres als Doping zu beurteilen war. Ich fragte mich, ob ich nun ein Gedopter war oder ein behandelter Patient. Denn in der Arztpraxis der gewöhnlichen Menschen hatte ich tatsächlich meine Unterhose ein zweites Mal heruntergelassen.

Das kam so: Als R. zu Ende gesprochen hatte, drehte ich mich um und entblößte, ohne ein Wort zu sagen, die andere, noch nicht gepiekte Hinterbacke. R. tat, was er für notwendig hielt. Danach riet er mir, Radrennen vorläufig zu meiden. Bei einem Urintest wäre ich ein brandheißer Fall. Doch auch in medizinischer Hinsicht sei es klüger, sich den Rennen fern zu halten.

»Lass das Zeug erst mal richtig wirken«, sagte er.

Danach bekam ich einen neuen Termin.

Jaén, 2. Mai 1991. Der Spanier Martin Cruz hat heute in Jaén mit neun Minuten Vorsprung gewonnen. Das wird ihm noch Leid tun. Von den zweihundertundvierzig Kilometern drosch er etwas mehr als hundertachtzig im Alleingang gegen den stürmischen Wind herunter. Sein größter Vorsprung unterwegs betrug siebenundzwanzig Minuten. Ich weiß, was Martin Cruz morgen in seinen Beinen fühlen wird. Was er übermorgen in seinen Beinen fühlen wird, weiß ich ebenfalls. Um ehrlich zu sein: Ich gebe ihm noch drei Tage.

Auch wir sind unser erstes Mannschaftsmitglied bereits los. Ein Sturz bei einer Geschwindigkeit von fünfzehn Stundenkilometern brachte Robeet einen Ellenbogenbruch ein. Er aß ein Brötchen und passte nicht richtig auf.

Für das Raleigh-Team verliefen die Frühjahrsklassiker '83 sehr erfolgreich. Raas gewann die Flandern-Rundfahrt, Van Vliet bei Gent–Wevelgem. Die Frühjahrsklassiker verfolgte ich von einer Couch aus im Fernsehen. Van der Velde gewann die Meisterschaft von Zürich. Letzteres sah ich mir auf einem kleinen Hotelzimmerapparat an. Ich selbst hatte aufgegeben, in diesem bitterkalten, winterlichen

Rennen. Es war schon Anfang Mai. Doktor R. hatte mich für geheilt erklärt. Zwei Tage nach der Meisterschaft von Zürich begann die Tour de Romandie. Das Wetter blieb durchwachsen. So manches Knie und so manche Achillessehne bekamen Schwierigkeiten. In der Romandie rackerte ich mich nach bestem Wissen und Gewissen für meinen Mannschaftskameraden Veldscholten ab, der ein paar Tage lang die Gesamtwertung anführte. Im Flachen wohlgemerkt. Im Gebirge war ich Mittelmaß, eher noch etwas darunter sogar.

Zeitgleich mit der Tour de Romandie nahm eine andere Delegation des Teams an der sechs Tage dauernden Rundfahrt »Vier Tage von Dünkirchen« teil. Von diesem Vier- beziehungsweise Sechstagerennen erreichten mich über die Schweizer Zeitungen bemerkenswerte Nachrichten. Raas werde Post verlassen, sie hätten Streit miteinander gekriegt. Soweit ich wusste, waren die beiden nie besonders gute Freunde gewesen. Es ging natürlich um Stimmungsmache.

Einen Tag später stand in der Zeitung, die Scheidung sei bereits definitiv. Post, gegenwärtig in der Romandie, schwieg wie ein Grab. Nächste Ausgabe: Raas stellt eigenes Team auf! Es war nun die Rede von einem Exodus. Ein möglicher Geldgeber für das neu zu formierende Team wurde genannt. Die Verfasser dieser Artikel waren offenbar gut informiert. Eine Woche nach der Tour de Romandie bestätigte Post den Bruch offiziell. Doch werde er erst ab dem ersten Januar definitiv sein. Profis halten sich an Verträge! Der Sport und die Firma sollten unter nichts zu leiden haben! Ich kümmerte mich in diesem Augenblick schon nicht mehr so sehr um »die Profis« und »die Verträge«. Ich trauerte um einen anderen Bruch. Ich trauerte um eine verlorene Liebe.

Was hatte sich zwischen uns geschoben? Die Umarmungen gelangen nicht mehr. Die Telefongespräche während der Tour de Romandie stockten auf beiden Seiten. Wir hielten an etwas fest, das längst vorbei war. Ach, es war unsagbar traurig. Es war offenbar zu schön gewesen. Und offenbar wurde Perfektion bestraft. Unsere nächtlichen Telefonate endeten mit dem Fazit, dass jeder für eine Weile eigene Wege gehen sollte. Ich brauchte nicht sofort meine Zelte bei ihr abzubrechen. Die kommende Zeit würde ich ja eh meistens unterwegs sein. Danach würden wir weitersehen.

Ich ärgerte mich. Gelang es mir denn niemals, eine Frau an mich zu binden? Yvonne bestritt es, doch ich gab die Schuld meiner zeit- und kraftraubenden Konkubine: der Radrennfahrerei.

Es wurde Juni. Ganz von selbst. Die Zeit begann zu drängen. In einem Monat musste ich zur Tour antreten, doch wo stand ich jetzt? »Le Dauphiné Liberé« sollte die Antwort bringen. Das ist der Name einer Zeitung und von einem Radrennen.

Plötzlich kam der Wetterumschwung und teilte die Dauphiné in zwei Hälften. Nach vier Tagen Nässe und tief hängenden Wolken kam die Sonne durch. Auf einmal waren es dreißig Grad. Und gleichzeitig mit der Hitze kamen die Alpenpässe. Zwei grauenhafte Tage folgten direkt aufeinander. Ich kassierte jeweils siebzehneinhalb Minuten Rückstand, was beschämend war für jemanden, der in den Zeitungen als Bergziege tituliert wurde.

Carpentras erreichte ich in trauriger Stimmung. Das Hotel lag etwa fünfzehn Kilometer außerhalb des Stadtzentrums. Auf dem Areal des Hotels befand sich ein ummauerter Skulpturengarten. Sofort nachdem ich mich gewaschen und umgezogen hatte, ging ich durch das Tor dort hinein. Ich war allein. Keine der Statuen befand sich in unversehrtem Zustand. An einem Diskuswerfer fehlte der diskuswerfende Arm. Eine muschelartige Kreation war entzweigebrochen. Die Nymphe besaß straffe Brüste, aber keinen Kopf. Ich nahm auf einem niedrigen verwaisten Sockel Platz. Vorn übergebeugt versuchte ich, zwischen meinen Beinen eine eingemeißelte römische Jahreszahl zu entziffern. Ich gab es schnell auf. Einige Ameisen erklommen zögerlich und kribbelnd meine Unterschenkel. Sollte ich sie zerquetschen?

Ich stemmte meine Arme nach hinten und warf den Kopf in den Nacken. Wie dieses Miststück da oben am Himmel meinem sowieso schon ausgetrockneten Gesicht zusetzte! Durch mein Polohemd hindurch brannte die Sonne auf meine Brust. Auf meinen Händen und Unterarmen fühlte ich nun ebenfalls Ameisen krabbeln. Sollen sie doch! Ich bleibe einfach hier sitzen. Keine Massage, kein Abendessen, kein Schlaf. Die Karawane würde auch ohne mich weiterziehen. Ich war alles los: Freundin, Form, Willen, Illusion, einfach alles.

So saß ich dort klagend zwischen den steinernen Bruchstücken. An diesem Tag hatte ich den Mont Ventoux erklommen und daran musste ich denken.

Die extreme Hitze nicht mitgerechnet, war die Etappe von Gap nach Carpentras gar nicht mal so schwer. Einzig und allein der Ventoux war zu bezwingen. Und eigentlich stand ich, trotz der tags zuvor erlittenen Havarie, in leicht aufgeregter Stimmung an der Startlinie in Gap. »Das Zuckerbrot« hatte ich niemals zuvor erklommen. Ein Radrennfahrer ohne Ventoux in den Beinen war kein richtiger Radrennfahrer. Denn wer Ventoux sagt, sagt Tommy. Ich meine natürlich Tom Simpson, der sich bei der Tour '67 auf dem Berg buchstäblich zu Tode gefahren hat. Es hieß, dass ihn eine fatale Kombination aus sengender Hitze, sauerstoffarmer Atmosphäre, Erschöpfung, einer Dosis Amphetamine, etwas Cognac und einer an Wahnsinn grenzenden Willenskraft umgebracht hat.

Der Name Simpson tauchte und taucht noch regelmäßig in Artikeln und Büchern auf. In Gedichten sogar. Simpson ist nicht anonym gestorben. Nach seinem Tod wurde mit den Anti-Dopingkontrollen Ernst gemacht. An der Stelle, an der er niederstürzte, wurde später ein Gedenkstein errichtet. Und eigentlich startete ich als Wallfahrer in diese Etappe. Ich wollte das Denkmal sehen.

Eine vierstündige Schlenderpartie brachte ein komplettes Peloton zum Fuß des Mont Ventoux. Südseite – die schwierige Seite, Simpsons Seite. Das Rennen kam sofort in Fahrt. Es war vorbei mit der Lustlosigkeit.

Steil war er und lang, dieser Ventoux! Durch einen Wald schlängelte sich ein Weg in die Höhe. Keine Haarnadelkurven. Das Peloton schrumpfte natürlich schnell. Am hinteren Ende bröckelte es auseinander. Ich fasse mich kurz: Nach drei Kilometern Kletterei musste ich abreißen lassen, heftig schwitzend. Das Wasser lief nur so von mir runter.

Beim Chalet Reynard hörte der Wald auf und mit dem Wald zugleich auch jegliche andere Form von Vegetation. Kein Grashalm mehr, nichts war da. Nur ein paar weiße Steine, die Sonne und der Himmel. Stieg die Straße an? Es war nicht zu sehen, wohl aber zu fühlen. Ein Blick zwischen meine Waden lehrte mich, dass die Kette auf dem allergrößten Ritzel lag, der allerkleinste Gang war also bereits aufgelegt. Und die Straße stieg an. Mit dem Reglement nahm ich es auch nicht mehr so genau. Ab und zu ergriff ich die Türklinke eines beliebigen, langsam vorbeifahrenden Teamfahrzeugs. Kurz verschnaufen, kurz versuchen, mich wieder ein bisschen zu sammeln. Dies war also die Mondlandschaft, die Simpson das Genick gebrochen hatte.

Der Film, der Schwarzweißfilm, den ich im Laufe der Jahre mindestens zwanzig Mal gesehen hatte, lief vor meinem geistigen Auge ab. Tommy im Zickzack durch eine unwirtliche Mondlandschaft. Er fällt um. Ein paar Kerle eilen hinzu. Sie helfen ihm auf, setzen ihn wieder auf sein Rennrad und schieben ihn an. Nächste Szene: Tommy liegt auf dem Boden. Jemand verabreicht ihm eine Herzmassage, jemand anderes versucht es mit Mund-zu-Mund-Beatmung. Das harte Sonnenlicht sorgt für scharfe Kontraste.

Ich ergriff wieder einmal eine Türklinke. Als Simpson starb, war ich zehn. Wie viele Minuten war ich eigentlich von der Spitze des Rennens entfernt? Anhand der Blässe der mich umgebenden Köpfe schätzte ich meinen Rückstand auf sieben bis neun Minuten. Ein anderer Film, ein nicht-öffentlicher, lief ab.

Ich sitze an einem Tisch, der im Sprachgebrauch der Familie »kleines Zimmer« genannt wurde. Nach dem Umbau besaß unser Haus ein großes und ein kleines Zimmer. Das kleine Zimmer war das Wohnzimmer, das große war das Zimmer für Sonn- und Feiertage. Auf dem Tisch des kleinen Zimmers liegt eine aufgeschlagene Zeitung. Ich betrachte ein Foto. Der Engländer Hoban fährt als Sieger über die Ziellinie. Er weint. Das Foto war einen Tag nach Simpsons Tod aufgenommen worden. Hoban hatte vom Peloton das Recht erhalten, nein, die Verpflichtung auferlegt bekommen, zu gewinnen. Erst sollte Denson es tun, las ich, doch der konnte nicht. Daraufhin tat Hoban es.

Die Zeitungsseite war zum Erschaudern, fand ich damals.

Ein Jahr später lag auf demselben Tisch eine Tour-de-France-Sonderausgabe des Wochenblatts »Nieuwe Revue«. Preis: 2,40 Gulden, für Abonnenten 1,95. Ich las ein Interview mit der Witwe Simpsons. Am Abend vor dem Aufstieg zum Mont Ventoux hatte Tom sie angerufen.

»Achte auf meine Worte, morgen wird mein Tag sein.«

»Und es wurde sein Tag.«

Sie zeigt dem Interviewer das ungewaschene Renntrikot, das ihr Mann trug, als er stürzte. Angenommen, sie habe einen Sohn, wurde sie gefragt, dürfte er Radprofi werden? »Tom sagte immer: ›Du musst im Leben das tun, wozu du Lust hast‹«, antwortete sie. Zehn, zwanzig Mal las ich das Interview durch. Ein elfjähriger Leser setzte es sich in den Kopf, das zu tun, wozu er Lust hatte: Radprofi werden – koste es was es wolle.

Eine Erinnerung weckte die andere. Fernsehbilder. Ein Mann in Gelb inmitten einer Mondlandschaft, schuftend, leidend, siegend. Der Mann spottet über die Konkurrenz. Er passiert Simpsons Denkmal. Ich sehe ihn trotz aller Plackerei ehrfürchtig die Mütze vom Kopf nehmen. Etwas ungeschickt setzt er sie wieder auf. Dieser Mann heißt Merckx. Ein pubertierender Zuschauer nahm sich vor, später während eines ähnlichen Siegeszugs an dem Denkmal die Mütze vom Kopf zu nehmen, um sie danach, viel eleganter als Merckx es tat, wieder aufzusetzen.

Der Ventoux kennt kein Erbarmen. Der Ventoux fordert den Radrennfahrer, selbst wenn sich dieser zehn Minuten hinter der Spitze eingenistet hat.

Das Denkmal konnte nicht mehr weit sein. Die Steinwüste war unüberschaubar. Ich stampfte weiter voran und ertrug mein Leid. Und verdammt, durch die Anstrengung ausgezehrt, entging es mir beinahe! Erst als ich mich über die rechte Schulter umblickte, sah ich den Gedenkstein. Ein Grüppchen von Radsportfanatikern stand in Radrennhosen und mit nackten Bäuchen davor. Durch ihre Beine hindurch sah ich frische und braun vertrocknete Blumen daliegen. Auch Rennhandschuhe und Bidons waren geopfert worden. Eine Mütze, um sie abzunehmen, hatte ich nicht. Diese lag irgendwo weiter unten am Straßenrand. Ich nahm einen Schluck Wasser und sah mich noch einmal um. Das Denkmal lag fünfzig Meter hinter mir. Widerwille stieg in mir hoch. Warum nur empfand ich das Sterben im Rennsattel plötzlich als den unglücklichsten Tod, den man sich denken konnte? Ich erwies hinterher noch meine Ehre, den Blick starr nach vorne gerichtet. Die rechte Hand vom Lenker genommen, Arm leicht seitwärts herunterhängend, Handfläche nach hinten gedreht. Finger spreizen, Finger schließen, Tommy.

Nachdem ich die Sternwarte auf dem Gipfel erreicht hatte, fuhr ich hinab. Tollkühn, als sei der Sieg noch zu holen und eine Rückkehr an die Spitze des Rennens noch möglich.

In der Gluthitze des Skulpturengartens war ich, hintenüber auf meine Arme gestützt, eingedöst. »Winnen!« tönte es plötzlich. Das Rufen kam aus Richtung des Hotels. Ruud. Sicherlich war es an der Zeit für meine Massage. Ich setzte mich aufrecht hin. Die Ameisen waren schon ein ganzes Stück mit der Besteigung meiner Gliedmaßen fortgeschritten. Ich wischte sie von meinen Armen und Beinen. Dann öffnete ich meinen Hosenschlitz und pinkelte auf ihre Köpfe. Hastig versuchten sie, zwischen den vertrockneten Grashalmen zu entkommen.

»Ich komme schon«, rief ich.

»Hey, da läuft eine Ameise über deinen Rücken«, sagte Ruud, als ich kurz darauf auf dem Massagetisch Platz nahm.

Er schnippte das Tierchen mit seinen Fingern herunter.

»Diese Dauphiné, das ist kein Zuckerschlecken«, seufzte ich.

Ich schwieg während der restlichen Massage. Ruud merkte noch an, dass er mit dem medizinischen Aufbau für die Tour begonnen hatte.

Warum auch nicht, dachte ich. Wie der Aufbau vor sich ging, erzählte er nicht. Was ich nicht weiß, macht mich nicht heiß. Ich ergab mich in vollem Vertrauen. Als ein vollwertiges Mitglied der Firma.

Auf meiner Bude war die Hitze nicht zum aushalten. Ich teilte mir das Zimmer mit Van der Velde. Johan war ebenfalls kaputt. Es beschäftigte ihn nicht sonderlich. Denn es war ja erst die Dauphiné. Drei Jahre hintereinander war er hier eingegangen. Doch jedes Mal stand er einige Wochen später wieder. »Ach, und morgen Abend sind wir wieder zu Hause bei Muttern«, sagte Johan.

Albacete, 4. Mai. Ein öder Werktag. Nach dem Frischmachen trank ich in einer kleinen Bar am Hotel einige Espressi. Es war die Stunde, zu der in der Stadt die Büros schlossen. Spanier in steifen Anzügen und nicht selten im Besitz von Diplomatenkoffern drängten eilig in die Bar und nach einem schnellen Drink wieder nach draußen. Sie kamen und gingen. Jeder hatte es eilig, nach Hause zu kommen. Ich bezahlte und stand auf. Draußen schlenderte ich an einigen Schaufenstern entlang, Schaufenstern von Modegeschäften im Allgemeinen. Dann kaufte ich bei einem blinden Losverkäufer einen Stapel Rubbellose. Ich machte mir nicht die Mühe, zu kontrollieren, ob ich gewonnen hatte.

Zwischen der Dauphiné und der Schweiz-Rundfahrt blieb genau eine Woche Zeit. Ich trainierte sehr wenig. Eine böse Müdigkeit steckte mir in den Knochen. Ich verbrachte Stunden mit einem Kopfhörer auf den Ohren. Auf dem Plattenteller lief das komplette Repertoire meiner Freunde in der Not: Joy Division. Die beklemmende gutturale Stimme von Sänger Curtis spendete etwas Trost. Ihr Repertoire war klein, zwei LPs und ein paar Maxi-Singles. Es würde auch nicht mehr größer werden. Curtis war damals bereits drei Jahre tot. Ich nahm Joy Division als Tape mit in die Schweiz. Ich hatte mir nämlich einen Walkman zugelegt. Eine echte Neuigkeit zu jener Zeit, so ein Walkman.

»Tour de Suisse« heißt die Schweiz-Rundfahrt offiziell. Auch im deutschsprachigen Landesteil. Das Trikot des Spitzenreiters nennen sie das »Goldtrikot«. Um der Ausgabe von '83 zusätzlichen Glanz zu verleihen, hatte man einen erlesenen Parcours abgesteckt. Jeder sollte wissen, dass hier ein Fest gefeiert wurde. Besonders die Radrennfahrer.

Elf Etappen sollte das Fest umfassen. Ein viertägiges Feuerwerk in den Alpen wurde in Aussicht gestellt: Julierpass, Albulapass, Lukmanier gleich zwei Mal, Oberalpass, Furkapass – sie schöpften aus dem Vollen. Und es wurde tatsächlich ein Fest in der Schweiz, ein Fest mit einem Funken sprühenden Finale.

Ich ließ es einfach geschehen, ich konnte nicht anders. Es geschah ein Wunder. Als ob man mich mit reinem Kerosin befeuert hätte, so ging ich auf dem Rennrad zur Sache. Die tiefe Formkrise kehrte sich innerhalb weniger Tage ins Gegenteil um. In Davos stand ich nach dem Sieg bei einer schweren Alpenetappe im Goldtrikot auf dem Podest. Einen Tag später verspielte ich das Trikot wieder und musste es an Kelly abgeben, doch ich stand noch immer auf Platz zwei der Gesamtwertung. Diese Position nahm ich noch immer ein, als das Peloton am letzten Tag auf die Radrennbahn des Oerlikon-Stadions stürmte. Das bedeutete: Dopingkontrolle. Kein Problem nach Aussage von Ruud.

Erfrischt und in den schicken, grauen Reiseanzug des Teams gekleidet, meldete ich mich im kleinen Zimmer des Dopingfunktionärs. Auf seine Bitte hin knöpfte ich meine Hose auf und ließ sie bis auf die Fußknöchel hinunter. Ebenfalls auf Bitten des Funktionärs zog ich das Oberhemd ein Stück hoch und streifte die Unterhose nach unten. Wiederum auf sein Bitten hin hob ich mein Glied hoch. Mein Hodensack wurde inspiziert. Das Urteil lautete: »Clean«, keine versteckten Schläuche und Reservoirs, die mit falschem Urin gefüllt waren. Der Dopingarzt überreichte mir einen Glasbecher und bat mich, diesen mindestens bis zur Hälfte zu füllen. Ich hängte mein Glied in den Becher. Der Dopingarzt sah zu. Ich presste. Es kam nichts.

»Es tut mir Leid«, sagte ich. Ich presste erneut. Kein einziger Tropfen rann in den Becher. Bestimmt alles ausgeschwitzt. Während der letzten Stunde des Rennens hatte ich auch noch auf dem Rad meine Blase entleert. Momentan hatte ich wenig zu bieten. Ich bat um Mineralwasser, viel Mineralwasser, und ich trank eine Flasche nach der anderen aus.

Es war warm in dem Zimmer unter der Tribüne der Oerlikon-Rennbahn. Durch das andauernde Pressen rann mir der Schweiß über die Schläfen und aus den Achselhöhlen. Schließlich zog ich das Jackett aus.

»Es klappt nicht«, sagte ich zu dem Mann: »Und ich habe noch ein anderes Problem: Wenn ich presse, kann ich es nicht mehr zurück halten. Ich meine, Scheißen könnte ich schon.« Ich bat um Erlaubnis, mich, mit Becher, für ein Weilchen auf die Toilette zurückziehen zu dürfen. Die Toiletten befanden sich auf dem Flur in Richtung der Duschen. Der Doktor folgte mir. Ich fand eine freie Kabine und ging hinein. Als ich die Tür hinter mir schließen wollte, stellte er seinen Fuß in die Tür. Aha, ich wurde des klassischen Tricks verdächtigt: Vorher »sauberen« Urin von jemand anders auf der Toilette verstecken und den Becher damit füllen, um anschließend triumphierend wieder zum Vorschein zu kommen. Ich sollte mich mit weit geöffneter Tür hinsetzen.

Ich setzte mich. Der Urin-Eintreiber beobachtete mich. Ich presste und ich schiss. Den Becher hielt ich zwischen die Beine. Der Gestank war enorm. Das wird ihn sicherlich vertreiben, dachte ich. Er blieb jedoch auf seinem Posten. Er war nicht der Einzige, der zusah. Auf dem Flur kamen etliche Leute vorbei, die einen Blick zu mir herein warfen. Zum Glück trug ich die Krawatte. Vornüber gebeugt konnte ich damit verhindern, dass sie mir direkt auf meine Geschlechtsteile glotzten. Peu à peu kam es. Jedes Mal hielt ich den Becher fragend hoch. Der Urin-Eintreiber schüttelte seinen Kopf: Noch nicht genug.

Mein Wohlwollen hatte ein Ende. Die reinste Inquisition war das! Der Vergleich mit den Hexenprozessen drängte sich auf: Wer nicht auf den Grund des Flusses hinabsinkt, stirbt auf dem Scheiterhaufen. Wer nicht unter Zwang seine Blase auswringt, wird, gemäß Reglement, als »Pillenschlucker« diskreditiert und bestraft.

Wie lange saß ich auf dem Topf? Schon fast eine Dreiviertelstunde. Ich hatte genug von meinem eigenen Gestank. Ich putzte meinen Hintern ab, zog die Hose hoch und übergab den Becher dem Funktionär mit den Worten: »Das muss reichen, du Pfeife.«

Die Pfeife hielt den Becher nahe vors Gesicht, taxierte den Inhalt und sagte: »Darüber wird noch zu entscheiden sein.«

Es folgte das bekannte Ritual: das Abfüllen des Urins in zwei Fläschchen, das Verschließen der Fläschchen mit einem stählernen Stöpsel, das Einkratzen meines persönlichen Zahlencodes in das Glas, das Umpacken der Fläschchen in Pappköcher und das Versiegeln der Köcher mit Siegellack und Stahldraht – mach endlich hin, Mann. Ich, der mit einem Kugelschreiber das Formular unterschrieb und den Zahlencode von den Fläschchen auf dem Handrücken notierte. Ich, der zur Besiegelung der Urinlieferung die Hand gab.

Ich suchte die Tür, ich suchte ein Entkommen aus den Stadionkatakomben.

Post wartete bereits mit laufendem Motor auf mich: »Beeilung, das Flugzeug wartet nicht.«

Ich stieg schnell ein. Er trat aufs Gaspedal, als ob er Derrick höchstpersönlich sei. Zürich rauschte an uns vorbei. Die Grünanlagen in dieser Stadt waren beträchtlich. Das Grün an den Bäumen erreichte bereits jene Dichte und Schwere, wie sie für den Sommer typisch ist. Ich schloss kurz meine Augen, müde von dem elftägigen Schweizer Fest. Doch diese Müdigkeit war von der angenehmen, zwangsläufigen Art, die zur Topform dazugehört.

P.

Valencia, 4. Mai 1991

Lieber Hans,

es ist verrückt. Heute hatte ich Kraft in den Beinen. Im spritzigen Finale war ich der Stärkste der letzten Gruppe, die sich nach einem Sturz zusammengefunden hatte. Hinter der Ziellinie in Valencia kam ich in einer zähflüssigen Menschenmenge zum Stehen.

Hüfte an Hüfte saßen wir damals auf der Couch, Yvonne und ich. Wir waren gerade nach Hause gekommen. Sie hatte mich vom Flughafen abgeholt. Ich erzählte ihr von einer unerklärlichen Wiederauferstehung, von Stuhl und Urin und von einer Hexenjagd. Wir tranken weißen Wein, denn es gab etwas zu feiern: Wir waren uns wieder näher gekommen. Das Telefon klingelte. Am anderen Ende der Leitung war die Presse. Hatte ich es schon gehört? Hinault nahm definitiv nicht an der Tour teil! Bitte eine Reaktion von dem Mann, der in der Schweiz bewiesen hatte, genau zur rechten Zeit bereit zu sein für das große Spektakel. Ich gab einen sparsamen Kommentar.

»Es hatte sich bereits angekündigt.« Hinault plagte sich schon seit Monaten mit seinem Knie herum. Bei der Dauphiné nicht gestartet, bei der Tour de Suisse nicht gestartet, bei der kleinen Luxemburg-Rundfahrt aufgegeben. Das rechte Knie von Hinault war ein viel diskutiertes Knie. Dann fragte der Journalist, ob er einen potenziellen Tour-Gewinner an der Strippe hatte.

Ich lachte. »Zoetemelk ist jetzt der Beste«, sagte ich: »Aber ein Platz auf dem Podium muss drin sein.« Das war nicht gerade eine bescheidene Antwort, sondern eine gewagte. Eine Tour, die nicht unter dem Joch von Hinault ausgefahren wurde, konnte nicht anders als im Chaos enden.

Noch eine Woche war es bis zur Tour de France. Die Vorberichterstattung in den Medien wurde zum erwartungsvollen Rumoren. Zoetemelks Name prangte in den Prognosen konsequent an erster Stelle. Doch wir hatten auch Kuiper, der schon früher nahe an einem Gesamtsieg dran gewesen war. Das junge Talent Rooks wurde genannt und das Raleigh-Duo aus Winnen und Van der Velde.

Die ganze Raleigh-Formation war in Topform. Nichts deutete darauf hin, dass die Mannschaft auf sportlicher Ebene unter den Reibereien zwischen den Führungsfiguren Post und Raas litt. Nein, die Niederlande sahen einem prächtigen Sommer entgegen. Doch ich bekam zum zweiten Mal in diesem Jahr zu spüren, wie zerbrechlich die Topform ist.

Der Niedergang begann während der Niederländischen Meisterschaft, zwei Tage nach meinem Besuch in den Katakomben von Zürich. Ich erstickte. Nach dem Rennen begannen die Hustenanfälle, die so unbändig waren wie ein Lachanfall. Tief aus dem Bauch heraus bellend, besuchte ich den Hausarzt. Die starken Temperaturwechsel zwischen den Schweizer Alpengipfeln und -tälern hatten einer ordentlichen Bronchitis Vorschub geleistet.

Die Bronchitis wurde mit einem Antibiotikum behandelt. Doch das schlug nicht an. Hinzu kam ein entzündeter Zahnnerv. Der Zahnschmerz und die Nachwehen der Behandlung sorgten für zwei durchwachte Nächte. Es war offensichtlich möglich, gegen Schmerzmittel immun zu sein. Mein prächtiger physischer Zustand zerfiel bis zur Bedeutungslosigkeit. Und die Geschwindigkeit, mit der dies vonstatten ging, war bizarr.

Launisch reiste ich ab nach Fontenay-sous-Bois. Hier sollte es losgehen. Feststimmung in Frankreich, die Tour wurde achtzig Jahre alt.

Einen Tag vor dem großen Jubiläum lag ich bei Ruud auf dem Tisch. Er massierte meine Beine und meinen Rücken. Sein Massagestil ist beschwörend, ungefähr so wie sich ein Musiker über sein Instrument beugt und damit eins wird.

Ruud fluchte: »Sag, dass es nicht wahr ist.«

Er meinte den spannungslosen Zustand meiner Muskeln. Von den kräftigen, fettlosen Beinen, die in der Schweiz eine feste Kontur bekommen hatten, war nichts mehr übrig. Was Ruud unter seinen Händen fühlte, war weich wie eine alte Gurke. Ich wagte es kaum, ihn anzusehen. Der Muskelaufbau, mit dem er nach eigenem Rezept bei der Dauphiné begonnen hatte, war vergebens gewesen.

»Ein Drama«, brachte ich vor.

Ruud schwieg und fuhr mit der Massage fort. Von Zeit zu Zeit wurde ich von einem Hustenanfall gepackt. Dieser Husten machte mich verrückt. Die Luftröhre brannte.

»Dein Husten macht mich noch wahnsinnig«, sagte Ruud.

Die schwachen Atemwege hatte ich von mütterlicher Seite geerbt. Meistens ging es lange Zeit gut, doch wenn eine Bronchitis erst einmal offen zu Tage getreten war, dann war ich gleich schwerstens lädiert.

»Das erste Antibiotikum schlug nicht an«, sagte ich: »Aber ich habe eine neue Kur gegen die Bronchitis.«

Ruud wollte wissen, ob es schon etwas brachte. Das war noch nicht der Fall. Ich hatte auch gerade erst damit begonnen. Von Antibiotika hieß es, dass sie die Kondition negativ beeinflussten, doch das gleiche ließ sich auch von einer Infektion behaupten. Viel Auswahl gab es also nicht. Wir legten die Strategie fest. Ich sorgte dafür, dass ich pünktlich das Antibiotikum einnahm. Ruud übernahm es, meine Beine wieder in Form zu bringen. Und um den Hustenreiz einzudämmen, musste der Tour-Arzt zu Rate gezogen werden. Der Husten musste weg. Er machte innerlich alles kaputt.

Als ich wieder angezogen war, gab Ruud mir ein kleine Dose mit Pillen. »Frag den Tour-Arzt um Erlaubnis, das Zeug einnehmen zu dürfen.« Die Pillen standen auf der Verbotsliste.

»Das kriege ich schon durch«, sagte ich. Ich kannte den Tour-Arzt gut.

»Darf ich dies einnehmen?«

Ich hatte dem Tour-Arzt meine Not geschildert. Er nahm das Döschen, las flüchtig die Zusammensetzung an der Seite und gab es mir wieder zurück.

»Es steht auf der Verbotsliste.«

»Ja, aber hallo, das weiß ich auch. Ich bitte um eine Ausnahmegenehmigung.«

»Die Antwort lautet nein.«

»Aber Gérard«, rief ich empört: »Ist es denn jetzt auch schon verboten, einen Husten zu lindern, der dich verrückt macht?«

Ich sprach ihn mit seinem Vornamen an. Sieben Monate zuvor hatte ich einige Zeit mit ihm auf der Karibikinsel Guadeloupe verbracht, einem französischen Departement in Übersee. Die Association pour la Promotion du Cyclisme aux Antilles hatte einige westeuropäische Profis eingeladen, gegen vierundzwanzig Amateure von der Insel anzutreten. Zwei kurze Rennen waren geplant, eines fand nicht statt.

Tour-Arzt Gérard war einer der Gäste, die nicht Rad fahren mussten. Auf der Insel wurde es eine einzige tropische, siebzehn Tage andauernde Kokosnussparty. Doch offenbar war sie nicht tropisch genug, um jetzt eine Ausnahmegenehmigung für meine Pillen zu erhalten.

»Die Liste muss respektiert werden«, sagte Gérard.

»Jeder Kinderarzt würde bei solchem Firlefanz nur gleichgültig mit den Schultern zucken. Es ist kaum mehr als eine Aspirintablette.«

Ein Hustenanfall kam mir zu Hilfe.

»Bis drei Uhr nachts kann ich deswegen nicht einschlafen.« Ich schwindelte eine Stunde hinzu, um ihn zu überreden.

»Mein letztes Wort: Nein.«

»Geh doch dahin, wo der Pfeffer wächst«, zischte ich ihm zu.

Ich drehte mich um und ging.

»Ich könnte das Risiko eingehen«, sagte ich, als Ruud mich nach dem Verlauf des Gesprächs fragte.

Das solle ich mir besser aus dem Kopf schlagen, war seine Antwort. Post hielt nichts von dieser Art Risiken. Das Team hatte einen ziemlich tadellosen Ruf. Selten ging bei den Dopingkontrollen etwas schief. Ruud kannte die Liste in- und auswendig. Ich hatte irgendwie den Eindruck, dass er viel schlauer war als die Liste und das Reglement.

»Was für ein Fiasko«, sagte Ruud: »Ein Verbot für Kodein.«

Er war ein wenig niedergeschlagen. Denn eine gute Alternative war auf die Schnelle nicht zu finden.

»Gefickt ist das passende Wort, ich fühle mich gefickt«, sagte ich.

Es war spät am Nachmittag. Ich ging auf mein Zimmer. Johan lag faul auf seinem Bett und las eine Zeitschrift. Ich plumpste auf das meine nieder und griff nach einem Erzählband auf dem Nachttisch. F.B. Hotz: »Duistere jaren«. Ich las den Klappentext und legte das Buch wieder zurück. Stattdessen schlug ich das Tour-Buch auf einer willkürlichen Seite auf. Danach blätterte ich ebenso willkürlich in dem Buch herum.

»Noch keinen einzigen Meter gefahren und trotzdem schon am Ende«, sagte ich zu Johan.

Einfach hineinrasen und rammen, wir machen Kleinholz aus dem ganzen Haufen, war seine Antwort. Aus ihm sprach die echte Radrennfahrerseele.

Der Sommer '83 war einer der schönsten überhaupt. Jedenfalls ist dieser Eindruck in meinem Gedächtnis hängen geblieben. Van der Velde, De Keulenaer, De Rooy, Lammerts, Lubberding, Oosterbosch, Raas, Van Vliet, Veldscholten, Winnen – in dieser Aufstellung ging die Firma Raleigh bei der Tour-ohne-Hinault an den Start. Wie bereits gesagt, die Tour de France wurde achtzig. Am 1. Juli ging die Feier in Fontenay-sous-Bois los. Ich hatte es auf einen Platz auf dem Podium abgesehen.

Le Prologue. Fünfeinhalb Kilometer Einzelzeitfahren. Ich stehe auf der Startrampe, die Riemen der Rennhaken stramm gezogen, der Countdown läuft. Fünfzehn, vierzehn, dreizehn, zwölf Sekunden. Ich sehe zwischen meinen Beinen hindurch und kontrolliere, ob die Kette auf dem richtigen Ritzel liegt. Fünf, vier, drei ... Ich blicke starr vor mich hin. Ein Mitglied der Jury lässt beim Zählen fünf Finger der Reihe nach in der Handfläche verschwinden. Zwei, eins, los! Mit aller Kraft setze ich mich in Bewegung. Hier endet die Erinnerung.

Der nächste Tag: Massensprint in Créteil. Mehr weiß ich wirklich nicht mehr darüber.

Der Tag danach. Mannschaftszeitfahren über hundert Kilometer. Das Team Post kassierte ausgerechnet im Teamzeitfahren eine Tracht Prügel. Es wurde Geschichte geschrieben. Die Mannschaft galt in dieser Disziplin als unschlagbar. Am letzten Messpunkt wurde Post noch als das schnellste Team gestoppt, trotz des frühzeitigen Verlustes von Mannschaftsmitgliedern unterwegs.

Fünf Kilometer vor dem Ende waren von den anfänglich zehn Fahrern nur noch fünf übrig. Dann fiel der fünfte Mann zurück. Das nötigte alle zur Zurückhaltung, denn die Zeit, mit der der fünfte ankam, wurde als Schlusszeit für das Team registriert. Raas ließ sich zum

249

fünften Mann zurückfallen und brachte ihn wieder an die drei anderen heran. Dieses Spiel wiederholte sich ein weiteres Mal, denn der entscheidende fünfte hatte sein Limit erreicht und nahm seine Umgebung nur noch schemenhaft wahr. Schließlich schloss Post mit dem vierten Platz ab. Der fünfte Mann hatte eine holländische Erfolgsgeschichte jäh zerstört. Das wurde ihm von allen Seiten eingehämmert. Der Störenfried wäre am liebsten mit einer Jacke über dem Kopf von der Bildfläche verschwunden. Dieser fünfte Mann war ich.

An diesem Nachmittag spielte ich mit dem Gedanken, ohne Wissen von Post und Ruud das Kodein zu nehmen, doch ich traute mich nicht. Sollte es bei der Dopingkontrolle schief gehen, so würde ich ebenso einhellig aufgehängt werden. Die unendliche Geschichte vom Husten und von der Ohnmacht bekam also noch weitere Kapitel.

Einen Tag später, die Hölle des Nordens. Kopfsteinpflasterspezialist Raas hielt sein Versprechen. Er erbarmte sich der Gesamtwertungsfahrer Van der Velde und Winnen. Vor allem erbarmte er sich Winnen, der andauernd zurückfiel und wieder rangefahren werden musste. Dann knallte Raas aufs Kopfsteinpflaster. Sein Brustkasten war schwer in Mitleidenschaft gezogen, hörte ich nach dem Rennen.

Meine Panik wuchs rasend, als er nicht mehr an meiner Seite auftauchte. Die Rettung war, dass an diesem Tag ziemlich viele Aspiranten auf die Gesamtwertung mit Reifenschäden liegen blieben, so dass das Rennen vorne etwas zur Ruhe kam.

In Roubaix bekam ich Besuch von Yvonne. Sie kam, um mich nach dem Debakel des Mannschaftszeitfahrens etwas aufzumuntern. Die Strecke Venray–Roubaix–Venray war in einem Tag zu schaffen. Ich vermag kaum zu sagen, wie deprimiert ich war. Mit nüchternen Argumenten hat sie mich von meinem Wahnsinn befreit.

Was habe ich von der Etappe Roubaix–Le Havre in Erinnerung behalten? Die Länge von dreihundert Kilometern, die Nachricht, die uns unterwegs erreichte, dass Raas aus dem Rennen war, und die Einfahrt in Le Havre: Es war wirklich höchste Zeit, dass dieser Tag ein

Ende nahm. Doch vor allem erinnere ich mich an Diana Ross and the Supremes.

Einige Etagen des Hotels waren rund um einen Innenhof in die Höhe gezogen worden. In einem der Zimmer hatte jemand einen großen Kassettenrecorder auf die Fensterbank gestellt. Diana und Anhang hallten rundum von den Wänden wider. Bis zum Überdruss immer das selbe Band. Scheißmusik, doch ich war zu müde, um vom Bett hoch zu kommen und das Fenster zu schließen. Ich wartete auf das Abendessen.

Ich lasse einen Tag aus und komme gleich zum langen Zeitfahren von Châteaubriant nach Nantes. Morgens vor dem Zeitfahren im Auto: Post, Van der Velde, Oosterbosch und ich. Wir erkunden die Strecke. Post sagt mir, dass er ein gutes Stück Fleisch für mich bestellen wird, als Grundlage für das Zeitfahren. Von dem Zeitfahren selbst finde ich, wie tief ich in meinem Gedächtnis auch danach grabe, kein einziges Bild. Das erste Bild, das wieder erscheint, ist das Ergebnis. Oosterbosch gewann zwar, doch ich büßte gegenüber nahezu allen Gesamtwertungsfahrern erheblich ein. Nach einer einzigen Woche Tour de France lag ich bereits gut fünf Minuten hinter dem Gelben Trikot.

Es ging in Richtung Süden am Atlantik entlang. La Rochelle, Bordeaux, Pau. Es wurde heißer. Die Luftwege wurden vom Schleim befreit. Ich kam wieder zu Atem, jedoch noch nicht zu meinen Beinen. Nach der Pyrenäenfahrt über Aubisque, Tourmalet, Aspin und Peyresourde zog die niederländische Presse ein niederschmetterndes Fazit: Die Niederlande konnten auf ihren tollen Sommer lange warten. Rooks war ausgestiegen, Kuiper in Trauer um seinen verstorbenen Vater ebenfalls. Van der Velde war seinem eigenen Optimismus zum Opfer gefallen: Er lag, kaum zu glauben, zehneinhalb Minuten zurück. Als erster Niederländer erreichte Zoetemelk das Ziel. In seiner Gesellschaft: Winnen. Rückstand: neun Minuten. Deprimierend. Die Raleigh-Formation hatte zudem Van Vliet verloren. Wo sollte das noch hinführen mit dieser Mannschaft?

Wohin das führte, lag auf der Hand. Am nächsten Tag nach Fleurance natürlich. Pascal Simon, der mit reichlich Vorsprung das Gelbe Trikot trug, brach sich sein Schulterblatt auf dem Weg nach Fleurance. Simon hatte bereits die Dauphiné für sich entscheiden können. Später ist ihm die Urinkontrolle teuer zu stehen gekommen. Futsch die Dauphiné; und jetzt auch noch dieses Drama. Dennoch sollte Simon es noch eine Woche lang in Gelb aushalten.

Ein anderes Drama, das am selben Tag bekannt wurde: Zoetemelk hatte nach dem Mannschaftszeitfahren eine zweifelhafte Urinprobe abgegeben. Dafür kassierte er ordentlich Strafminuten. In der Gesamtwertung stand er jetzt weit hinter Winnen und Van der Velde. Er selbst wusste schon tagelang Bescheid. Deshalb hatte Joop in den Pyrenäen versagt.

Das Zentralmassiv. Drei Tage durch eine Landschaft aus erloschenen Vulkanen. Lubberding gewann in Aurillac, Oosterbosch gab auf.

Die Etappe nach Aurillac: Unerträglich war die Hitze. Unerträglich war das ständige Auf und Ab. Ebenfalls unerträglich war es, wie die Reifen am schmelzenden Teer festklebten. Noch unerträglicher war das monotone Klirren von hochgeschleuderten Kieseln, die gegen die Rahmenrohre prasselten. Am unerträglichsten von allem aber war der Blockadezustand in meinem Körper. Die Spitzengruppe, in der sich Lubberding befand, war schon längst davongezogen. Man ließ sie gewähren; das Peloton folgte ihr mit schwankendem Tempo. Ich heulte nicht, doch während ich in diesem Knäuel von Körpern weiterkämpfte, rann heiße Flüssigkeit aus meinen Augen. Soweit war es also gekommen: Ich war eine hölzerne Statue, die Tränen vergoss, und Radrennen war die humorloseste Beschäftigung, die es gab.

Abends erzählte ich Ruud, wie blockiert ich gewesen war. Sein Kommentar überraschte mich. Es musste so sein. Es war ein Zeichen dafür, dass die Aufbaurezepte zu wirken begannen.

Noch immer im Zentralmassiv. Folgendes geschah auf dem Gipfel eines Vulkans namens Puy-de-Dôme: Ich saß vor mich hin starrend auf dem Asphalt. Mein Rücken lehnte gegen das Geflecht eines Zuschauerzauns. Was ich wahrnahm, war neu für mich: Überall im Körper ereigneten sich winzige Explosionen. Es war eine Art von elektrostatischem Knistern in einem Hohlraum, mit Funken und allem Drum und Dran. Ich dachte: Es geht nicht mehr – ich bin dabei, mich selbst umzubringen. Ich fühlte mich schwerkrank.

Das Zeitfahren von Clermont-Ferrand auf den Puy-de-Dôme war gerade beendet. Ich hatte alles gegeben. Wirklich alles. Quer durch die Blockade hindurch hatte ich mich gezwungen, bis ich mich auf dem Asphalt wiederfand und vorläufig nicht mehr aufzustehen wünschte. Ein paar Stunden später stellte Ruud zufrieden fest, dass sich wieder Spannung auf meinen Muskeln befand. Und hatte ich nicht auch eine fabelhafte achtbeste Zeit hingelegt? Die Dinge entwickelten sich zum Guten. Das elektrostatische Knistern war danach fast verebbt.

Die letzte Woche der Tour brach an. Le Puy-de-Dôme hatte eine Menge Köpfe rollen lassen. Ich stand in der Gesamtwertung plötzlich auf dem zehnten Platz. Von den gut zehn Minuten Rückstand zum Gelben Trikot waren vier zurückgewonnen. Zuerst ging es noch nach St. Étienne, danach warteten die Alpen auf uns. Ich wurde nicht schlau daraus.

Wie in aller Welt ich dort hinaufkam, tut nichts zur Sache, doch dass ich auf dem Podium stand, war unbestreitbar. Zum zweiten Mal innerhalb von drei Jahren hatte Winnen die Etappe nach Alpe d'Huez gewonnen. Unter den Zuschauern auf der gegenüberliegenden Straßenseite suchte ich sie, die versprochen hatte, mich auf dem Berggipfel zu erwarten – sie, die bereits zwei Wochen lang mein telefonisches Wehklagen mitangehört hatte. Für sie und für niemand anders stand ich auf diesem Siegertreppchen und grinste und strahlte.

Die Etappe von La Tour-du-Pin nach Alpe d'Huez war 223 Kilometer lang. Nicht die Entfernung war das Problem, sondern das Profil. Die Parcoursplaner hatten es gewagt, eine Etappe über Col du Cucheron, Col du Granier, Côte de la Table, Col de Grand Cucheron, Col du

Glandon hinauf nach Alpe d'Huez zu führen. Es war die Art von Streckenprofil, von der die Tour de France zehrte.

Was mir von diesem Tag in Erinnerung blieb, ist Chaos. Vor allem Chaos. Pascal Simon gab auf und die Tour ging ohne Gelbes Trikot weiter. Von den ersten Kilometern an wurde angegriffen, angepokert und geblufft. Es gab Opfer. In schnellem Tempo wurde unterwegs die Rangfolge in der Gesamtwertung über den Haufen geworfen. Um ehrlich zu sein: Nicht selten hatte ich Verlangen nach dem Gnadenschuss. Es ist kaum zu glauben, wie schlecht ich mich gefühlt habe. Der Körper war blockiert, er war verstopft. Was mich weiter trieb? Die sture Hoffnung, dass sich die Blockade löste.

Nach stundenlangem Rennen brachte der Glandon endlich Ordnung ins Chaos. Alles, was entkommen war, strauchelte auf dem zwanzig Kilometer langen Anstieg. Eine Spitzengruppe von neun Fahrern schleppte sich schließlich über den Gipfel. Unter ihnen war der im Moment theoretisch in Führung liegende Laurent Fignon, ein »Domestike von Hinault« und Debütant. Ebenfalls unter ihnen: Johan van der Velde und ich. Raleigh hatte also zwei Mann vorne. Wir sausten hinunter in die Tiefe.

Die Abfahrt vom Glandon wurde durch ein Plateau unterbrochen. Die Straße stieg kurz leicht an. In der Spitzengruppe belauerte man einander. Teamchefs fuhren längsseits heran und suchten Kontakt zu ihren Fahrern. Da war Post. Wie es um die Dinge stand, wollte er wissen.

»Mausetot, wirklich mausetot«, antwortete ich wahrheitsgemäß.

Während des Anstiegs hatte sich der Körper von der Blockade befreit, doch gleich darauf hatte sich Erschöpfung breit gemacht. Es machte die Situation noch ernster, als sie ohnehin schon war. Ob ich etwas aus dem Auto bräuchte? Ich brauchte Wasser, Schmerzmittel, Koffein, krampflösende Mittel, Zucker, viel Zucker! Ich bekam, was ich verlangte, und ich bekam auch einen Rat: »Versuch, in einer kleinen Gruppe mit zu entkommen.«

Ich dachte zuerst, dass Post Witze machte. Er sah natürlich ein erneutes Chaos voraus, denn durch die Trödelei der Spitzengruppe schlossen viele abgehängte Fahrer wieder auf. Eine kurze Beratung mit Johan ergab, dass auch er ausgepumpt war. Wir würden gut daran tun, uns ruhig zu verhalten – schon gar, als vier Mann davonstoben, darunter auch mein Mannschaftskamerad Veldscholten. Dieser fühlte sich noch einigermaßen sicher, so musste er es heute für die Mannschaft richten. Dennoch kam ich kurz darauf in günstiger Position an den Fuß des Anstiegs nach Alpe d'Huez. Drei Mal darfst du raten warum.

Nach dem Plateau führte die Straße Kilometer lang steil nach unten. Ich gönnte meinen Beinen Ruhe. Ganz vorne im Peloton spielte ich mit der Schwerkraft und dem Luftwiderstand. Plötzlich kam Bernaudeau vorbeigesaust. Er rief etwas, das so klang wie: Anschließen! Ich tauchte in den Windschatten ein und schon waren wir auf und davon. Wir fuhren wie Besessene den Berg hinab und schlossen zu den Fahrern an der Spitze auf. Unten im Tal opferte sich Arnaud für seinen Mannschaftskapitän Bernaudeau auf, Veldscholten opferte sich auf für Winnen und das Unvorstellbare geschah. Zu zweit ließen sie die Fignon-Gruppe um fast fünf Minuten hinter sich zurück. Bernaudeau fuhr theoretisch im Gelben Trikot. Und an welcher Stelle der Gesamtwertung befand ich mich in diesem Moment? Knapp auf dem Siegertreppchen, wenn ich richtig gerechnet hatte. Das Podium! Die Blitzaktion hatte Türen geöffnet, die schon ein für allemal verschlossen schienen.

Der Schlussanstieg begann. Mit einem Schlag verringerte sich die Geschwindigkeit um etwa fünfunddreißig Stundenkilometer. Das Rauschen des Windes in den Ohren wurde abgelöst durch das dumpfe Brummen von Autos und Motorrädern. Es roch auch plötzlich nach einer viel befahrenen Straße. Bernaudeau und ich zogen durch und lösten uns vom Rest.

Das alles ging mit einer solchen Selbstverständlichkeit vonstatten, dass es mich überraschte. Ich kann nicht behaupten, dass unser Tempo spektakulär war. Doch ich kann mich auch täuschen. Es wurde höchste Zeit, die Formalitäten zu regeln.

»Du das Gelbe Trikot, ich die Etappe, abgemacht?« Ich müsste schon verrückt sein, wenn ich erst mit ihm nach oben fahre, um am Ende mit leeren Händen vor meine Teamkameraden zu treten.

Keine Antwort war auch eine Antwort. Hatte er denn kein Vertrauen mehr in die gemeinsame Sache? Saß er es aus und wartete er auf eine Eingebung des Heiligen Geistes, die ihm neue Kraft gab?

Gewiss, er war schon früh während der Etappe zum Angriff übergegangen. Offenbar hatte er sich diesen Tag ausgesucht, um, begünstigt durch die Gnade von Hinaults kaputtem Knie, den französischen Thron für sich einzufordern. Der Glandon hatte ihn zurückgeworfen, um ein großes Stück sogar.

Ich wiederholte das Angebot. Keine Reaktion außer einem leichten Kopfschütteln. Sehr hinterlistig, ohne mich aus dem Sattel zu erheben, erhöhte ich auf gut Glück ein wenig die Geschwindigkeit. Schon nach dreihundert Metern gab ich es wieder auf: In meinem Körper schrillten die Alarmglocken. Bernaudeau war mir gefolgt. Dazu war er also noch fähig.

Wir fielen in unser voriges Tempo zurück – einander in nichts nachstehend und einander auf Gedeih und Verderb ausgeliefert. So kam es, dass Bernaudeau das Gelbe Trikot wieder los war, noch bevor er es überhaupt gesehen hatte. Und so kam es auch, dass ich vom Siegertreppchen purzelte, ohne es je betreten zu haben. Wir konnten nur noch darauf hoffen, dass die, die hinter uns waren, einer nach dem anderen explodierten.

Als ich noch rund fünf Kilometer vor der Brust hatte, war es um mich geschehen. Die Beine wippten auf den Pedalen, und das Herz wippte im Brustkasten. Ein Kolumbianer und ein Franzose schienen nun rasch näher zu kommen. Der Etappensieg, spukte es mir durch den Kopf, nur der Etappensieg kann diese verkorkste Tour jetzt noch retten.

Ich war meiner Kräfte beraubt, doch noch längst nicht willenlos. Ein einziger quälender Gedanke, ein jagender Instinkt, ein verbissener Rausch: Dieses Rennen muss ich gewinnen, selbst wenn es mich eine Nacht auf der Intensivstation kosten würde. Bernaudeau dachte offenbar genauso. Jegliche Farbe war aus seinem Gesicht verschwunden. Er wippte und kurbelte, als ob er fürchtete, zu spät zu seinem eigenen Begräbnis zu kommen.

Zwei Kilometer weiter waren wir noch immer zusammen. Jesses, was da an Leuten am Hang stand! Die Zuschauer machten das Rennen wieder zu einem Fest mit ihrem Jubel und ihren Spruchbändern. Und sie hörten nicht auf, mit Wasser zu spritzen. Die Hinterbacken rutschten auf dem Arschleder hin und her. An der Innenseite der Oberschenkel und Waden rann lauwarmes Wasser in die Schuhe. Trotzdem zitterte ich vor Kälte. Dann sah ich da einen Mann stehen. Er streckte einen Arm aus. An dem Arm war eine Hand und in der Hand ein Glas Bier.

»Greif zu!«

Es war ein niederländischer Arm. Das Glas war fast mit einem Zug leer. Bernaudeau flehte um den kleinen Rest Schaum. Ich gab ihm das Glas. Ein sympathischer Kerl, dieser Jean-René, das hatte ich immer schon gefunden. Wie wunderbar doch die Wirkung von ein bisschen Alkohol auf einen ausgelaugten Körper ist! Die Beine waren wie betäubt, der Magen brannte und das Brennen stieg nach oben: Alpe d'Huez gehört mir. Ich zog das Tempo etwas an. Bernaudeau reagierte. Kurz darauf beschleunigte ich noch ein wenig mehr. Wieder folgte er mir, der Kerl ließ sich nicht abschütteln. Ich beschloss, Kraft zu sammeln für die entscheidende Attacke auf dem letzten ansteigenden Kilometer.

Der Angriff blieb aus. Zumindest hatte der Versuch diesen Namen nicht verdient. Alkohol war offenbar ein Dopingmittel von besonders flüchtiger Wirkung. Bernaudeau parierte die Attacke. Wir fuhren wieder Seite an Seite. Dann mussten wir eben um den Sieg sprinten.

Wir hatten den bebauten Bereich von Alpe d'Huez erreicht. Zwei ausgezehrte Tiere belauerten einander und kamen fast nebeneinander zum Stehen. Zwei Anti-Sprinter, die ihrer Sache beide nicht sicher waren. Ich sah mich um. Dieser Kolumbianer und der Franzose waren noch nicht in Sicht. Die Straße stieg nicht mehr an, und die letzte

Kurve kam näher. Ich durfte nicht als Erster in die letzte Kurve gehen, dann wäre alles verloren.

Welchen Gang sollte ich auflegen? Das Stück hinter der letzten Kurve stieg noch einmal giftig an. Großes oder kleines Kettenblatt? Für einen Sprint war das große Kettenblatt unverzichtbar, wie mir schien. Und hinten welches Ritzel? Siebzehn oder neunzehn Zähne? Bernaudeau hielt es plötzlich nicht mehr aus. Er ging als Erster in die letzte Kurve. Ich ging in seinem Windschatten mit. Es kam nun darauf an, im richtigen Augenblick hinter seinem Arsch auszuscheren. Der Schlenker, den er austeilte, als ich zum Überholen ansetzte – nur ein Reflex. Das funktionierte also noch. Obwohl die Beine schon längst nicht mehr zu einem Pedaltritt taugten, traten sie in die Pedale. Unsere Lenker berührten sich kurz. Au, ich habe einen zu großen Gang eingelegt. Es ist zu spät, noch irgendwas zu ändern. Nebel. Nur der Etappensieg!

Der Schatten neben mir im Nebel wollte nicht von mir weichen. Die Beine wurden hart wie Stein. Ich spürte Zorn, sehr schmerzhaften Zorn. Noch fünfzig Meter. Jean-René, hör doch zu, eine Frau erwartet mich hier oben. Fünfzehn Meter noch ungefähr. Ich hatte ein Gefühl, als ob ich ein Schwert schlucken müsste. Er gab nach. Er gab nach? Ich ging aus mir heraus und glitt, gackernd vor Freude, zwischen hastig zur Seite springen Fotografen hindurch.

Im nächsten Augenblick baumelten meine Füße zwanzig Zentimeter über dem Boden. Ruud hatte mich von meinem Rad gehoben und rannte mit mir herum. Ich war nun genauso groß wie er. Doch wo war bloß Yvonne?

Gut eine Stunde später, in einem kleinen, muffig riechenden Zimmer des Hotels La Dauphinoise: Johan, Yvonne und ich. Das Zeremoniell, die Urinkontrolle und die Interviews hatte ich hinter mir. Endlich Ruhe. Die Balkontür stand offen.

Zu dritt ließen wir die Fete steigen. Johans Beine waren im Schlussanstieg nach Alpe d'Huez gnadenlos weggeknickt, doch er war ebenso

Entscheidung auf den letzten Metern: Peter Winnen im Sprint mit Jean-René Bernaudeau.

froh über den Etappensieg wie ich. Yvonne zündete sich eine Zigarette an.

»Gib mir auch mal eine«, sagte ich. Johan machte ebenfalls mit. Wir rauchten.

»Sie sind uns noch nicht los«, sagte Johan.

Unten auf der Terrasse hörte ich die Stimmen von Post und Ex-Premierminister Dries van Agt, der die Etappe als Ehrengast im Teamfahrzeug mitverfolgt hatte. Als ich am Hotel La Dauphinoise ankam, hatte er mir, noch groggy von der rasanten Kurvenfahrerei, sehr begeistert, aber dennoch auf eine gewinnende Weise gratuliert: Er klemmte meine Hände väterlich zwischen die seinen.

Wir zündeten uns noch eine Zigarette an und danach noch eine. Wenn Post und Van Agt von der Hotelterrasse nach oben geschaut hätten, dann hätten sie weißen Nebel über den Balkon hinwegziehen sehen.

»Die Tour ist noch nicht verloren«, sagte Johan abwesend.

Wie jung waren wir doch damals und wie empfindsam. Wir feierten unser kleines Fest, als ob es das letzte Fest wäre, das es auf dieser Tour zu feiern gab. Genauso hatte ich auch die Etappe vollendet: als ob die nächste erst nach dem Winter ausgefahren würde.

Peter

Palma de Mallorca, 6. Mai 1991

Lieber Hans,

Mallorca! Nun erfüllt mich plötzlich Ferienlaune. Dafür verantwortlich ist die Umgebung, in der wir uns schon seit zwei Tagen befinden. Seit die ganze Menagerie nach Mallorca hinübergeflogen ist, wohnen wir mit Meerblick. Die Mahlzeiten holen wir uns von einem großen Büffet, das auf langen Tischen angerichtet ist. Es herrscht jedes Mal großer Andrang. Denn die riesige Gruppe spanischer Senioren, die in diesem Hotel ein Arrangement gebucht hat, ist von sehr hungriger Natur. Sie schöpfen sich enorme Berge von Essen auf ihre Teller. Manchmal helfe ich beim Aufschöpfen. Wer am Stock geht, hat nur eine Hand frei, und kann nicht gleichzeitig den Teller festhalten und mit dem Löffel hantieren. Wenn ich im Herbst meines Lebens am Stock gehe, würde ich mir auch gerne beim Aufschöpfen helfen lassen. Auf Mallorca, denn ich werde hierhin zurückkehren.

Sonne, Meer, Strand, ein angenehm grünes Hinterland mit kleinen Windmühlen und Bergen von akzeptabler Höhe – was kann sich ein Mensch mehr wünschen. Yvonne und ich auf einem gemieteten

Motorroller, wie wir in einem für unser Alter unverantwortlichen Tempo über die Insel rasen – ich habe alles schon genau vor Augen.

Lloret de Mar, 7. Mai. Zurück auf dem Festland und gar noch in Lloret de Mar! Von einem Ferienparadies ins andere also. Als das Peloton sich heute Nachmittag Lloret näherte, stieg in mir zum ersten Mal der Wunsch auf, mich an einen brechend vollen Strand zu legen und stundenlang in der Sonne zu schmoren. Anonym, sorgenfrei, ein Körper unter Körpern. Auf Mallorca konnte ich noch voller Freude feststellen, dass die Kraft in meinen Beinen immer weiter wuchs. Doch die Belebung war offenbar nur von kurzer Dauer: Das war heute nichts, obwohl von einem harten Rennen gar keine Rede sein konnte. Sofort nach der Ankunft kroch ich ins Bett und sank in einen tiefen Schlaf. Das war mir schon seit Jahren nicht mehr passiert, sofort einschlafen nach einem Rennen.

Ich denke zurück an 1983.

Fignon (Frankreich) führte die Gesamtwertung an, gefolgt von Delgado (Spanien) und Bernaudeau (Frankreich). Als Vierter platziert: Winnen (Holland) mit 3:33 Minuten. Die Gesamtwertung würde einen Tag lang unverändert bleiben, denn in Alpe d'Huez war ein Ruhetag angesetzt.

Als ich erwachte, lag ich auf dem Tour-Buch. Es sah aus wie eine Zeitschrift, die im Regen gelegen hatte. Der Schlaf hatte mich übermannt, als ich abends die Grafik der Etappe Alpe d'Huez–Morzine studierte. Wie müssen wir das anpacken, hatte ich mich immer wieder aufs Neue gefragt. Diese Etappe war noch heftiger als die vorige. Die Frage hallte noch in meinem Kopf wider, als ich wach wurde. Da zweifelte ich, ob ich wirklich geschlafen hatte. Ich stand auf, ging frühstücken und holte bei den Mechanikern mein Rad ab. Der Himmel war strahlend blau. Ich machte mich auf, jemanden zu überraschen.

Yvonne war tatsächlich überrascht von meinem frühen Erscheinen. Sie wohnte zusammen mit der Familie B. in einem Hotel einen halben Kilometer weiter. In deren Auto war sie mit nach Alpe d'Huez gefahren.

»Ich bin gleich wieder weg«, sagte ich: »Ich muss trainieren. Morgen müssen die Beine wieder geschmeidig sein.«

Morgen, morgen, morgen, von diesem ewigen »morgen« musste ich mich mal kurz befreien. Vom gestrigen Sieg zu zehren, schien mir die beste Medizin zu sein, um den nächsten Tag zu überstehen.

»Das haben wir beide doch schön hingekriegt, gestern«, sagte ich.

Yvonne lachte. Ich hatte eine Eingebung – eine vernünftige zwar, aber keine professionelle. Wir sollten ein Taxi bestellen und einsteigen.

»Grenoble, monsieur le chauffeur, Grenoble.« Und wir würden den Berg hinabfahren und uns durch das Tal nach Grenoble bringen lassen. Ich kannte da einen Park, einen weitläufigen Park mit geschlängelten Wegen, Rasenflächen und Baumgruppen. Wir könnten uns dort im Schatten aufs Gras legen und uns darüber kaputtlachen, dass wir gestern alles so schön hingekriegt hatten – so wie nur verliebte Paare das können. Oder noch besser: Wir könnten uns in Grenoble auf die Suche nach einem kleinen Hotel machen, einem Hotel mit Blendläden, von denen drei Schichten dicke Farbe abblätterte, und für ein paar Stunden ein Zimmer mieten. So ein Zimmer mit einem Bett, dessen Matratze einem Strohsack glich, lieblichen Tapeten und einem Fußboden, der knarrte, wenn man umherging. Kurzum: ein Zimmer, das schon ein paar Generationen von Verliebten zwischen seinen Wänden beherbergt hatte und die Eigenschaft besaß, vergessen zu können.

Vernünftige Eingebungen lassen sich nur schwer mit Professionalität in Einklang bringen. Ich sagte lediglich: »Nun, ich sehe dich gleich wieder.«

Ich ging nach draußen, schloss die Tür, um diese nach kurzem Zögern wieder zu öffnen.

»Bleib mal ein bisschen in meiner Nähe, heute«, sagte ich: »Ich kann gut etwas fröhliche Gesellschaft vertragen.«

Trainiert wurde unten im Tal. Die Mannschaft, oder das, was nach drei Aufgaben noch davon übrig war, fuhr in forschem Tempo in Richtung Grenoble. »Die Beine kurz fühlen«, lautete das Ziel. Meine

Beine fühlten sich sonderbar an. So als ob sie nicht mehr zu mir gehörten. Sie kurbelten tüchtig im Kreis herum, doch ich fühlte weder Kraft noch Schmerz. War das die Segnung der Injektion von gestern Abend? Sonderbar, doch ermutigend. Kurz hinter Vizille machten wir kehrt. Der Rückweg stieg leicht an. So konnten wir die Beine noch besser fühlen. Das forsche Tempo wurde beibehalten. Doch Alpe d'Huez am Ruhetag zu erklimmen, das wäre übel. So war es auch nicht abgemacht. Unsere Mannschaftsautos warteten in Le Bourg d'Oisans, um uns nach oben zu kutschieren.

Das Aufladen der Rennräder zog viele Schaulustige an. Le Bourg d'Oisans war ein einziger Campingplatz. Viele der Leute, die am Tag zuvor am Hang gewesen waren, hatten hier übernachtet. Schon im Oktober musste man seinen Stellplatz gebucht haben, erzählte mir jemand. Ein langer, spindeldürrer Mann in Rennkleidung schlang seinen Arm um meine Schultern.

»Kurz dorthin gucken, bitte.« Er zeigte zu einer Frau, die ebenfalls Rennkleidung trug und eine Pocket-Kamera auf uns richtete.

»Und lachen!« Ich lachte und hörte ein nüchternes Klicken. In Windeseile tauschten sie ihre Positionen. Die Frau schlang ihren Arm um meine Hüfte.

»Lachen!«, rief der Mann und drückte ab.

»Schön. Schön, schön, schön.«

»Schön«, sagte nun auch die Frau.

»Schön«, wiederholte ich. Ich dachte, dass wir fertig wären. Da sagte die Frau: »Das Radfahren hat unser Leben verändert.«

Ich sah sie an. Sie hatte in ihrem Gesicht viel überschüssige Haut und war furchtbar braun.

»Das Radfahren hat andere Menschen aus uns gemacht.«

Ich bestätigte, dass das Radfahren einen verändern kann.

»Ich wog früher über hundert Kilo. Sollte man nicht meinen, oder? Unzufriedenheit, Unzufriedenheit, ich habe meine Unzufriedenheit in mich hineingefressen.«

»Gute Arbeit«, sagte ich. Diese Frau schien mir ungefähr mein Gewicht zu haben.

Sie fuhr fort: »Immer nur am Arbeiten, er, immer nur am Arbeiten. Das war kein Leben mehr, für ihn nicht und für mich auch nicht. Sein Infarkt hat unsere Ehe gerettet. Er musste sich rehabilitieren. Eines Tages kam er mit einem Rennrad nach Hause. Rad fahren, hatte der Kardiologe gesagt, Rad fahren, das ist das Beste, wenn man ein reges Herz behalten will. Daraufhin kaufte ich ebenfalls ein Rennrad und wir sind zusammen Rad gefahren! Es war herrlich, hatten wir so doch endlich etwas Gemeinsames.«

»Gesundheit ist das höchste Gut«, begann die Bohnenstange: »Das kannst du mir glauben, ich war schon mit einem Bein im Jenseits.«

»Ich dachte wirklich, jetzt ist es um ihn geschehen. Jemand, der einen Erste-Hilfe-Kursus besucht hatte, brachte ihn wieder ins Leben zurück.«

»Mein Püppchen, sie wäre ansonsten auch nicht schlecht gefahren. Ich hatte mich selbst gut versichert. Ich war überversichert, ha, ha.«

»Ja, ich hätte es besser gehabt als jetzt.«

»Viel besser.«

»Doch inzwischen radeln wir am Nachmittag zusammen nach Alpe d'Huez hinauf. Das ist mit Geld nicht aufzuwiegen.«

Alle Räder standen inzwischen auf dem Dachgepäckträger.

»Nett, mit Ihnen geredet zu haben«, sagte ich: »Nur kurz, aber nett.«

»Und zieh ihnen morgen das Fell über die Ohren«, sagte der Mann. Er ballte seine Faust vor der Brust.

»Ja, euch auch viel Erfolg heute Nachmittag hinauf nach Alpe d'Huez.« Ich war mir nicht sicher, ob es nach einem Infarkt förderlich für den Herzmuskel war, einen Berg hoch zu fahren. Vor einem Infarkt war es dies jedenfalls kaum.

»Morgen stehen wir wieder am Straßenrand.« Die Frau warf mir eine Kusshand zu.

»Sehr gut«, sagte ich und stieg ein.

Alpe d'Huez war zum Leben erwacht, zumindest war die Terrasse am La Dauphinoise bis auf den letzten Platz besetzt. Als die Teamautos vor dem Hotel anhielten, leerte sich die Terrasse. Ich hatte sie nicht kommen sehen. Plötzlich stand sie vor mir, eine kräftige blonde Niederländerin. Eine lachlustige Schar von Pressefotografen schwärmte um sie herum. Sie packte ihre Brüste aus und verlangte ein Autogramm. Es war die Art von Brüsten, die einem den Arm brechen konnten, wenn sie hin und her geschüttelt wurden. Jemand gab mir einen Kugelschreiber. Ich suchte ein freies Fleckchen, zog die Haut straff und unterschrieb nordnordöstlich der linken Brustwarze. Die Fotografen taten, was sie nicht lassen konnten. Als ich die Brust los ließ, sah ich, wie sich meine Unterschrift verformte: Sie wurde kürzer und höher.

»Was will so ein blödes Weib bloß damit?« Yvonne hatte die ganze Aktion aus einiger Entfernung mitverfolgt. Ich murmelte etwas von den gesellschaftlichen Verpflichtungen des Sportlers. Der Sportler lässt die Herzen höher schlagen, etwas in diesem Sinne.

»Das sah wirklich unmöglich aus!«

»Zugegeben, ich fühlte mich kurz wie Don Quijote.«

Wie flapsig ich diese Worte auch aussprach, sie erwiesen sich als durchaus prophetisch. Aber das kommt später.

»Die Tour wird im Bett entschieden«, lautete – und lautet noch immer – eine alte Verhaltensregel. Am Nachmittag kroch ich ins Bett. Die Tour ging weiter, der nächste Morgen würde auch ohne mein Zutun anbrechen. Die Zahlen sahen alles andere als aussichtslos aus. Ich war lediglich eine knappe Minute von einem Platz auf dem Podium entfernt. Und da seine eigene Platzierung nun vermasselt war, hatte Johan sich bereit erklärt, sich fortan für mich einzusetzen. Hinault war nicht mit von der Partie, also war noch alles möglich. Niemand hatte irgendetwas sicher. Die Gefahr zu explodieren lauerte auf jeden. Ich nahm das Tour-Buch zur Hand. Es war wieder zu gebrauchen. Um die schlimmsten Falten und Knitter zu glätten, hatte ich es unter einen aufgeklappten Koffer gelegt. L'Alpe d'Huez–Morzine, darum ging es also.

Gelähmt und verwirrt schreckte ich aus dem Schlaf auf wie aus einem Traum. Auf meiner Brust lag das Tour-Buch. Mein Körper fühlte sich an, als habe er beschlossen, nie wieder einen Finger krumm zu machen. Ich sah auf meine Armbanduhr. Ich hatte höchstens zwanzig Minuten geschlafen. Doch was für ein Verfallsprozess hatte sich in dieser kurzen Zeit vollzogen! Ging ich nicht zu weit? Was lag ich hier wie ein Invalide auf dem Bett herum? War es nicht an der Zeit, mich aufzumachen: Sieger in Alpe d'Huez, das Jahr war doch gerettet! Trieb ich Raubbau an meinem Körper? Die Zusammensetzung der Medikamente, mit denen mich Ruud seit Fontenay-sous-Bois auf den Beinen hielt, kannte ich nicht. Fuhr ich nun gut oder fuhr ich nicht gut. Den Zahlen zufolge fuhr ich gut, doch was sagten schon Zahlen? Sie stifteten nur Verwirrung.

Ich erhob mich aus dem Bett. Langsam zog ich mich an. Johan war verschwunden. Wahrscheinlich war er bei Ruud oder beim Radio. Wie eine Spukgestalt ging ich die Treppe hinunter und verließ das Hotel. Wo war Yvonne? Hatte sie jemand gesehen? Im Freibad, wusste ein Unbekannter. Wo lag das Freibad?

»Ganz in der Nähe, schräg gegenüber.«

Ich überquerte die Straße und traf sie tatsächlich. Sie war in Gesellschaft von Familie B. und weiteren Bekannten. Ob ich gut geschlafen habe, wollte sie wissen.

»Das ist Irrsinn, so ein Ruhetag. Eigentlich ist alles Irrsinn.«

Ich setzte mich zu ihnen aufs Gras. Die Sonne brannte, und ich drohte wieder einzuschlafen. Deshalb stand ich auf, lief zum Beckenrand und tauchte meine Hand ins Wasser. Ein paar Fans kamen, um mit mir zu plauschen. Glänzend hatten sie es gestern gefunden, glänzend auch, wie ich diesen Bernaudeau hereingelegt hatte.

»Das denke ich auch«, sagte ich dumpf. Ich sah hoch auf die grünen Hänge, auf denen im Winter Ski gefahren wurde. Plötzlich hatte ich große Lust, Ski zu fahren – eigentlich gar nicht mal so sehr auf das Skifahren an sich, sondern mehr auf Schnee. Ganz in der Nähe misslang ein Kopfsprung. Jemand knallte mit dem Bauch aufs Wasser. Tropfen prasselten auf mich nieder. Ich setzte mich wieder zu Yvonne.

»Hast du das wirklich getan, gestern?«, fragte ich.

»Was?«

»Das von gestern Morgen.«

»Hier sind meine Zeugen.«

Die Zeugen nickten.

»Und genau auf diese Stelle?«

Die Zeugen bestätigten es.

Sie hatten natürlich zuerst ausgeschlafen, denn Yvonne und Familie B. waren sehr spät in Alpe d'Huez angekommen. Danach waren sie zu der Straße spaziert, in der das Ziel lag. Die Ziellinie war gerade frisch gezogen. Es ist ein plötzlicher Impuls gewesen: Sie hatte ihre Füße rechts und links neben die Linie gestellt und auf den Strich gespuckt: um mir Glück zu bringen! Und genau an dieser Stelle, sie hatten es genau gesehen, hatte ich am Tag danach siegreich die Linie überquert.

Sie hatte mir kurz nach der Etappe von ihrer Tat erzählt. Ich sah es bildlich vor mir und war tief gerührt. Zufall oder kein Zufall, auf eine Ziellinie zu spucken, um jemandem Glück zu bringen, war ein beeindruckender Liebesdienst. Ich stand wieder auf. Es wurde allmählich Zeit, mich bei Ruud zu melden.

»In Morzine gibt es auch wieder einen Zielstrich, der nur darauf wartet, bespuckt zu werden«, sagte ich: »Bleib doch bitte noch einen Tag!«

Aber das ging natürlich nicht. Ich wusste, dass sie am nächsten Morgen in aller Frühe in die Niederlande zurückkehren würden.

Ruud war zufrieden, die Beine hatten Volumen. Er tastete sorgfältig die Muskelgruppen ab. Aus dem Kassettenrecorder erklang Bots. Das Band hatte ich ihm einst geschenkt. Eines der heiteren Lieder handelte von einem Arztbesuch. Ich versuchte, mich völlig zu entspannen. Ich lag auf dem Bauch – die Arme als Kissen unter meinem Gesicht verschränkt, die Augen geschlossen.

»Morgen muss ich stark sein, Ruud, furchtbar stark.« Ich spürte das Verlangen, eine Nadel in mir zu spüren. Alle Hoffnung ruhte nun auf der Expertise meines Pflegers.

Ein strahlender Tag war es, der Tag, an dem ich stark sein musste. Direkt vor dem Startschuss wurde ich noch kurz durch einen Reporter äußerst feinfühlig daran erinnert.

»Zoetemelk, Kuiper, Rooks, Van der Velde allesamt weg vom Fenster...« Er hielt inne und wartete auf eine Reaktion.

»Ja, ja, ist schon gut«, sagte ich. Die nationale Hoffnung flackerte wieder auf. Ein anderer erinnerte mich ebenso feinfühlig an meinen »taktischen Fauxpas« bei der Alpe-d'Huez-Etappe. Es sei nicht klug gewesen, nur um den Etappensieg zu fahren. Wenn ich nicht andauernd diesen Bernaudeau belauert hätte, dann führe ich vielleicht schon im Gelben Trikot.

»Aha.«

Nun, verdammt, merde und nondeju! Wer meint, sich über mein athletisches Können beschweren zu müssen, der soll sich damit an Gott den Schöpfer wenden. Hatte ich mich etwa selbst zusammengeschraubt?! Ich drehte mich mit einem Ruck um und kramte aus der rechten Tasche die Plastikhülle hervor, in der die Grafik der Etappe steckte. Zum zwanzigsten, vielleicht auch dreißigsten Mal betrachtete ich das Streckenprofil. Col du Glandon von der Ostseite, unmittelbar gefolgt vom Madeleine. Schon diese beiden für sich waren gut für fünfundvierzig Kilometer Kraxelei. Dann der Aravis, der Colombière und die Côte de Châtillon. Als letzter Anstieg vor dem freien Fall ins Ziel in Morzine: der unmögliche Joux-Plane. Gesamtlänge der Etappe: zweihundertsiebenundvierzig Kilometer.

»Es sind im Übrigen ganz die Worte deines Teamchefs«, hörte ich hinter mir.

»Davon weiß ich nichts«, zischte ich. Direkt aus dem Mund von Post hatte ich nichts dergleichen vernommen, obwohl das Gerücht auch am Ruhetag bereits kursierte.

Ich steckte die Hülle wieder zurück an ihren festen Platz und tastete zum soundsovielten Mal die Außenseite der linken und der rechten Tasche ab, um sicherzugehen, dass die beiden Pillenröhrchen auch wirklich unten darinwaren. Ruud hatte die Röhrchen gefüllt und mit Nummern versehen. Nummer eins war nach dem Madeleine einzunehmen, Nummer zwei dann kurz vor dem Finale.

Die meisten Pillen kannte ich der Form und Größe nach. Nichts Besonderes: Koffein, Schmerzmittel, Mineralien, krampflösende

Mittel und so weiter. Befand sich Nummer eins auch wirklich rechts, so wie ich es gewohnt war? Ein kurzer Check. Jawohl, das Fläschchen mit der »Akkusäure« war am gewohnten Platz. Kontrollieren war nicht nötig; ich fühlte, wie es in der mittleren Tasche unten am Rücken gegen die Wirbel drückte. Zum Spaß war dieses Fläschchen mit einem Totenkopf gekennzeichnet. Über die Zusammensetzung dieser Säure wurde mir erzählt, »dass es gerade noch im grünen Bereich war«. Dass man also bei einer eventuellen Dopingkontrolle noch ruhigen Gewissens sein Urin abgeben konnte.

Das schien plausibel zu sein. Den Reifendruck noch einmal fühlen! Den Vorderreifen fand ich nun ein bisschen zu hart, um einen feinen Kontakt zur Straße halten zu können. Ich drehte das Ventil auf und ließ etwas Luft entweichen. Mit was für schönen, leichten Reifen mich die Mechaniker verwöhnt hatten! Es waren die leichtesten, die noch für ein Straßenrennen infrage kamen: Reifen, die so herrlich summten und die dennoch einen etwas leichteren Lauf hatten als jene, die sonst zum Einsatz kamen. Der Nachteil war ein erhöhtes Risiko, sich einen Platten zu fahren. Aber über die Risiken sah man hinweg, wenn es um etwas ging. Details konnten entscheiden.

Ich fuhr zur Startlinie. Nachdem ich mich vergewissert hatte, dass auch die Gangschaltung wie ein Wiesel huschte, stellte ich mich zwischen meine sichtlich ermüdeten, bleichen Kollegen. Die Tour hinterließ ihre Spuren auf den Gesichtern. Ich sah, wie einige sich bereits jetzt nervös ein Röhrchen Pillen in den Mund warfen. Aus Angst vor dem Streckenprofil natürlich.

Nur die Kolumbianer schienen wirklich Lust auf die Etappe zu haben. Sorglos standen sie da und plapperten aufeinander ein. In diesem Jahr waren sie zum ersten Mal bei der Rundfahrt dabei – als einziges Amateur-Team, das die Organisation in ihrem Streben nach einer »offenen« Tour ködern konnte. Im Mannschaftszeitfahren, bei der Etappe über das Kopfsteinpflaster und beim Einzelzeitfahren wurden sie gnadenlos abgehängt. Doch als wir erst einmal die Pyrenäen erreicht hatten, offenbarten sie sich als wahre Springteufel, die zu einem großen Teil für das Chaos verantwortlich waren.

Auf der Ziellinie in Alpe d'Huez hatte sich ein gewisser Corredor bis auf weniger als eine Minute genähert. Über die Kolumbianer wurde getuschelt, dass sie auf mysteriöse Weise unter dem Einfluss von Drogen fuhren. Na und? Es wurde so vieles getuschelt. Zum Beispiel, dass Zoetemelk mit seiner positiven Urinprobe hereingefallen war. Zig andere Fälle, mit zum Teil »sehr großen Namen!«, welche die Organisation lieber nicht veröffentlicht sah, seien unter den Teppich gekehrt worden. Die Initiative solle sogar vom französischen Kultusministerium ausgegangen sein. Es wurde auch gemunkelt, dass der Arzt des Peugeot-Teams ein Fürsprecher des verbotenen Hormons Testosteron sei – mit Testosteron sei es gesünder als ohne.

Getuschelt wurde auch, dass die Labore bei der Dopingkontrolle im Begriff waren, etwas von ihrem hoffnungslosen Rückstand gegenüber den gewieften Sportmedizinern und Pflegern wettzumachen. Und diese Ahnung wurde tatsächlich durch eine Welle aufgedeckter Dopingfälle sowohl vor als auch während der Tour gestützt. Das Rennen aber ging einfach weiter. Was war erlaubt und was nicht? Was ging noch so gerade, und was ging nicht mehr? Was war zwar nicht erlaubt, ging aber trotzdem noch?

Ich machte mir um nichts Sorgen und schätzte mich glücklich, dass ich mein Schicksal in Ruuds Hände gelegt hatte. Er war der Fachmann. Also ersparte ich es mir, selbst in das Schattenreich der Reglements, Medikamente und Dopingdefinitionen hinabzusteigen. Ich hatte anderes im Sinn. Paris lag noch fünf Tagesmärsche entfernt, und das Podium war nicht unerreichbar.

Der Anstieg auf den Glandon war halb so schlimm. Der Pulk kurbelte in voller Breite nach oben. Einige Selbstmörder ließ man davonziehen. In meinen Beinen fühlte ich echte Kraft. Würde also doch noch alles gut werden? Zwei Mann blieben nach einem Sturz auf der Abfahrt zurück. Sie wurden mit dem Krankenwagen abtransportiert.

Der endlose Madeleine sah eine etwas andere Episode. Die Selbstmörder wurden einkassiert, nachdem sich die Kolumbianer zu rühren begannen. Ich geriet nicht in Schwierigkeiten. Auf dem Gipfel, nach gut zwei Stunden Rennen, kippte ich das Pillenröhrchen Nummer eins hinunter. Anschließend nahm ich feste Nahrung zu mir, um meinen Körper mit dem nötigen Brennstoff zu versorgen. Auf der Abfahrt vergrößerte sich die ausgedünnte Gruppe wieder. Es wurde noch immer nicht scharf gefahren – bis plötzlich Johan angesaust kam. Er schrie: »An mein Hinterrad!« Johan fuhr schnell. Er war als ausgezeichneter Abfahrer bekannt. Ich hatte größte Mühe, ihm auf dem sehr schmalen und sehr kurvigen Sträßchen zu folgen. Nach und nach schoben sich andere Fahrer zwischen ihn und mich. Er verschwand außer Sichtweite. Wenn ich aus einer Kurve herausfuhr, verschwand er schon wieder in der nächsten.

»Hast du ihn da liegen sehen?«

Es war Lubberding, der neben mir auftauchte.

»Wen?«, schrie ich gegen den Orkan an, der an meinen Ohren wütete.

»Van der Velde!«

Ich hatte ihn nicht da liegen sehen. Er schien eine Kurve verpasst zu haben. Er schien ein Stück abseits der Straße in einer tiefer gelegenen Viehweide gelandet zu sein. Weitere Neuigkeiten hatte Lubberding nicht zu berichten.

»Van der Velde, au, au, au!« Der Franzose Vigneron fuhr kurz neben mich. Er hob eine Hand vom Lenker und schüttelte sie voller Bedenken. Sein Gesicht war in sorgenvolle Falten gelegt. Was wusste er von Van der Velde?

»Er bewegte sich nicht mehr!«

Ich erstarrte. Es wird doch wohl nicht, er wird doch nicht...

Vignerons Worte fuhren mir derart in die Beine, dass ich ein paar Takte lang nicht mehr in der Lage war, zu treten. Doch das Rennen, das Johan in Gang gebracht hatte, ging weiter. Ein lang gestrecktes Band eilte in die Tiefe hinab, als wollte es sich so schnell wie möglich von der Unglücksstelle entfernen. Nachdenken war etwas für später.

Im Tal zwischen Madeleine und Aravis lieferten sich die französischen Teams einen heftigen Schlagabtausch. Besser gesagt: Der Rest von Frankreich bedrängte das Team Renault. Es würde doch wohl nicht dazu kommen, dass Hinaults Domestike am Abend noch immer das Gelbe Trikot trug. Fignon, die bebrillte Pariser Rotznase, musste gestoppt werden. Es war ein unerträglicher Gedanke, dass dieses Team erneut die Tour gewinnen würde.

Es hagelte Ausreißversuche. Peugeot, Wolber, La Redoute, Coöp, Sem – alle Teams schien ein gemeinsames Interesse zu einen: der Untergang von Renault.

Das Peloton bröckelte. An der Vorderseite, wohlgemerkt. Kleine Grüppchen von zwei, drei, vier Mann begannen, vor dem Feld hintereinander herzujagen. Die Renaults brachen auseinander und rechneten sich schwindelig. Wen konnten sie ziehen lassen, wer bedeutete keine Gefahr für das Gelbe Trikot? Ich hielt mich aus allen Scharmützeln heraus. Lubberding, De Rooy und De Keulenaer sah ich aus einiger Entfernung in verschiedenen Grüppchen mit fortgleiten. Das war schön, das Team war vorne gut vertreten. Also konnte ich im Windschatten die Beine »wieder kommen lassen«. Seit Johans Sturz hatte ich wacklige Knie.

Obwohl das Tempo hoch war, entkamen weitere Fahrer. Irgendwann landete ich durch eine Wellenbewegung in der Vorhut. Das war nicht geplant gewesen, ich folgte lediglich dem Hinterrad eines Ausreißers und entwischte so in Gesellschaft von zwei anderen Fahrern. Wir gaben plötzlich Vollgas. Wer zuvor bereits weggefahren war, kam schnell wieder in Sichtweite. Die Fragmente hatten sich offenbar zu einer knapp dreißig Mann starken Gruppe zusammengefügt.

»Was machst du denn hier?«, rief Lubberding überrascht, als wir uns anschlossen.

»Sie haben mich einfach gewähren lassen.«

Ich war der Einzige in der Spitzengruppe, der in der Gesamtwertung vorn dabei war. Obwohl, Arroyo, der Spanier, konnte auch gerade noch mit dazugezählt werden.

»Müssen wir uns aufreihen?«, fragte Lubberding.

»Aufreihen!«

De Rooy und De Keulenaer setzten sich an die Spitze und begannen, sich unglaublich abzuhetzen, damit der Vorsprung schnell wuchs.

Noch bevor der Aravis erreicht war, hatten wir dreieinhalb Minuten gewonnen. Es war eine wundersame Situation: In diesem Moment fuhr ich theoretisch im Gelben Trikot. Was aus Versehen zustande gekommen war, bekam den Charakter eines Coups. Ein Coup auf wackligen Beinen zwar, aber ein Coup.

Ich beschloss, das Fläschchen mit der »Akkusäure« anzubrechen. Und ansonsten: Zucker, Zucker, Zucker. Endlich schlugen auch die zuerst eingenommenen Pillen an. Ich begann, mich besser zu fühlen. Der anregende Inhalt des Röhrchens brachte wieder Entschlossenheit in Kopf und Beine. Wenn mir morgens jemand dieses Szenario prophezeit hätte, hätte ich ihn für verrückt erklärt. Im Gelben Trikot fahren – einfach irre! Es kam noch verrückter. Der Vorsprung vergrößerte sich weiter. Waren die Renaults tatsächlich durch den Rest von Frankreich demontiert worden? Ihr Teamchef befahl Poisson, der mit in der Spitzengruppe war, sich zurückfallen zu lassen, um Fignon bei der Verfolgung zur Seite zu stehen.

Der Aravis war weder steil noch hoch, dafür aber recht lang. Eigentlich war dieser Berg auf eine trügerische Art flach mit seiner Länge von knapp fünfundzwanzig Kilometern und seinem Flachstück etwa zur Hälfte. De Rooy und de Keulenaer hatten ihre Arbeit getan. Sie brauchten nur noch dafür zu sorgen, dass sie wie verirrte Tauben vor Einbruch der Dunkelheit – also vor dem Zeitlimit! – ihren Schlag fanden.

Nun war es Lubberding, der sich an die Spitze setzte. Die Strategie der Mannschaft – alles für die Firma – funktionierte perfekt. Opferbereitschaft war die höchste Tugend. Und Opferbereitschaft war hier zweifellos im Spiel. Lubberding, in der Gesamtwertung als Zehnter platziert, hätte ohne meine Anwesenheit in der Spitzengruppe freie Bahn gehabt, seine Position beträchtlich zu verbessern und möglicherweise um den Etappensieg zu fahren. Er fügte sich jedoch ohne zu murren in die Rolle als Bauernopfer. Er gab alles. Er fuhr sich im Dienste der Firma, in diesem Falle in meinem Dienste, die Lunge aus dem Leib. Auf sein Betreiben hin vergrößerte sich der Vorsprung auf bis zu viereinhalb Minuten. Auf sein Betreiben hin schrumpfte die Spitzengruppe, und ich merkte, dass die Belebung im Tal eine vorübergehende gewesen war.

Auf dem Aravis, dem leichtesten Berg des Tages, ging ich langsam, ganz langsam kaputt. Er nötigte mich zur vorzeitigen Einnahme des Inhalts von Röhrchen Nummer zwei, dem Röhrchen der Hoffnung.

Lubberding bekam wenig Unterstützung. Die Peugeots, immerhin mit vier Mann vertreten, hielten sich zurück. Nicht einer kam ihm zu Hilfe, vor allem nicht die englischsprachige Abteilung des Teams mit Roche (Irland), Millar (Schottland) und Anderson (Australien). Doch auch Arroyo, der sicherlich ein Interesse am Gelingen des Ausreißversuches hatte, blieb in Lauerstellung. Ich tat, was ich konnte, während ich mich vor lauter Elend zusammenkrümmte. Dann brach Lubberding ein. Haarsträhnen klebten in seinem Gesicht. Sein Kopf schien vor Anstrengung zu platzen. Glühend heiße Augen sahen mich an. »Die Ehre gebührt jetzt dir, viel Kraft!«, schienen sie zu sagen.

Ein aus verschlissener Leinwand quellender Schlauch stößt auf einen spitzen Stein: So könnte man beschreiben, was sich wenig später in meinem Kopf abspielte. Mir ging zischend die Puste aus. Das war schmerzhaft und auch beschämend. Mir kam die Erinnerung an eingenässte Hosen, gefolgt von einer Tracht Prügel. Ich hatte Verlangen nach jemandem, der vielleicht sechs-, siebenhundert Kilometer von mir entfernt über das Autoradio kommentiert bekam, wie mir zischend die Puste ausging.

Das Tempo stockte. Wir fuhren in breiter Formation über die Straße. Die Peugeots meldeten sich zu Wort. Es ging um Geld. Was wäre es mir wert, wenn sie vor mir an der Spitze fahren würden? Mit anderen Worten: Was war mir das Gelbe Trikot wert? Nun hieß es nicht mehr Frankreich gegen Renault, sondern die Niederlande gegen den Rest der Welt. Ich dachte an die vielen schrecklichen Kilometer, die noch vor mir lagen. Ich kannte sie. Was hatte ich dafür übrig, in diesem Zustand? Keinen einzigen Centime hatte ich dafür übrig. Schlimmer noch: Wenn sie alle richtig losgefahren wären, dann hätten sie mich sofort abgehängt. Niemand fuhr noch richtig schnell.

Es war Post, der neben mich heranfuhr. Wie die Aktien stünden, wollte er wissen. Post war lange bei Van der Velde geblieben. Eigentlich hing er erst seit gerade eben hinter der Spitzengruppe.

»Keine Beine mehr«, sagte ich.

Das sah Posts Kennerblick natürlich selbst. Ob ich etwas aus dem Auto brauchte? Einen Priester brauchte ich, aber das sagte ich nicht.

»Akkusäure.«

»Sieh zu, dass du mit dem richtigen Mann mitgehst, wenn sie losziehen.«

»Wie geht es Johan?«

»Wurde vom Hubschrauber mitgenommen. Für Johan ist gesorgt. Das kommt wieder in Ordnung.«

Ich fragte nicht weiter. Das Schlimmstmögliche war zum Glück nicht eingetreten. Doch um was ging es genau? Ich schraubte den Verschluss von dem Fläschchen und ließ die Akkusäure in meinen Mund gluckern. Es war noch halb voll, als ich es an den Straßenrand warf. Es hatte keinen Sinn mehr. Es gab nichts mehr, das noch einen Sinn hatte. Die Hitze war drückend, das Trikot und die Rennhose klebten und scheuerten, als hätte ich all die Stunden Klebstoff statt Schweiß ausgeschieden. Hier befand ich mich in einer Spitzengruppe, die nicht mehr weiterwollte, dummes Zeug faselte und völlig leer war. Die Faselei war ein Präsent der Pharma-Industrie, die Leere eine Unzulänglichkeit der Schöpfung.

Ich erinnerte mich an den weisen Rat, den mir der gute alte Jomme mit auf den Weg gegeben hatte. »Warten musst du, Winnen, warten, warten, warten, bis du davon bekloppt wirst. Erst dann darfst du losziehen.« Verflucht! Ich war eindeutig zu früh losgezogen. Ich hatte mich in ein gelbes Phantomtrikot einwickeln lassen, das zu verteidigen ich nicht in der Lage war. Warten also, unfreiwillig warten, mehr blieb mir nicht übrig. Das Finale des Rennens hatte noch nicht begonnen. Morzine lag gut achtzig Kilometer entfernt.

Und jetzt, da ich die Ereignisse dieses Tages rekonstruiere, zweifle ich. Es stellt sich die Frage, ob eine weitere Rekonstruktion überhaupt noch möglich ist. Ab diesem Punkt des Rennens habe ich große Erinnerungslücken – wie übrigens auch für die restlichen vier Etappen. Das liegt nicht an den vielen Jahren, die seither vergangen sind. Ich stellte die Erinnerungslücken bereits kurz nach der Tour fest. Unwirklichkeit, Surrealismus, das Fehlen von Anhaltspunkten – das sind die passenden Begriffe für diese Etappenstücke, sofern sie nicht in der französischen Hitze verdampft sind. Ich fahre also fort, ohne feste Anhaltspunkte zu haben. Was auf einem Rennrad gelungen ist, gelingt vielleicht auch mit Worten.

Es fing schon gut an. Die Kletterpartie auf den Col de la Colombière war das erste schwarze Loch, auf das ich stieß. Der Vorsprung musste ebenso schnell geschwunden sein, wie er gewachsen war. Denn während der Abfahrt stieß eine kleine Gruppe von Verfolgern mit Fignon und Van Impe zu uns.

Auf der Suche nach dem Tagessieg war der aus der Region stammende Michaud inzwischen davongefahren. Es kam mir gelegen. Das Rennen kam nun völlig zur Ruhe. Jeder wartete geduldig auf den Joux-Plane. Jeder – das waren nur noch etwa zwölf Mann, die sich weiter durch das lange Tal quälten. Lag es an den tropischen Temperaturen oder an den chemischen Hilfsstoffen, die durch meine Adern strömten? Vielleicht lag es auch nur am irrationalen Fieber, das in einem vergrößerten Sportlerherz brütete: Auf diesem dreckigen Joux-Plane würde ich noch einmal alle Register ziehen. Dieser Fignon war schließlich kein Hinault, er musste doch während der Verfolgung Federn gelassen haben. Jedenfalls sah er wie jemand aus, der sich in dem Rennen auf dem falschen Platz befand. Und hatte ich nicht ein Jahr zuvor genau auf dem Joux-Plane nach dem Sieg gegriffen, nachdem ich damals in mindestens genauso miserablem Zustand an den Fuß des Berges gekommen war? Das Phantomgelb konnte wieder wahr werden.

Doch es kam anders auf dem Col.

Fignon kraxelte schlecht, aber nicht schlechter als ich. Arroyo, Van Impe, Corredor, Millar, Roche, Alban – gnadenlos flatterten sie uns davon. Zwei Mal erhob ich mich im Kampf um das Gelbe Trikot noch aus dem Sattel. Plumps, jedes Mal knickten meine Knie ein. Das zweite Mal schien ich gar nicht mehr selbst zu erleben. Als ob ich zwischen den Zuschauern am Straßenrand stand, sah ich es geschehen. Danach musste ich noch das Letzte geben, um nicht hinter Fignon zurückzubleiben. Viel weiß ich nicht mehr darüber, außer dass ich in seiner Gesellschaft in Morzine einfuhr.

Ich war verwirrt, enttäuscht und fühlte mich leerer als jemals zuvor.

Die Presse kam, um sich ihre Geschichte abzuholen. Sofern das überhaupt ging, war ihre Enttäuschung noch größer als die meine: Auf dem Rücken der Mannschaft in eine günstige Position gefahren, gar bis an die Tür gebracht worden, aber dann das Schloss nicht gefunden, zusammengebrochen mit dem Gelben Trikot über den Schultern – bitte eine Erklärung! Ich hatte keine. Jemand verwies wieder auf die kostbare Zeit, die ich bei der Alpe-d'Huez-Etappe gelassen hatte. Das war nicht der richtige Augenblick, ich explodierte. Ein Sieg, der nicht dankbar entgegengenommen wurde, wer denkt sich soetwas aus? Steig doch selber mal aufs Rad, du miesepetriger Schuft. Und wenn du das alles durchgemacht hast, dann kriegst du dies noch obendrauf. Wo war das Hotel? Später sah ich mich selbst in einer Zeitung umschrieben als »besonders unerfreulich im Umgang«. Der Sommer '83 war ein heißer Sommer.

Das Hotel Beauregard war gar nicht mal so einfach zu finden. Ein paar Mal war ich schon daran vorbeigefahren. Als ich es schließlich fand, schmiss ich mein Rennrad gegen die Wand, marschierte hinein, stiefelte die Treppe hinauf in die erste Etage und stolperte, als ich ins Zimmer stürmte, über zwei Koffer, die ziemlich ungeschickt in der Türöffnung abgestellt waren: die Koffer von Johan und mir. Die Konfrontation mit einem Koffer, der vorläufig nicht mehr geöffnet werden musste, war zuviel. Ich setzte mich unter die Dusche und ließ minutenlang lauwarmes Wasser über mich hinwegströmen. Dann zog ich mich aus, um mich zu waschen. Auch dafür nahm ich mir viel Zeit.

»Schieb dies mal in den Kassettenrekorder«, sagte ich zu Ruud und gab ihm ein Tape. Ich kletterte auf den Massagetisch. Kurz darauf schwebte sie durchs Zimmer: Dolly Parton, Trösterin der Gestürzten, Heilsbringerin der Versager.

Es gab Neuigkeiten von Johan. Es war nicht so schlimm wie gedacht. Eine offene Handgelenkfraktur und ein Schlüsselbeinbruch, mehr war eigentlich nicht passiert. Von einer Hirnverletzung, die zuerst befürchtet wurde, war keine Rede mehr. Er war ziemlich schnell wieder zu sich gekommen. Wenn sie ihn nicht auf den Boden zurückgedrückt hätten, wäre er sofort wieder auf sein Rad gestiegen. Zu dem Zeitpunkt, an dem der Hubschrauber landete, war er allerdings schon ruhig.

Ruud arbeitete gründlich und schweigsam. Wenn ein Fahrer ausfällt, dann fällt auch der Pfleger ein bisschen aus, und wenn ein Fahrer versagt, dann versagt auch er ein bisschen.

»Den dritten Platz wirst du doch wohl nicht wieder abgeben?«, sagte er nach einer Weile.

Kurioserweise hatte ich während der Unglücksetappe noch einen Sprung nach vorn gemacht. Denn Delgado, die Nummer zwei der Gesamtwertung, war ernsthaft ins Straucheln geraten. Weit abgeschlagen war er ins Ziel gekommen. Nachdem Fignon sich als uneinholbar erwiesen hatte, konnte nun also der Kampf um die übrigen Plätze auf dem Podium richtig losgehen. Es gab noch acht Kandidaten für die übrigen zwei Stufen. Nein, ich hatte nicht vor, meinen Lieblingsplatz aufzugeben. Ich antwortete: »I'm all yours«, was soviel bedeutete wie: Möbel mich mal wieder richtig auf.

Das Bergzeitfahren am Joux-Verte war die nächste Schlacht. Nichts durfte dem Zufall überlassen werden. Morgens erkundete ich den Pass mit dem Rad bis hinauf nach Avoriaz. Er ist nicht steil, der Joux-Verte, aber kurvig. Ein Anstieg, der mit einer großen Übersetzung zu nehmen ist. Zurück in Morzine gab ich den Mechanikern Anweisungen, was sie auflegen sollten. Ein größeres kleines Kettenblatt als normalerweise (fünfundvierzig anstelle von zweiundvierzig Zähnen), das große Kettenblatt konnte bleiben (zweiundfünfzig Zähne für die flache Anfangspassage). Auf dem Hinterrad einen »Block«, beginnend mit dreizehn Zähnen. Das bedeutete ein Paket von sechs Ritzeln, die jeweils um einen Zahn voneinander abgestuft waren.

Drei Stunden im Voraus tankte ich Kalorien in Form von zwei Tellern Pasta. Beim Start musste der Magen leer sein und die Muskeln gefüttert. Danach begann das lange Warten auf dem Bett. Ich hatte mir zwei Tassen Kaffee nachgeschenkt, um nicht einzudösen. Die Konzentration würde dadurch an Schärfe verlieren. Trotzdem schreckte ich aus dem Schlaf auf. Telefon. Yvonne.

»Es ist sehr schlimm.«

»He?« Ich hatte fest geschlafen.

»Es ist wirklich sehr schlimm.«

»Was denn?«

»Was in manchen Zeitungen steht.«

»Erzähl schon!«

»Doch eine treibt es allzu bunt.«

Auch an ihrem Timbre hörte ich, dass es jemand allzu bunt getrieben hatte.

»Weißt du Bescheid über die Affäre Van Impe? Du wirst mit ihm in einem Atemzug genannt.«

Ich erschrak. »Affäre« war für gewöhnlich das Kürzel für »Dopingaffäre«. Wurde Van Impes Name denn im Zusammenhang mit Dopingpraktiken genannt und der meine also auch? Ich wusste von nichts. Sollte ich Ruud vielleicht warnen? War es das?

»Es ist noch viel schlimmer.«

Ich saß inzwischen kerzengerade im Bett.

»Ich hätte besser zu Hause bleiben sollen. Sie geben mir die Schuld.«

»Du bekommst die Schuld? Wofür?«

»Für dein so genanntes Versagen gestern.«

Daraufhin las sie mir vor, warum mein Name in einem Atemzug mit dem des Belgiers genannt wurde. Es hatte sich in der vergangenen Italien-Rundfahrt abgespielt. Frau Van Impe war am Ruhetag erschienen und prompt hatte Lucien bei den zwei darauf folgenden Bergetappen hoffnungslos versagt. Die belgische Presse machte daraus eine große Geschichte. Der Grund für das Versagen wurde in den nicht unterdrückten menschlichen Lüsten gesucht.

Ich lachte erleichtert auf. Kein Dopinggetöse also.

»Ist das nicht eine Satire?«, fragte ich.

Das war es nicht, es stand in einem bitterernsten Artikel.

Allmählich drang zu mir durch, wie schäbig die Geschichte war, die sie den Lesern suggerierten. Erst wurde ich ganz still vor Unglauben. Dann ließ ich der Wut freien Lauf.

»Welches Rindvieh schreibt so etwas?«, rief ich. Ich hörte einen Namen. Bis zum heutigen Tage schätze ich mich glücklich, dass dieser Chronist des Absurden in diesem Moment nicht vor mir stand. Aus »besonders unerfreulich im Umgang« wäre sonst leicht »durchweg unbezähmbar im Umgang« geworden. Wer sich an meinem Mädchen vergriff, der bekam es mit mir zu tun. Was uns hier in die Schuhe geschoben wurde, war ein Verrat an der Nation, besser gesagt: an ihrem Recht auf Genuss.

»Die Teamleitung weiß auch nicht mehr, wie es mit dir weitergehen soll, lese ich.«

Das konnte stimmen. Post schnitt mich. Post war ein Siegertyp, einer der bereits im Frühjahr empfindlich hatte einstecken müssen, als sich die Spaltung des Teams vollzog. Ausgerechnet im zehnten und letzten Jahr, in dem Raleigh als Hauptsponsor auftrat. Ein schöneres Abschiedsgeschenk als eine gewonnene Tour gab es nicht. Und was wäre das für ein Willkommensgruß an Panasonic gewesen, den neuen Geldgeber, der sich gemeldet hatte! Unglücklicherweise belastete der Riss im Team die Verhandlungen.

»Er kann mich mal, ab jetzt können sie mich alle mal.«

Ich war gekränkt bis auf den Appendix, was noch zu überraschenden und ungeahnten Ergebnissen führen sollte. An diesem Nachmittag begannen die wirklich mysteriösen und dunklen Kräfte im Sport zu wirken.

Das Bergzeitfahren also, Morzine-Avoriaz, fünfzehn Kilometer lang. Augenscheinlich ruhig, wie ein Pfeil, der an einer straff gespannten

Sehne lag, stand ich startbereit auf der Rampe. Ein Funktionär zählte die Sekunden herunter. Noch immer augenscheinlich ruhig setzte ich mich auf den ersten flachen Metern in Bewegung. Doch als die Straße zu steigen begann, passierte es.

In einem enorm großen Gang jagte ich wie blind nach oben. Ich knarrte und quietschte wie ein alter Eisenbahnwaggon, ignorierte alle Alarmsignale des Körpers und brach erst da ein, wo ich es durfte: auf der Ziellinie. In meiner Erinnerung dauerte alles sehr lang. Dennoch sind hier alle Details erwähnt.

Die drittbeste Schlusszeit war das Ergebnis. In der Gesamtwertung rückte ich von Platz drei auf Platz zwei. Hass war offenbar eine äußerst effektive Droge. Man müsste davon etwas in einem Töpfchen aufheben können. Für Notfälle.

Ebenso wie das Bergzeitfahren lassen sich die Details der letzten drei Etappen in wenigen Worten und Zahlen zusammenfassen. Fignon hatte auf dem Joux-Verte an Vorsprung eingebüßt, führte aber noch immer deutlich. Für die beiden Trostpreise waren Winnen, Van Impe und Arroyo noch im Rennen. Wie Spatzen um Brotkrümel kämpften wir um jede Sekunde. Ach, welch ausweglose Situation!

Auf der heißen und fast dreihundert Kilometer langen Strecke von Morzine nach Dyon mischte Van Impe bei den Bonifikationssprints mit. Er sicherte sich vier teure Sekunden und verkürzte den Abstand zu mir auf neun. Doch auch ohne diesen Verlust erlebte ich einen besonders kümmerlichen Tag. Ich konnte nicht mehr. Die Mannschaft hatte alle Hände voll mit mir zu tun – vor allem während der letzten Stunde des Rennens. Jedes Mal mussten sie mich abholen, wenn ich wieder einmal aus den vorderen Reihen nach hinten zurückgefallen war.

Ich fürchtete den kommenden Tag und das nicht zu Unrecht: Ein Einzelzeitfahren über fünfzig Kilometer war anberaumt. Doch als der nächste Tag gekommen war, fuhr ich das Zeitfahren meines Lebens: Ich wurde Fünfter. Wieder hatte ich morgens die Strecke gründlich erkundet und wieder strampelte ich blind auf das Ende zu.

Nach fünfundvierzig Kilometern sah es nicht gut für mich aus. Sowohl Van Impe als auch Arroyo hatten mich – im theoretischen Sinne – vom Siegertreppchen geschubst. Ab diesem Punkt erinnere ich mich nur noch an den Schmerz in meiner Brust.

Aus Ruuds Enthusiasmus hinter der Ziellinie musste ich schließen, dass ich wieder auf das Podium zurückgeklettert war. Arroyo stand nun an zweiter Stelle, ich folgte mit fünf Sekunden Abstand als Dritter – weitere sieben Sekunden vor Van Impe. Es war aus der Tiefe gekommen. Später sah ich ein Foto von mir selbst. Es war eine Nahaufnahme direkt nach der Zieleinfahrt: Ich sah eine wächserne Figur, die am Rande des Wahnsinns stand.

Gesegnet sei die Organisation der Tour, denn Alfortville–Paris, die letzte Etappe, war frei von Bonifikationssprints. Gesegnet sei auch das Peloton, das sich nicht beeilte, bis es den Rundkurs auf den Champs-Elysées erreichte hatte. Dort fiel dann ein Regenschauer. Motoröl, Staub und Wasser gingen eine unheilvolle Verbindung ein: Ein speckfettiger Film legte sich über das Pflaster der Lichterstadt. Ich stürzte und war meinen Platz auf dem Siegertreppchen wieder los. Blitzschnell griff das Team ein und lotste mich zurück an das hintere Ende des Pelotons, wo ich vor Angst zitternd die Tour fortsetzte.

Auf dem Siegertreppchen schließlich war ich erschöpft. Ich stand dort zusammen mit Arroyo und einer Pariser Rotznase mit roten Augen hinter Brillengläsern. Ambivalenz. Ich befand mich auf dem Platz, für den ich schon im Voraus unterschrieben hätte. Zugleich wollte ich so schnell wie möglich wieder vom Siegertreppchen herunter: raus aus dieser Stadt, raus aus diesem Irrenhaus. Ich lachte, auch ein wenig boshaft. Die Geschehnisse des vergangenen Monats rasten an mir vorüber. Ich sah Chaos, nichts als Chaos.

Schließlich war es doch Hinault gewesen, der wie kein anderer der Tour seinen Stempel aufgedrückt hatte. Was ein kaputtes Knie nicht alles bewirken konnte.

Peter

Das Podium ist erreicht: Laurent Fignon in Gelb und Peter Winnen als Dritter.

Andorra, 8. Mai 1991

Lieber Hans,

das hatte gerade noch gefehlt. Innerhalb weniger Stunden war es passiert: Der Winter ist hereingebrochen. Die Pyrenäen stören sich nicht an einem zufällig stattfindenden Radrennen. Eisregen, der auf den Hängen allmählich in nassen Schnee überging, ließ das Peloton vor Kälte erstarren. Das Häufchen quälte sich apathisch weiter, so als ob es sich ungerecht behandelt fühlte. Doch das war dann auch schon der einzige Vorteil, den der Wetterumschwung mit sich brachte. Bei den Begleitfahrzeugen wurden zusätzliche Pullover, Regenjacken und Handschuhe abgeholt. Die ersten Biwakmützen tauchten auf, vor allem spanische Köpfe vermummten sich.

Auch in die Hosen machen war eine oft zu beobachtende Aufwärmstrategie. Bestimmt drei Mal habe ich mir heute in die Hosen gepinkelt. Es hat Jahre gedauert, bis ich mich das getraut habe. Doch es ist himmlisch, seine von der Kälte völlig steifen Muskeln kurz mit entlangströmendem, auf Körpertemperatur erwärmtem Wasser zu verwöhnen. Es ist sehr einfach. Man hebt sein Gesäß etwas aus dem Sattel und lässt es laufen. Indem man die Hüften subtil von links nach rechts bewegt, verteilt man den Strahl gleichmäßig über beide Beine.

In meinem Fall – Rechts gerät stets ins Hintertreffen – bekam das rechte Bein etwas mehr ab. Ich mache mir Sorgen um Rechts. Mehr und mehr entfremdet es sich von Links. Das Ungleichgewicht zwischen beiden hat zu einem merkwürdig verkrampften, spiralartig verdrehten Rückrat geführt. Ich lebe von Schmerzmitteln, was wiederum ganz angenehm ist.

Cerler, 9. Mai. Fast war es soweit: Es gab ein enges Finale oben auf dem Pico de Cerler. In einer kleinen Gruppe keuchte ich nach oben. Man konnte ruhig sagen, dass wir uns gefunden hatten. Wir rieben uns nicht gerade gegenseitig auf. Im Gegenteil: Konnte einer nicht mehr mithalten, so erschallte das universelle »Ho« und das Tempo wurde angepasst. Jedenfalls lief es so, bevor die Panik ausbrach. Ein spanischer Teamchef kam mit seinem Auto längs neben unsere Gruppe gefahren. Die Schimpfkanonade, die einem meiner Schicksalsgenossen zuteil wurde, war ganz unverblümt – soviel Spanisch habe ich im Laufe der Jahre gelernt. Doch die Botschaft galt eigentlich uns allen. Bei diesem Tempo würden wir das Zeitlimit überschreiten: Das würde das Ende der Veranstaltung bedeuten, die Koffer könnten gepackt werden. Ein verlockender Gedanke, auf den ersten Blick. Raus aus der Vuelta, raus aus dem Peloton. Endgültig. Rente. Dass ich das noch erleben durfte, eliminiert werden durch ein Zeitlimit. Der Wurm im Gebälk hatte ganze Arbeit geleistet. Nie wieder diese Schinderei.

Was danach in mich gefahren ist? »Nicht jetzt«, hallte es aus der Tiefe: »Nicht jetzt!« War mir dieser Tod vielleicht zu sanft, zu unbedeutend oder zu einfach? Ich schaltete nochmals den Verstand ab und stellte den verbissenen Blick auf unendlich, das heißt: auf die Schilder, welche die letzten Kilometer anzeigten. Mit Erfolg, wie sich zeigte.

Die Startszene heute Morgen: Temperatur knapp über dem Gefrierpunkt. Dick eingepackt, Handschuhe an, Mützen auf, eine Schicht Fett auf den Beinen – so stand jedermann bereit und wartete auf den Startschuss. Doch er fiel nicht. Zu gefährlich, zu viel Schnee, zu glatt, die ersten Pyrenäenpässe waren unpassierbar, urteilte ein Gremium aus Funktionären, Teamchefs und Organisatoren. Das Material wurde auf die Autos geladen. Motorisiert und in der Kolonne machte sich das Peloton auf den Weg – vorbei an verdutzten Zuschauern. Auf halber Strecke der Etappe wurde ein neuer Startversuch unternommen. Noch immer hingen über unseren Köpfen bedrohliche Wolken, aus denen ein undefinierbarer Niederschlag fiel. Doch siehe da: Das Peloton war gerade eben wie eine Rakete losgeschossen, da klarte das Wetter auf. Es zeigte sich sogar kurz die Sonne. Die dicke Kleidung konnte ausgezogen werden.

In einem wüsten Schneesturm an irgendeiner Pyrenäenflanke umkommen – ich hätte kein Problem damit gehabt, so zu enden.

Der 4. September des Jahres 1983 war ein herrlicher Spätsommertag. Greg LeMond, der damals noch blutjunge, aber sehr talentierte Amerikaner, errang im Schweizerischen Altenrhein den Weltmeistertitel. Es war der Tag vor meinem sechsundzwanzigsten Geburtstag. Ich brach mir mein linkes Schlüsselbein. Dies geschah nicht während des Rennens, sondern kurz danach, sagen wir, rund zwanzig Meter hinter der Ziellinie. Ein auf der Straße kniender Fotograf sprang zu spät auf. Frontalzusammenstoß. Ich stürzte kopfüber zu Boden und: Krach! Ein Bruch, jeder Zweifel war ausgeschlossen. Mein Zeigefinger passte zwischen die Knochenhälften.

Meine Platzierung (Zwanzigster) gab keinen Anlass dafür, doch kurz darauf hörte ich, dass ich per Los zur Dopingkontrolle bestimmt worden war. Zunächst pinkeln und erst danach ins Krankenhaus, das schien mir vernünftig. Denn nicht oder zu spät abgegebenes Urin bedeutete automatisch ein Schuldeingeständnis. Mich vor Schmerz krümmend – ein Schlüsselbeinbruch ist eine unbedeutende aber äußerst schmerzhafte Verletzung – meldete ich mich. Beim Betreten des Raumes, in dem Wahrheit und Unwahrheit voneinander getrennt werden sollten, sah ich eine erste Überraschung. Mich erwartete der Urinhamsterer, der mir einige Monate zuvor in den Katakomben des Oerlikon-Stadions von Zürich verboten hatte, die Toilettentür hinter mir zu schließen, und mich so vor einem breiten Publikum in Verlegenheit brachte. Ich schüttelte höflich seine Hand.

Das Pinkeln erforderte einiges an Improvisation. Üblicherweise hielt der betreffende Radrennfahrer mit der einen Hand das Glas fest und hielt mit der anderen sein Geschlecht hinein. Doch ich hatte nur eine brauchbare Hand, denn der linke Arm hing in einer Armschlinge. Wir einigten uns darauf, dass er das Glas festhalten sollte, während ich zielte. Es eilte. Im Gegensatz zu der Szene in Zürich war meine Blase bis zum Platzen gefüllt. Zum Entleeren bereit, zog ich das Vorderteil meiner Rennhose nach unten, damit das beste Stück hervorwippte. Ein stechender Schmerz durchfuhr mich – die angenähten Hosenträger hatten die spitzen Knochenenden gegeneinander gezogen. Mein Urin spritzte in alle Richtungen. Er lief ins Glas und daran vorbei, über seine Hände. Vor Schreck hielt ich ein. Es befand sich erst wenig Urin im Glas. Es begann unter dem Druck zu brennen, also ließ ich wieder los. Seine Handgelenke blieben jetzt ebenfalls nicht mehr trocken, doch er blieb stoisch auf seinem Posten.

»Ich weiß ihre guten Absichten zu schätzen«, sagte ich: »Doch dies finde ich höchst unappetitlich.«

Keine Reaktion. Was war hier eigentlich los? War ich nun an der Reihe, ihn zu erniedrigen? Eine ähnliche Szene hatte ich früher einmal auf der Titelseite eines Sexheftchens gesehen. Was hier los war, wurde mir allmählich schmerzhaft klar.

Es gab die Liste der verbotenen Substanzen, und ich war hier, um auf Kommando zu pinkeln – per se verdächtigt, denn ich war ein Radrennfahrer. Mein Wasser würde im Lichte der Verbotsliste untersucht werden. Schuldig oder unschuldig, das Urteil würde folgen. Falls schuldig, würde ich es wahrscheinlich ins »NOS-Journaal« schaffen, in die Hauptnachrichten. Betrug ist eine Nachricht. Doch dieser Stoiker, wusch der seine Hände etwa in Unschuld?

Ich erinnere mich an die zahlreichen Sünder, die während der Tour aufgeflogen waren. Die Folge war ein Ansatz zu einem Fahrerstreik. Die Liste wurde zur Diskussion gestellt, musste zur Diskussion gestellt werden. Medikamente, die für jeden aus dem Tritt geratenen Menschen erhältlich waren – für den aus dem Tritt geratenen Radrennfahrer waren sie verbotenes Terrain. So als hätten die Funktionäre zugleich auch ein Verbot für Leiden und Qualen verhängt. Und das obwohl es nach zehn Tagen Tour niemanden gab, der nicht an irgendetwas litt. Es war der Tour-Direktor und Journalist Goddet, der einen Tag später für eine »Humanisierung« der Verbotsliste eintrat. Ein Radrennfahrer sei schließlich auch nur ein Mensch. Humanisierung, das war schön gesagt. Die Liste, einst ausgedacht, um den Radrennfahrer vor sich selbst zu schützen, machte das Radrennfahren noch gefährlicher und ungesünder, als es ohnehin schon war.

Das Zeitungsfoto, vor langer Zeit sah ich es und habe es nie mehr vergessen. Ein Band von Radrennfahrern rast mit hoher Geschwindigkeit vorbei. Im Vordergrund, am Straßenrand, liegen, dem Betrachter den Rücken zugekehrt, einige Zuschauer in Badesachen, es ist also warm. Eine Frau sieht sich um und blickt direkt in die Kamera. Die Empörung steht ihr ins Gesicht geschrieben. Ihr Arm ist fotografisch erstarrt in einer ebenso empörten Winkbewegung. Über dem Foto die Worte, welche die Frau gesagt haben soll: »Der ganze Haufen schluckt Pillen!« Es ging also um Doping. Zehn, elf Jahre war ich damals und hatte bereits die Absicht, Radprofi zu werden. Nicht irgendein Radrennfahrer, sondern einer, der auf das Übel des Dopings verzichten würde. Einer, der sogar beweisen würde, dass es auch ohne Pillen ging. Ehrlichkeit und Lauterkeit, das war es, was ich predigte. Die ganze Welt sollte etwas erleben.

Inzwischen war ich dahintergekommen, dass es die ultimative Sportpille nicht gab, nie gegeben hatte und in der nahen Zukunft auch nicht geben würde – auch wenn die Liste etwas anderes suggerierte. Offenbar war das Bedürfnis nach dem Übel so stark, dass der Stoiker sich einfach über die Hände pinkeln ließ, um es beim Wickel packen zu können.

Schuld und Unschuld. Selbst wenn man mich für unschuldig erklärte, würde der Stoiker niemals wissen, ob ich es auch wirklich war. Vieles von dem, was man in den Urinproben gerne finden würde, konnte in den Laboren noch immer nicht nachgewiesen werden. In diesen Tagen wusste ich noch nicht einmal selbst, ob ich nun schuldig oder unschuldig war. Ich machte mir darüber keine Sorgen. Die Sorgen überließ ich der Firma, die ihre Sorgen ihrerseits Ruud überließ.

Ruud wachte sowohl über seinen eigenen Ruf als auch über den der Firma. Also auch über den meinen. Ruud war ein Fachmann, der sein Fach liebte, und deshalb liebte ich ihn. Wir lachten über das Übel, auch wenn ich noch immer nicht wusste, was er mir spritzte.

Ich tröpfelte noch etwas nach. Das Glas war gut gefüllt. Man konnte zufrieden mit mir sein. Bevor der Funktionär mit dem Ritual des Kodierens und Versiegelns begann, spülte er seine Hände ab. Seine Schuhe wischte er mit einem Papiertaschentuch sauber. Beiläufig beobachtete ich die weiteren Verrichtungen. Ich dachte an meine erste Begegnung mit der verbotenen Frucht. Vierzehn war ich damals. Ich kam in die Klasse der Aspiranten.

Nach einem Sonntagnachmittagsrennen zog ich mich in der Garage eines Anwohners um. Außer mir und einem Radrennkameraden waren noch zwei andere Fahrer anwesend. Sie gehörten zur Klasse der Veteranen und machten sich startklar für ihr Rennen. Einer der beiden nahm einen Zuckerwürfel, goss einen Schuss Jod darüber und steckte sich den braun-roten Würfel in den Mund. Das sollten wir auch einmal ausprobieren, sagte er, denn wenn es etwas gab, das einen schneller fahren ließ, dann war es dies. Daraufhin zwinkerte er uns zu mit einem Blick, der sagen wollte: Wir gemeinsam wissen etwas und sagen es niemandem weiter. Auch der andere nahm einen Zuckerwürfel. Er träufelte grünes, stark riechendes Massageöl darauf. Während er den Würfel in seinen Mund steckte, sah er mich fest an.

»Das ist, um schon mal warm zu werden«, sagte er: »Aber dies hier, dies ist, um gleich nicht stehen zu bleiben, ha, ha.« Aus einer kleinen Metalldose holte er zwei kleine herzförmige Tabletten zum Vorschein. Er legte die Pillen auf seine Handfläche und hielt sie uns vors Gesicht.

»Ist das Doping?«, fragte ich unschuldig. Er wandte sich mit gespieltem Ernst dem anderen Veteran zu und wiederholte: »Ist das Doping?« Sie lachten beide laut auf. Sie lachten mich aus.

»Ist das Doping!«, heulte der eine ständig. Ich fühlte mich unwohl, und mein Gesicht lief rot an. Die beiden Männer widerten mich plötzlich an. Ich sah, wie sie beide eine Pille in den Mund nahmen und hinunterspülten. Sie konnten sich gar nicht mehr einkriegen. Laut lachend verließen sie die Garage.

»Ist das Doping!«, hörte ich den einen draußen noch brüllen.

»Nein, Vitamine«, brüllte der andere. Ich wusste genug. Zwei alte Säcke hatten mich ungewollt in das klammheimliche Gebiet hinübergezogen, über das nicht gesprochen werden durfte. In dieser Zeit fuhr ich noch auf Zuckerwürfeln pur und wenn der Monat ein »r« im Namen hatte, nahm ich norwegischen Lebertran.

Ich dachte an die Gerüchteküche in der Familie der Profis. Fahrernamen, Produktnamen, empfohlene Dosierungen – es sauste und brauste in meinem Kopf. Die medizinischen Schnitzer und die dadurch verlorenen Rennen, die neuen Einfälle. Ein Satz von einem Assistenten des Teamchefs: »Wenn du schnell fahren möchtest, Junge, dann musst du zum Veterinär gehen.« Der Tierarzt als Pfleger für Radrennfahrer. Einen drolligeren Ratschlag habe ich später nie gehört, doch die Worte waren völlig ernst gemeint.

An die Placebos dachte ich. Jomme hatte mir davon erzählt. Mit ein paar Zentilitern destilliertem Wasser hatte er Fahrer Rennen gewinnen lassen. Sie brauchten nur eine Injektionsnadel in ihrem Hintern zu spüren – das Übrige tat der Glaube. Das Misstrauen, das herrschte: Wer gut fuhr, der musste schon etwas Besonderes haben. Glaube. Die Gerüchte, die verbreitet wurden, um dem anderen Sand in die Augen zu streuen. Die Gerüchte, die verbreitet wurden, um den anderen zu Fall zu bringen. Das Machogeschwätz. All die Dopingprahlereien – nicht selten mit der Intention, den anderen mitzureißen. Das leidenschaftliche Experimentieren in der Hoffnung, endlich das ultimative Elixier zu finden. Der Schaden, den die Experimente manchmal anrichteten. Es war wie Roulette.

Der Brief. Ich hatte einmal einen Brief von einem Fan erhalten, der behauptete, dass er das Geheimnisvolle rund um das Doping sehr schätze. Das Geheimnisvolle gab dem Radrennfahrer jenen mystischen Glanz, der ihn außergewöhnlich anziehend machte. Ein anderer Briefschreiber legte seine Hand dafür ins Feuer, dass »es« jeder tat außer den Niederländern. Eine sehr junge Briefschreiberin war der festen Überzeugung, dass »es« jeder tat außer mir.

Wie durch einen Schleier fiel Sonnenlicht in den Raum. Der Urin war eingepackt, kodiert und versiegelt. Jetzt hatte das Labor das Wort. Ich ertappte mich selbst bei dem Gedanken, dass ich gar nicht an dem Urteil interessiert war – egal, wie dieses ausfallen würde. Die Moral des Ereignisses hatte ich verstanden: Niemand kommt ohne Doping aus. Die Zeitungen nicht. Das Fernsehen und das Radio nicht. Die Dopingjäger und die Reglementverantwortlichen nicht. Die Zuschauer und die Radrennfahrer nicht.

Und warum nicht? Wegen der Aura eines geheimnisvollen Übels, die das Wort Doping umgab. Diese Aura war viel zu verlockend, um das Wort zu streichen. Was auf der Verbotsliste stand, war Doping. Basta! Die Liste ließ sich niemand nehmen. Auch wenn die Suggestion, dass die Liste das Gute für den Sportler vom Schlechten für den Sportler trennte, schwachsinnig war. Auch wenn das Argument, dass der Radrennfahrer vor sich selbst geschützt werden müsse, eine Beleidigung war. Ich verstand, warum es mir zu Beginn der vorigen Tour de France verboten wurde, einen Reizhusten mit einem läppischen Mittel wie Kodein zu behandeln. Das Wort Doping besitzt die gleiche Anziehungskraft wie das Wort Pornografie.

Dann unterschrieb ich das Formular. Die Frage »Nehmen Sie Medikamente ein?« hatte ich beantwortet mit: »Vitamine.«

Peter

Zaragoza, 10. Mai 1991

Lieber Hans,

ich habe meinem Sportlerleben noch einen weiteren Tag hinzugefügt. Im Sog des Pelotons ließ ich mich mitreißen über zumeist flache Straßen. Das Wetter war nicht schlecht. Ein bisschen frisch zwar, aber immerhin trocken. Kurzum: Ein Tag, der nicht grausam genug war für einen definitiven Abschied.

Lass mich deshalb auf das Jahr 1983 zurückkommen. Das Jahr, in dem die Grausamkeiten des Metiers mich fanden und in dem mein Aufenthalt im Peloton dem Besuch eines Affenzirkus glich. Es war auch das Jahr, in dem ein gebrochenes Schlüsselbein mich wahrscheinlich vor noch schlimmerem Unheil bewahrte.

»Ein Routinefall, kein Problem.«

Ich hatte einen aggressiven Kerl erwartet, doch der Mann sprach mit sanfter Stimme und hatte einen außergewöhnlich freundlichen Gesichtsausdruck. Nicht der Typ von Mensch, von dem ich dachte, dass er sich mit Bohrmaschine, Hammer und Schraubenzieher beschäftigt. Derweduwen war sein Name, ein flämischer Knochenspezialist. Vor allem Sportler mit Knochenverletzungen klopften bei ihm an. Mit Hilfe von Metallplatten, Schrauben und Stiften reparierte er die Brüche derart erfinderisch, dass Gips und Ruhe überflüssig waren. Moto-Cross-Fahrer, die völlig im Eimer waren, fuhren schon eine Woche nach einem fatalen Crash wieder ihren nächsten Grand Prix. Post hatte mir den Mann empfohlen.

Bereits zwei Tage nach meinem Purzelbaum konnte ich zu diesem Wunderarzt gehen. Seine Praxis befand sich im belgischen Mol. Yvonne brachte mich dorthin.

Ein Routinefall also, das war halb so schlimm. Wir standen vor der Lichtplatte, gegen die Derweduwen die Röntgenbilder geklemmt hatte. Die Bilder hatte ich aus dem Krankenhaus von Sankt Gallen mitgenommen. Dort hatten die Ärzte etwas anderes gesagt: Es sei ziemlich schlimm. Der Kopf habe sich vom Schlüsselbein gelöst und sei außerdem verrenkt. Derweduwen bestritt Letzteres, worüber ich froh war. Rechts hatte ich bereits eine hoch stehende Klaviertaste als Folge einer Verrenkung. Jetzt auch noch eine auf der linken Seite, das hätte zwar die Symmetrie wieder hergestellt, doch schöner wird man dadurch nicht gerade.

Derweduwen starrte lange Zeit schweigend auf die Röntgenaufnahme. Er knetete mit Daumen und Zeigefinger sein Kinn. Es hätte mich nicht erstaunt, wenn er aus der grilligen Komposition von Haarlinien wie ein Wahrsager mein Schicksal mit sämtlichem zu erwartenden oder nicht zu erwartenden Segen und Ungemach abgeleitet hätte. Ich wartete geduldig auf weitere Mitteilungen.

»Müssen Sie dieses Jahr noch mal ran? Ich meine, es ist schon September«, sagte er in einem Tonfall, als ob er nicht gerne an meiner Stelle wäre.

Was hatte ich noch zu erledigen? Ein paar Kriterien, einige Herbstklassiker. Noch anderthalb Monate und sie war wieder vorbei, die Radrennsaison.

»Warum ich Sie das frage«, fuhr er fort: »Es ist überhaupt kein Problem, Sie zu operieren. Binnen weniger Tage sitzen Sie wieder auf dem Rennrad. Doch eine Narkose bleibt, wie auch immer, eine Narkose.«

Was wollte er mir damit sagen?

»Ich werde, wie auch immer, ihrem Körper eine bestimmte Menge Gift verabreichen müssen. Das bedeutet für ihn einen Schlag aufs Dach.« Ein Schlag aufs Dach mehr oder weniger, darauf kam es nicht mehr an. Es wäre der soundsovielte in diesem Jahr. Warum sagte dieser Mann nicht einfach: Kommen Sie morgen wieder, nüchtern, ich repariere den Kram und schicke Ihnen die Rechnung dann nach Hause? Stattdessen sagte er: »Also, wenn es nicht per se notwendig ist... Ein natürlicher Heilungsprozess ist normalerweise das Beste.« Und nach einer kurzen Pause: »Aber ich nehme an, dass Sie dies erst mit Ihrem Teamchef besprechen wollen.«

Nun war ich derjenige, der sein Kinn knetete. Natürlich war ich von derselben Ungeduld angetrieben wie alle Rennfahrer. Natürlich wollte ich, dass man mir so schnell wie möglich zurück in den Sattel half. Doch ich erwog auch die Option des am wenigsten aggressiven Heilungsprozesses. Dieser würde bedeuten, dass ich mein letztes Rennen der Saison bereits gefahren war. Kein unangenehmer Gedanke, nein, eigentlich ein sehr sympathischer Gedanke.

Dann zerbrach etwas in mir. Eine Müdigkeit, so schwer und kolossal, als ob sie sich das ganze Jahr über angestaut hatte, nahm Besitz von meinem Körper, meinen Gliedmaßen und meinem Geist. Ich konnte mir plötzlich nicht mehr vorstellen, noch einmal aufs Rad zu steigen. Abscheulich, allein schon die Idee. Binnen weniger Sekunden erlosch ich. Sogar das Sprechen kostete mich Mühe.

»Lassen Sie die Operation mal bleiben«, sagte ich: »Eine Beratung mit der Teamleitung ist nicht nötig. Dieser Sturz kam, glaube ich, genau zur richtigen Zeit.«

Ich wandte mich Yvonne zu und sagte: »Ich habe mich soeben selbst für arbeitsunfähig erklärt.«

Die Wahl war also auf den natürlichen Heilungsprozess gefallen. Doch was heißt schon natürlich...

Der Bruch bedurfte der Fixierung. Derweduwen begann mit dem Anlegen eines Schonverbandes, der noch am ehesten einem wattierten Zügel ähnelte. Dieser Zügel wurde rund um meinen Hals geschlungen, über beide Schultern nach vorne geführt und unter den Achseln hindurch wieder nach hinten geholt, wo beide Enden fest angezogen und miteinander verknotet wurden. Ganz schmerzlos verlief diese Behandlung nicht. Zwei Tage lang hatte ich eine eigenartige, nach rechts gedrehte Haltung eingenommen, um vor allem zu verhindern, dass sich die spitzen Knochenenden berührten. Nun wurden sie erbarmungslos miteinander verbunden.

Deweduwen rechnete damit, dass ich etwa drei Tage lang Beschwerden haben würde. Doch um mir das Leiden zu erleichtern, gab er mir Schmerzmittel von einer mir unbekannten Marke mit, die »sehr gut« helfen würden. Dann verabschiedeten wir uns. Ich dankte ihm für den vorzüglichen Rat, mich nicht operieren zu lassen.

Wir, Yvonne und ich, verließen die Praxis. Bevor wir nach Hause tuckerten, tranken wir im benachbarten Turnhout einige Gläser Trappistenbier auf den guten Verlauf. Es war gegen elf Uhr morgens. Wir hatten plötzlich alle Zeit der Welt.

Ich genoss meine selbstgewählte Arbeitsunfähigkeit in vollen Zügen. Die Müdigkeit verschwand nicht mit einem Mal, doch sie kam mir auch durchaus entgegen. Die Tage verstrichen in Ruhe und Bewegungslosigkeit – und andernfalls hätte der Zügel um meinen Rumpf mich schon zurückgehalten.
Doch das Wetter war in dieser Zeit sehr schön, sodass ich viel im Garten sitzen, Zeitschriften und Bücher lesen konnte. Youri, der große sandfarbene und inzwischen von uns gegangene Mischlingshund lag auf der Seite ausgestreckt zu meinen Füßen und schnarchte. Und abends schoben wir eine Kassette in den Videorekorder. Rocky, irgendetwas in der Art.
Ich kam zu zwei Schlussfolgerungen. Erstens: Dieses Jahr hätte ich lieber überschlagen. Und zweitens: Die Statistiken sprachen für mich. Denn die Statistiken zeigten, dass Radsportler erst mit etwa achtundzwanzig Jahren ihren Leistungshöhepunkt erreichten. Ich brauchte also nur Geduld zu haben, das Beste würde schon noch kommen.
Es kam anders. Die Statistiken hatten wenig für mich übrig. Das Beste war schon vorbei. Bei der Tour von '83 hatte ich meinen Höhepunkt bereits erreicht. Es kostete mich drei Jahre, um mich physisch davon zu erholen.
Es wurden drei magere Jahre. Allerlei Leiden und Wehwehchen suchten mich immer wieder heim. Erst im Juni 1987 gewann ich wieder etwas von Bedeutung: eine Bergetappe bei der Tour de Suisse.

P.

Santander, 12. Mai 1991

Lieber Hans,

heute bin ich definitiv vom Rad gestiegen. Es hatte sich bereits seit langem angebahnt, doch jetzt ist es wirklich vorbei. Und ich werde dir etwas verraten: Es hat nicht einmal wehgetan. Ich stellte mich einfach an den Straßenrand, zog die Rückennummer von meinem Trikot und murmelte: »So, das war's dann.«

Heute Morgen, beim Start, war es noch bitterkalt. Schnee wurde zwar nicht erwartet, doch Handschuhe, Überschuhe und eine Schicht Fett auf den Beinen waren dringend erforderlich. Die Gesellschaft fuhr in ruhigem Tempo los. In voller Breite trieb sie dahin, über kaputte Straßen durch eine kahle Landschaft. Es wurde nicht viel geredet. Man wartete offenbar auf den Puerto de La Sía, ehe man etwas unternahm. Ich hielt mich in dem Pulk von Körpern versteckt. Die Vuelta a España hat jedes Jahr eine Überraschung in petto: extrem winterliches Wetter, verrückte Unfälle, Lebensmittelvergiftungen oder, wie dieses Jahr, einen von Krämpfen geplagten Organismus.

Versteckt im Peloton der schweigend strampelnden Leiber fuhr ich schmollend dem neuen Tag entgegen. Die Straße hatte kaum angefangen zu steigen, da befand ich mich auch schon in Gesellschaft eines Spaniers, der hustete, als ob er unter galoppierender Schwindsucht litt. Wir waren die Ersten, die abgehängt wurden.

Binnen eines Kilometers war ich vom Scheitel bis zur Sohle verkrampft. Ohnmächtig pfeifend sah ich zu, wie die ersten Begleitfahrzeuge an uns vorbeifuhren, um den Platz hinter dem Feld einzunehmen, das inzwischen ein paar Terrassen über uns fuhr. In einer Wolke von Autoabgasen habe ich dann aufgegeben. Oder besser gesagt, mein Körper gab auf.

»Rutsch mir doch den Buckel herunter«, schien er zu sagen und verweigerte mir den Dienst.

Mein Rad wanderte auf das Dach unseres zweiten Begleitfahrzeugs. Ich stieg ein und hopp, weiter ging's. Die Karawane kannte keinen

Stillstand. Die Straße stieg noch gehörig an, also blieb es bis zum Gipfel beim trägen Weiterrumpeln. Über das Radio erreichte uns der Bericht, dass sich bei der Abfahrt ein Pferd im Peloton befand, das furios mit der Meute mitgaloppierte. Das wollte ich sehen. Ich freute mich darauf, einen Blick auf das edle Tier zu erhaschen, das sich als mein Stellvertreter gemeldet hatte. Leider war es mir nicht vergönnt. Das Pferd musste in einen Felsenweg eingebogen sein, denn später wurde gemeldet, dass die Luft wieder rein war.

Unten im Tal reihten wir uns hinter einer Gruppe von Nachzüglern ein – mit dabei ein Teamkamerad. Sie drängten nicht mehr nach vorne, und so schaukelten wir nach der Überquerung eines weiteren Passes in Richtung Santander. Je mehr wir uns der Küste näherten, desto grüner wurde die Landschaft und desto milder die Temperatur. Durch das halb geöffnete Seitenfenster blies mir ein lauer Wind ins Gesicht.

Du müsstest mich hier auf diesem Hotelbett sitzen sehen. Dieses Hotel ist nagelneu. Es riecht neu, es ist sauber, es ist noch nicht eingelebt. Das gefällt mir.

Als ich hier ankam, traf ich Rayner nackt im Aufzug. Er ist immer etwas ausgelassen, wenn er es unversehrt über die Cols geschafft hat. Er untersuche, so sagte er, ob Hotelgäste sich trauen, zu einem nackten Mann in den Aufzug zu steigen.

»Und?«, fragte ich.

»Radrennfahrer schon«, sagte er.

Gegenüber dem Bett, auf dem ich sitze, hängt über dem Schreibtisch ein Spiegel, in dem ich einen Teil von mir selbst sehe. Meine Stirn ist in zwei Teile geteilt – oben sauber, unten dreckig. Meine Rennmütze hat eine klare Markierung gezogen. Auf den Oberarmen die gleiche Grenze: der Abdruck von den Ärmeln. Der Rumpf ist ekelhaft weiß und mager, auf den ersten Blick einen Tick unterernährt, ein bisschen durchsichtig sogar. Ein Radrennfahrerrumpf. Es ist, als ob ich einen anderen Menschen betrachte.

Wenn ich durch das Fenster nach draußen schaue, sehe ich nur Himmel. Im Moment ist er bewölkt und grau. Auch wenn ich nicht wüsste, dass dies der Himmel über dem Atlantik ist, würde ich ihn immer noch an der Dichte und Massivität des Lichtes erkennen, das jetzt am späten Nachmittag beinahe mit Händen zu greifen ist. Genau aus dieser Stadt habe ich dir vor Jahren diesen Himmel schon einmal beschrieben – wie mein Körper die Luft einsog, so dass er fast davon zersprang.

Ich betrachte weiter meinen Körper im Spiegel. Er ist leer. Er sieht lächerlich aus und armselig – auf eine gewisse Art grob. Ein Lumpen, eine schrumpelige, überflüssige Hülle ist er. Aus der Distanz betrachtet und umgeben vom Rahmen des Spiegels, sieht er aus, als hätte ich ihn abgelegt.

Nur die Rennhose habe ich noch an. Und meine Socken. So hänge ich bereits seit anderthalb Stunden herum. Lust, mich waschen zu gehen, habe ich nicht. Ich rauche Zigaretten. Bei einem der Pfleger habe ich mir ein Päckchen geschnorrt und qualme jetzt eine nach der anderen weg. Fünf ausgedrückte Kippen liegen bereits im Aschenbecher.

Die helle Bettwäsche ist von dem Straßenstaub, der auf meinen eingefetteten Beinen klebt, schmutzig geworden. Sie liegen vor mir ausgestreckt, die Beine. Das rechte ist ein bisschen geschwollen. Sie brauchen nie wieder wie wahnsinnig im Kreis herumzukurbeln. Die Frage ist unsinnig, aber dennoch wüsste ich es gerne: Wie viele Male haben sie im Kreis herumgekurbelt? Es muss eine Schwindel erregend hohe Zahl sein. Ebenfalls interessant ist die Frage, wie groß der Behälter sein müsste, der den Schweiß fassen könnte, der mir im Laufe der Jahre aus den Poren geronnen ist. Oder: Wie viele Kalorien habe ich verbrannt, und wie weit würde ein Moped mit einer äquivalenten Menge an Benzin fahren können? Und das Gummi, das während der Rennen und Trainingstouren von meinen Reifen gerieben wurde: Wenn man das zusammenfegen würde, wie groß wäre das Gewicht von diesem Haufen Abrieb? Bei näherer Beschäftigung müsste dies alles auszurechnen sein, wenn die Ergebnisse auch unsinnig blieben.

Jemand fragte mich einmal: »Kriegt ihr auf dem Rad überhaupt was von der Umgebung mit?«

Mir wurde nicht geglaubt, als ich antwortete: »Alles, was dem Durchschnittstouristen entgeht.«

Wer auf dem Rad durch eine Landschaft pflügt, sieht diese nicht nur, sondern bekommt sie zusätzlich über die Beine eingebläut. Es sind mehr Erinnerungen in meinen Beinen als in meinem Kopf. Radrennen ist eine Frage des Denkens mit den Beinen.

Noch etwas an meinen Beinen ist eigenartig. Sie sind um das Rad herumgewachsen wie ein Cowboy um sein Pferd. Jahrelang haben ständig dieselben Muskelgruppen an derselben Stelle an den Knochen gezogen. Die Knochen haben etwas nachgegeben. Man kann es sehen.

Vorigen Winter besuchte ich einen Tanzkurs. Es musste irgendwann geschehen. Auf Hochzeiten und Partys konnte ich nur mit viel Widerwillen an den Polonaisen teilnehmen. Den Foxtrott und den Wiener Walzer kriegte ich noch hin in diesem Kursus, doch schon beim Cha-Cha-Cha bekam ich rasch Probleme mit der Koordination. In einem großen Spiegel konnte ich es sehen. Ich hatte deutlich ein Fahrrad zwischen den Beinen, und ich werde es wohl auch nicht mehr los. Ein eleganter Tänzer werde ich niemals werden.

Zum Glück kann auch mein schlimmster Alptraum nicht mehr wahr werden. Diesen Alptraum hatte ich vor langer Zeit. Dennoch habe ich die Bilder noch regelmäßig vor Augen: In einem spanischen Städtchen stehe ich hinter einem Sperrzaun – obwohl ich zur Zeit des Alptraums noch nie in Spanien gewesen war. Ich warte auf ein Radrennen, das dort vorbeikommen wird. Die Sonne scheint grell, und die Straße und die Häuser sind staubig. Ich blicke schräg den Hang hinauf, über den die Radrennfahrer hinunterkommen sollen. Dann erscheint der Spitzenreiter. Es ist ein braungebrannter, schwarzhaariger Spanier. Sein Trikot ist grasgrün mit einem weißen Band um die Brust. Er nähert sich in Schwindel erregendem Tempo. Dann stürzt er plötzlich. Er rutscht ein ganzes Stück weit über die Straße und kommt kurz vor meinen Füßen zum Stehen. Sein Rennrad, es ist gelb, liegt mitten auf der Straße. Er versucht, sich aufzurichten, doch es gelingt ihm nicht. Dann kippt er rücklings gegen die Gitterstäbe des Sperrzauns und beginnt, mit beiden Händen seine Eingeweide in den aufgerissenen Bauch zurückzustopfen. Die Därme sind mit Straßenstaub bedeckt und die ersten Fliegen lassen sich darauf nieder. Niemand hilft ihm. Auch ich nicht, denn ich kann mich nicht bewegen. Langsam verlässt ihn die Kraft. Dann fallen seine Arme schlaff herunter, und der blutige Bauchinhalt dringt wieder nach draußen. Rund um die Wunde hat sich der grüne Stoff seines Trikots schwarzrot verfärbt.

Das Trikot war mein allererstes Renntrikot. Wenn ich mich wieder an diese Bilder erinnere, dann ist es, als ob ich den Alptraum erst letzte Nacht geträumt hätte. Dann frage ich mich, ob es eine lose Äußerung des Unterbewusstseins ist oder ob damit künftiges Unheil verkündet wurde. Und wenn ja, von wem? Es ging um einen Spanier, doch er trug mein Trikot.

Oft habe ich auch diesen Traum: Ich fahre in einem Peloton, das langsam voranschreitet. Die Sonne scheint. Die Sonne scheint immer in diesen Träumen. Ohne dass dort ein Hindernis auf dem Weg liegt und ohne dass jemand einen Stock in mein Vorderrad stecken würde, überschlage ich mich. Ich schrecke aus dem Schlaf, noch bevor ich den Boden berühre.

Was soll man damit anfangen, mit dieser Art von Träumen und Alpträumen? Wahrscheinlich geht es um die Angst, die im Eifer des Rennens unterdrückt wurde. Sehr heftig auf meinen Kopf zu stürzen, davor hatte ich Angst gehabt – so heftig, dass man in einer Einrichtung landet, in der man gefüttert wird, mit einem Schlabberlatz um, während man sich gerade noch dessen bewusst wird, dass man gefüttert wird und dass man einen Schlabberlatz trägt. Man sieht sie manchmal auf die Straße schlagen, mit ihren Köpfen. Man denkt: Der steht nicht mehr auf. Fast immer hält sich der Schaden in Grenzen. Man könnte an die Existenz von Schutzengeln für Radrennfahrer glauben. Sie stürzen und sie stehen wieder auf. Meistens zumindest.

Und wie du siehst, tu ich es auch. Wenn es um das Stürzen geht, wird in der dritten Person Plural gesprochen. Es sind immer »sie«, die auf die Straße purzeln. So wird die Angst gebannt, denke ich. Die Plackerei wird übrigens auf die gleiche Weise gebannt. Nach einem harten Rennen sagt man: »Sie sind mal wieder ganz schön schnell gefahren, diese Arschlöcher.« Nie sagt man »wir«.

Während dieser Spanien-Rundfahrt hatte ich ständig das Gefühl, als ob ich auf meinem Rücken etwas Schweres mitschleppen müsste – als ob da noch jemand mitfuhr. Ich wurde dieses Gefühl auch nach den Rennen nicht mehr los. Ich ging damit zu Bett und stand morgens wieder damit auf. Doch jetzt ist es weg. Seit heute Nachmittag ist es verschwunden: Es hat sich in eine ruhige, etwas dumpfe Neutralität aufgelöst. Die Gerinnsel im Gemüt scheinen durch einen sanften Arzt wegoperiert worden zu sein.

Die vergangenen Monate habe ich mich bei jedem Rennen so bestialisch abgerackert, dass ich fast verrückt wurde. Schließlich begann ich, diesen Tag herbeizusehnen, der mit immer größeren Schritten näher rückte. Und zugleich kämpfte ich dagegen an, leistete heftigen Widerstand – wie ein I-Dötzchen, das an seinem ersten Schultag ins Klassenzimmer hineingeschleift werden muss, weil es noch nicht will. Und jetzt, seit heute, bin ich eine Art Verbannter. Ich gehöre nicht mehr dazu.

Doch muss ich auf der Stelle von hier weg und wie ein Geist verschwinden? Ist dies der Schlussakkord, ist dies das Ende meiner langen Fahrt? Früher, in den Tagen unserer Indolenz, so nenne ich es mal, hätte ich mich jetzt hochzufrieden zurückgelehnt. Wir hatten jedenfalls unseren Nescio studiert und gut durchgearbeitet, ihn analysiert bis zum letzten Buchstaben. Wir sind ihm sogar nachgefolgt: »Gottes Ziel ist die Ziellosigkeit.« Wie sehr waren wir mit ihm einer Meinung, in unserer behaglichen Lethargie. Oder: »Mon âme prend son élan vers l'infini.« – »Meine Seele nimmt Anlauf in Richtung der Unendlichkeit.« Wer hatte das noch mal geschrieben?

Gestern, am Tag des Bergzeitfahrens, bin ich plötzlich auf diese Sedimente gestoßen. Unten im Tal, an der Startlinie blickte man ein bedrohliches Bergmassiv hinauf. Die Gipfel waren in schwarze Wolken gehüllt und die Fahrer, die den Parcours erkundet hatten, und von oben zurückgekehrt waren, berichteten, dass es dort heftig schneite und dass man dabei war, die Straße mit Schneeschiebern zu räumen. Alles in allem keine angenehmen Aussichten. Aber trotzdem zogen mich die dichten, dicken, massigen Wolken unvorstellbar stark an. Ich hatte Verlangen danach, in den dichten Nebel hineinzufahren, um darin fast unsichtbar in Ziellosigkeit zu erlöschen.

Doch so ging es nicht. Nachdem ich Anlauf in Richtung Unendlichkeit genommen hatte, stellte sich heraus, dass es sich in dem Nebel durchaus leben ließ. Mehr noch, die Strecke wurde durch Scharen begeisterter Zuschauer bevölkert, die in Regencapes und Plastiktüten gehüllt und bewaffnet mit Tuten und Rasseln einen enormen Radau veranstalteten. Einen Radau, der von der Bergwand widerhallte und bei jedem vorbeikommenden Radrennfahrer anschwoll, bis die Substanz des Schneegestöbers in den Wolken aus fühlbarem Schall zu bestehen schien.

Mein Sprung in die Unendlichkeit wurde ein Ringen mit der Endlosigkeit. Mein Gott, mein Tempo schien langsamer als die Zeit selbst zu sein. Auf den letzten Kilometern gab es keine Straße mehr, nur noch einen dicken Brei aus Matsch, Schnee und Steinen. Meine Gedanken strandeten im Matsch. Mir war übel vor Anstrengung.

Die Schlusszeit, die ich gefahren war, hatte ich nicht gehört. Aus einem großen Bus, der von der Organisation als Versorgungsbus bezeichnet wurde, sah ich einen nach dem anderen über die Ziellinie fahren. Radrennfahrer, die in der Gesamtwertung vor mir platziert waren, also nach mir in das Bergzeitfahren gegangen waren. Junge Radrennfahrer größtenteils, elegant und kräftig, doch ebenso schmutzig und durchweicht. Ich konnte nicht aufhören zu denken: Wer ja und wer nicht? Wer nimmt EPO und wer nicht? Denn äußerlich konnte man es niemandem ansehen.

Vor drei Jahren war eine geheimnisvolle Stille entstanden. Es machten Gerüchte über ein neues Dopingmittel die Runde. Diesmal ein Mittel, das tatsächlich wirkte. Ein echtes Elixier also. Das Doping schlechthin für den Radrennfahrer sei erfunden worden, oder anders gesagt: auf dem Arzneimittelmarkt entdeckt und durch den Sport annektiert worden.

Ich erfuhr, dass es um EPO ging, ein Hormonprodukt, das für Nierenpatienten bestimmt war, die dieses Hormon nicht oder in zu geringer Menge in ihren Nieren bildeten. Es spielt eine wichtige Rolle bei der Entstehung der roten Blutkörperchen. Ein gesunder Mensch brauchte sich nun nicht mehr wochenlang in der dünnen Luft des Hochgebirges aufhalten, um sein Blut aufzuarbeiten. Schlimmer noch: EPO hat einen viel stärkeren Effekt.

Wer ja und wer nicht? Wer wagte es und wer nicht? Für gesunde Menschen ist es ein lebensgefährliches Zeug, habe ich mir sagen lassen. Man kann davon auf der Stelle tot umfallen, wenn das Blut zu dick wird. Im günstigsten Fall bleibt es bei einem Gehirnschlag. Ironischerweise handelt es sich hier also um ein Lebenselixier, das jemanden auch in den Tod treiben oder lähmen kann.

Ein Segen für den Nierenpatienten, aber eine Katastrophe für den Sport ist diese Entdeckung. Es gab ein Radrennfahren vor EPO, und es gibt ein Radrennfahren danach. Doch nur um den Unterschied sehen zu können zwischen der Suche nach Elixieren und der Entdeckung von Elixieren, muss eigentlich niemand um die Wette fahren.

Der Radrennsport hat seine Romantik verloren. Sobald die Maschine aus Fleisch und Blut Einzug hält, geht der Sport verloren. Vielleicht hat die Maschine auch ihre eigene Romantik: Wenn sie abgeschoben wird und auf dem Schrotthaufen landet. Es werden sicherlich noch viel wirksamere Mittel gefunden werden als das EPO. Die Zeit wird zeigen, wie viel Maschinisierung der Sport vertragen kann, bevor er sich in etwas anderes verwandelt, für das es noch keinen Namen gibt.

Ich gehöre nicht zu denjenigen, die bereit sind, für Volk und Vaterland zu sterben. Auch nicht für meinen Kontostand, denn was hat man dann noch davon. Wenn ich für Volk und Vaterland hätte sterben wollen, dann wäre ich beim Militär geblieben.

Alles, den ganzen Kram, den ganzen Zirkus habe ich zu einem bestimmten Zeitpunkt komplett abgehakt. Und manchmal, das füge ich ganz leise hinzu, noch nicht einmal zu Unrecht. Dem Herzen nach bin ich weiterhin ein Liebhaber, dem Kopf nach ein Griesgram.

Ich bin ein Missgeschick und ein Sonntagskind. Ich habe getan, wovon ich geträumt habe. Und träume davon, was ich versäumt habe. Ich bin auf der Suche nach einem Happyend.

Armer Körper im Spiegel, dein Bewohner wird sentimental. Was ist deine Version? Ich weiß nicht einmal mehr, ob ich dich getragen habe oder du mich getragen hast, ob ich dich benutzt habe oder du mich. Oder missbraucht? Entscheide es selbst. Einen Stein in diesen Spiegel! Oder – in Ermangelung eines Steins – diesen Aschenbecher neben dem Bett.

Ich betrachte meine ungewaschenen Beine. Sie liegen hier vor mir ausgestreckt auf dem Bett. Ich denke an die Schätze, die darin gespeichert sind. Jeder Meter, den ich gefahren bin, ist darin verzeichnet.

Bis ins Detail, als ob keine einzige Sekunde seitdem verstrichen ist, finde ich alles darin wieder: Jedes Land, das ich bereist habe. Alle Landschaften, die ich durchquert habe. Alle Städte, alle Schönheit und all der Schmutz. Sie waren sowohl mein Hypersinnesorgan als auch mein Motor – begabt mit einem kolossalen, unfehlbaren Gedächtnis. Jede Zelle für sich, jeder Muskel, jede Sehne, jeder Knochen enthält sein eigenes göttliches Recht. Was hältst du davon: Jede Zelle ein Universum, die Ewigkeit ist zum Greifen nahe?

Ich habe heute zum Abschied etwas ausführlicher geschrieben. Zeit spielt keine Rolle mehr. Ich bin aus dem täglichen Kreislauf des Radrennfahrerlebens entlassen. Ich benötige keine Massage, essen kann ich später und schlafen ist fakultativ. Eine Nadel in meinem Hintern brauche ich ebenfalls nicht mehr.

Es ist vorbei, ich gehe mich duschen.

Peter Winnen